Hello 부동산
Bravo! 멋진 인생

Hello **부동산**
Bravo! **멋진 인생**

초판 발행 2016년 9월 30일
22쇄 발행 2020년 7월 29일

지 은 이 김영록
감　　 수 송희창
책임편집 김혜진
편집진행 배희원, 여소연
펴 낸 곳 도서출판 지혜로
디 자 인 디자인86

출판등록 2012년 3월 21일 제 387-2012-000023호
주　　 소 경기도 부천시 원미구 길주로 137, 6층 602호(상동, 상록그린힐빌딩)
전　　 화 032-327-5032　|　**팩　　 스** 032-327-5035
이 메 일 jihyero2014@naver.com
　　　　　　(독자 여러분의 소중한 의견과 원고를 기다립니다.)

ISBN 978-89-9688-559-7
값 14,000원

- 잘못된 책은 구입처에서 교환해드립니다.
- 이 책은 저작권법에 의하여 보호를 받는 저작물이므로 무단 전재 및 복제를 금합니다.

도서출판 지혜로는 경제 · 경영 서적 전문 출판사이며, '독자들을 위한 책'을 만들기 위해 객관적으로 실력이 검증된 저자들의 책만 엄선하여 제작합니다.

Hello 부동산 Bravo! 멋진 인생

글 **김영록** · 감수 **송희창**

차례

🏠 **추천의 글**
부자가 되려면 부자를 만나 그처럼 생각해야 한다! · 14

🏠 **프롤로그**
평범한 직장인도 '부자 시스템'을 알면 충분히 부자가 될 수 있다 · 20

Chapter 1
부자가 되기 위해 반드시 갖춰야 할 것들

01 돈과 부자의 속성을 이해해야만 부자가 될 수 있다 · 26
: 돈은 여유뿐 아니라 가치 있는 삶을 선사한다 · 27
: 부자가 되고 싶은 동기를 가슴 깊이 새겨라 · 29
: 돈과 부에 대한 인식을 자기 진단하라 · 33

02 지금 당장 큰돈이 없어도 부자가 될 수 있다 · 37
: 월급쟁이 부자가 되기 위한 최선의 투자 방법 · 38
: 부자가 되기 위해 반드시 버려야 할 선입견들 · 41

1. 직장 생활이 최선이라고 생각한다
　　2. 투자와 투기를 혼동한다
　　3. 금융상품 투자만으로 부자가 될 수 있다고 생각한다
: 큰돈 없이 시작할 수 있는 부동산 투자 활용법 · 47
　　1. 싸게 매입하는 첫 번째 방법 – 급매
　　2. 싸게 매입하는 두 번째 방법 – 경매
　　3. 싸게 매입하는 세 번째 방법 – 공매

|칼럼| 타인의 자본 활용으로 투자금을 최소화하라 · 52
　　1. 대출
　　2. 전세
　　3. 공동 투자

03 월급쟁이 부자가 되기 위한 기회를 잡는 방법 · 59
: 목표를 명확하게 설정하고 계획하라 · 60
: 일 안 해도 돈을 벌어주는 시스템을 만들어라 · 63
: 투자 세계의 멘토를 만나고, 함께 나아갈 동료를 만들어라 · 66
　　1. 진정한 부자, 그리고 마음의 멘토를 만나다
　　2. 함께 나아갈 동료를 만들다
　　3. 부부는 평생 함께할 파트너

정말 궁금해요! 경매 투자를 반대하는 남편을 어떻게 설득해야 할까요? · 71

|칼럼| 부자가 되기 위한 마인드 다지기 · 73

1. 빨리 시작하되, 절대로 서두르지 마라
2. 지치지 않을 정도의 최선을 다한다
3. 긍정적인 사고와 말의 힘

Chapter 2
부동산 투자로 월급처럼 꼬박꼬박 들어오는 월세 시스템 만들기

01 첫 낙찰! 월세 수익의 희망을 보다 • 78
부동산 경매 투자의 기본을 놓치지 말자 · 79
1. 기본 정보 분석의 중요성
2. 현장 조사의 중요성

월세 수익의 가능성에 눈뜨다 · 83
📖 멋진 인생의 투자보고서 (동두천 상가)

현금흐름을 가져다주는 물건 검색 방법 · 85
1. 물건 검색의 기본 요령
2. 공고문을 통해 좋은 물건을 검색할 수 있는 유용한 팁

|칼럼| **효율적인 경매 투자를 위한 임장 노하우** • 91
1. 인터넷 임장, 제대로 손품 팔기

2. 현장 조사, 제대로 발품 팔기

정말 궁금해요! 슬럼프를 극복하고 싶어요! · 98

02　190만 원 투자로 한 달에 25만 원 월세 만들기 · 101

　: 적은 자본으로 고수익 임대가 가능한 부동산을 찾아라 · 101
　　　📖 멋진 인생의 투자보고서 (광주 오피스텔)
　: 안정적인 수익과 직결되는 입지의 중요성 · 105
　　　1. 주거용 부동산의 입지 선정 기준: 편의성, 쾌적성
　　　2. 상업용 부동산의 입지 선정 기준: 수익성
　: 직장 생활을 성급하게 포기하지 마라 · 108
　　　1. 현업에서 먼저 전문가가 되어라
　　　2. 직장에 있을 때 월급 외 현금흐름을 구축하라

정말 궁금해요! 전업 투자 vs 직장 생활과 병행, 더 나은 선택은? · 111

03　3,000만 원 투자로 일 년에 2,000만 원 월세 만들기 · 114

　: 공무원 연금보다 나은 오피스텔 월세 수익 · 115
　　　📖 멋진 인생의 투자보고서 (창원 오피스텔)
　　　🔑 **Tip** 오피스텔과 주거용 부동산, 무엇이 다른가
　: 투자금 회수해서 월세 두 배로 늘리기 · 119
　: 신탁 공매란 무엇인가 · 121
　　　🔑 **Tip** 신탁 공매 검색 방법

| 칼럼 | 부자가 되기 위한 단계별 부동산 투자법 • 127

    1단계 – 수익형 부동산

    2단계 – 시세차익형 부동산

    3단계 – 사업으로의 확장

Chapter 3

부동산 투자로 월세와 시세차익 두 마리 토끼 잡기

01 잘 받은 상가주택 한 채, 아파트 열 채 안 부럽다 • 132

: 상가주택 한 채로 월 900만 원의 현금흐름을 만들다 · 133

  1. 안 되면 되게 하라, 첫 번째 공동 투자

  2. 다수의 임차인 명도, 지혜롭게 해결하기

  3. 물건의 장점은 살리고, 단점은 보완하라

: 양도세를 비과세로 만드는 용도 변경 · 139

  📖 멋진 인생의 투자보고서 (홍성 상가주택)

: 수익형 부동산의 종류와 투자 요령 · 145

  1. 주거용 수익 부동산

  2. 상업 · 업무용 수익 부동산

  3. 숙박용 수익 부동산

02 물건의 가치를 확 끌어올리는 리모델링의 마법 • 151

: 숨어 있는 가치를 찾아내는 것이 부동산 투자의 핵심 · 152

: 부동산 시장의 트렌드 변화 읽기 – 리모델링, 이제는 선택이 아닌 필수 · 154

: 주택 리모델링의 과정과 놀라운 효과 · 157

03 성공적인 투자를 위한 협상의 기술 • 161

: 협상이 필요한 이유 · 162

: 서로를 만족하게 하는 협상의 법칙 · 164

: 부동산 거래를 성공적으로 이끄는 협상 · 165

|칼럼| 수익률 계산으로 현명한 투자를 하라 • 168

1. 투자금을 산정하는 방법

2. 수익률 분석의 필요성과 계산 방법

3. 수익률의 함정을 조심하라

정말 궁금해요! 왕초보가 경매 고수가 되는 노하우를 가르쳐 주세요! · 175

Chapter 4
부동산 투자에 사업 접목하기

01 한 달에 월세 1,000만 원 받는 고시텔 사장이 되다 • 178

: 초라한 고시원생에서 고시텔 사장으로 · 179

　📖 멋진 인생의 투자보고서 (서산 고시텔)

　🔑 **Tip 고시텔 입찰 시 주의할 점**

　1. 수요와 입지

　2. 소방시설 확인

　3. 용도 변경

　4. 불법건축물 여부

: 고시텔 광고의 노하우 · 190

　1. 온라인 광고 방법

　2. 오프라인 광고 방법

: 부동산 투자 + 사업 = 시너지 효과를 내는 수익 모델 · 199

정말 궁금해요! 경매에 대한 막연한 두려움을 이겨내고 싶어요! · 205

02 보유 물건의 수가 늘어날수록 효율적인 관리가 필요하다 • 207

: 임대 관리의 노하우 · 208

: 명의 관리의 노하우 · 210

: 시간 관리의 노하우 · 213

: 투자금 관리의 노하우 · 216

○┳ **Tip** 빨리, 원하는 가격에 매도/임대하는 방법

03 세금! 무서워 말고 공부하면 수익률이 극대화된다 · 221

: 부동산 투자에서 부과되는 세금의 종류 · 222

    1. 취득 단계에서의 세금

    2. 보유/임대 단계에서의 세금

    3. 양도 소득세

    4. 상속세와 증여세

: 세금 정책의 변화를 유심히 살펴라 · 226

: 양도 소득세 절세 비법 · 228

    1. 1가구 1주택 양도세 비과세 활용법

    2. 공동 명의와 증여를 이용한 양도세 절세

  ○┳ Tip 임대 · 매매 · 법인 사업자를 활용하라

    1. 주택 임대 사업자

    2. 부동산 매매 사업자

    3. 법인 사업자

|칼럼| **월급쟁이도 부자가 될 수 있다 · 237**

    1. 기회는 준비된 자에게 포착된다

    2. 기회가 오면 과감하게 잡아라

    3. 자신만의 부의 지도, 포트폴리오를 구성하라

Chapter 5
부동산 투자로 부자의 길에 들어선 사람들

01 전업주부의 1년 차 경매 일기 – 반달 • 248
　: 전업주부, 경매에 눈을 뜨다
　: 경매 투자 1년 만에 성과가 나오기 시작하다
　: 경매를 통해 당당한 주부가 되고,
　　미래를 자유롭게 그리는 것이 정말 행복하다

**02 부동산 투자로 N포 세대에서 벗어나
　　부자의 길로 들어서다 – CANDEO • 254**
　: 이제 취업 걱정은 No
　: 부동산 투자로 원하는 삶을 실현하다

03 전업주부, 경매로 '꿈'을 실현하다 – 예쁜 아침 • 259
　: 지금 이 순간! 꿈꾸는 미래가 있기에 나는 행복하다
　: 경매를 통한 삶의 긍정적인 변화들로 '성공'에 한 발자국 다가서다

**04 주인 눈치 보던 세입자에서
　　2년 만에 8채 집주인 되다 – 햄든호빵 • 263**
　: 월급을 대체할 현금흐름을 가능하게 한 경매

: 임차인에서 8채의 집을 소유한 임대인으로

🏠 **에필로그**
멋진 인생의 도전은 계속된다 • 268

추천의 글

부자가 되려면
부자를 만나 그처럼 생각해야 한다!

송희창
(주)케이알리츠 대표
《송사무장의 부동산 경매의 기술》,
《송사무장의 실전 경매》,
《송사무장의 부동산 공매의 기술》,
《한 권으로 끝내는 셀프 소송의 기술》 저자

살면서 누구를 만나느냐에 따라 인생이 좌우된다

자본주의 사회에서 모두가 경제적으로 평등할 수 없기에 당연히 빈자와 부자의 삶으로 나뉘기 마련이다. 내 오랜 경험과 성공한 지인들의 삶을 돌이켜 보면 태어날 때부터 부자가 아니더라도 노력하여 충분히 부자가 될 수 있었다. 평범한 사람이 부자가 되기 위해선 무엇보다 개인의 '노력'이 중요하겠지만, 그에 못지않게 중요한 것이 바로 어느 누구와 '인연'을 맺느냐이다.

토정비결에 등장하는 '귀인(貴人)'이나 최근에 자주 쓰이는 '멘토(mentor)'는 도움을 주거나 긍정적인 방향으로 이끌어주는 사람을 일컫는 말인데, 시대와 상관없이 경험이 많고 성공한 사람과의 인연을 얼마나 중요시하고 있는지를 가늠하게 한다.

평범한 직장인이 부자의 삶을 살기 위해서는 실제로 성공하여 현재 부자의 삶을 누리고 있는 사람을 만나 경험담과 노하우를 들어야 한다. 그러나 최근에는 무늬만 전문가인 사람도 많이 등장했기에 주의를 기울일 필요가 있다. 특히 부동산 시장에서는 더욱 그러하다. 성공하지 못했거나 실력이 없으면서도 진짜인 척 흉내를 내는 사람으로부터는 진정한 성공과 행복에 이르는 노하우를 배울 수 없고 오히려 시간과 에너지만 낭비하게 된다.

그런데 일반인이 주변에서 성공한 사람을 찾는다는 것이 그리 녹록지 않다. 이처럼 성공한 부자를 만나기 어렵다면 가장 좋은 선택은 바로 '성공한 사람의 책'을 읽고 그의 생각과 지혜를 얻는 것이다. 실제로 좋은 책 한 권이 자신의 인생을 전환하는 충분한 계기가 될 수 있다.

나의 경우도 종잣돈을 모으는 단계에서 성공한 이들의 책을 보면서 방향을 잡았고, 부자들의 생각을 배울 수 있었다. 그런데 저명한 외국 저자의 책을 읽었을 때 이론적으로는 많은 도움을 받았으나 우리나라 실정과 맞지 않아서 어떻게 적용할 것인지 깊은 고민에 빠졌던 기억이 있다. 아마 그 당시 '멋진 인생님'의 책이 있었다면 오랜 고민 없이 바로 실행에 돌입하여 더욱 이른 시기에 성공을 이뤄낼 수 있었을 것이라 생각한다.

이 책을 한 페이지씩 감수하며 공감과 감탄을 반복했다. 성공한 이야기만 늘어놓은 것이 아니라 일반 직장인이 부자가 되기까지의 여러 고민과 심정, 그리고 힘든 단계를 극복하는 과정도 함께 호흡할 수 있도록 기술되어 있어 더욱 현장감이 있고 가슴에 와 닿았다. 아마도 대한민국에서 평범한 직장인이 부자가 되기 위해 반드시 읽어야 할 필독서가 될 것이다. 독자들이 이 책에 기술된 저자의 '부자 시스템'을 명확하게 이해하고 하나씩 자신의 것으로 만들어 나간다면 분명 몇 년 이내에 좋은 결과를 맞이할 수 있을 것이다.

다시 한 번 강조하지만 삶에 대한 태도와 생각의 차이가 인생의 성공과 실패를 결정짓는다. 가진 게 없더라도 부자처럼 생각하고 행동해야 한다. 실제 부자를 만나 그와 같은 생각을 하고 실천하면 부자가 될 수밖에 없다. 내가 그렇게 부자가 되었고, 부자가 된 이후에는 내 생각을 전달하면서 많은 부자들과 성공한 사람들을 배출하였다. '멋진 인생님'도 그들 중 한 사람이다.

평범한 직장인이 2년 만에 거둔 성공이기에 더욱 값지다

부동산으로 성공하기 위해 다니던 직장을 그만두고 전업으로 뛰어드는 사람이 많다. 강의를 듣고, 물건을 검색해서 현장 조사 및 입찰을 하고, 낙찰 받은 후에는 명도와 인테리어를 하고 나서 임대 또는 매매를 해야만 부동산 한 건의 투자가 마무리되는데, 직장을 다니면서 각 단계별로 시간을 따로 내기란 여간 부담이 되는 것이 아니다.

현실이 이러하기에 직장에 다니는 사람들이 부동산 투자를 접하게 되면 우아한(?) 전업 투자를 꿈꾼다. 직장인이 생각하는 전업 투자자는 출퇴근 없이 여유 있게 커피를 마시며 물건 검색과 분석을 하고, 같은 목표를 품은 이들과 스터디 및 임장을 자유롭게 하면서 부동산을 하나씩 모아가는 그림이니 당연히 우아할 수밖에 없다.

그런데 직장을 다니면서 보란 듯이 성공을 이뤄낸 사람도 더러 있다. 그중에 한 분이 바로 멋진 인생님이다. 그는 2년이라는 짧은 기간 동안 부동산 공부에 집중했던 것은 물론이고, 이를 위해 가정과 직장에서 많은 부분을 감내했을 것이다. 그에 대한 첫 기억은 내가 진행하는 정규 수업을 들으러 태안에서 부천까지 오면서 8주 내내 아내와 아이 둘을 동반해서 오는 것이었다. 한두 번 함께 하고 그다음부터는 혼자 다닐 거라 생각했는데, 정규 수업은 물론이고, 그 이후 결성된 스터디 모임에도 가족들을 동반했다. 미리 강의를 듣거나 스터디를 하는 장소 주변에 아내와 아이들이 시간을 보낼 수 있는 곳을 마련하여 그곳에서 모임이 끝날 때까지 즐겁게 기다리게 한 것이었다. 또한 모임을 마치고, 그다음 정해진 여행 코스로 가족을 데리고 가서 함께 시간을 보내었다.

옆에서 지켜보지 않았지만, 그가 부동산 투자를 하면서도 가정을 소홀히 하지 않고 따뜻하게 돌보았을 거라는 짐작이 된다. 수업 듣기 전에 새벽에 일어나 강의 내용을 예습하면서 그 와중에 가족들과의 여행도 준비하고, 강의를 마치고 함께 여행한 뒤, 밤에 가족들이 잠들면 강의에서 배웠던 부분을 복습했을 것이다. 몸은 조금 더 피곤했을지 모르지만, 그가 부동산으로 성과를 거두는 과정에서 가정에서도 멋진 아빠의 역할을 톡톡히 해내며 두 마리 토끼를 모두 잡은 것이다.

더군다나 직장 생활을 하면서 남모르게 부동산 공부와 투자를 병행하는 것이 쉽지 않았을 텐데, 본인뿐 아니라 직장 선후배들까지 부동산에 관심을 갖게 하고 좋은 성과를 낼 수 있도록 안내하여 직장에서도 자신의 우군을 하나씩 만들어 갔다. 성공을 하며 외로운 사람도 있지만, 반대로 그는 경제적 자유는 물론이고 사람까지 얻으며 부자가 된 것이다. 부자가 되는 과정에서 돈 버는 것 못지않게 중요한 것이 바로 '사람'을 함께 얻는 것이다. 그래야만 부를 통한 진정한 행복을 느낄 수 있다.

많은 수강생들이 재테크에 관심을 갖지 않는 남편이나 아내에 관한 고민을 토로한다. 또한, 자신은 가족을 위해서 몇 배 더 열심히 살려고 노력하는데 가족이 자신을 인정해 주지 않는 부분도 서운해한다. 하지만 멋진 인생님처럼 본인이 조금 더 노력하고 배려한다면 공부와 투자를 하면서 충분히 가족 및 지인들과 함께할 수 있을 것이다.

멘토를 만나고, 좋은 책을 보는 것만으로 끝낼 것이 아니라 부자와 같이 생각하고, 실천할 수 있도록 해야 한다. 마지막으로 이 책을 통해 독자의 생각이 바뀌고 자신만의 부자 시스템을 만들어 부자의 인생을 맞이하길 기대해 본다.

프롤로그

평범한 직장인도 '부자 시스템'을 알면 충분히 부자가 될 수 있다

평범한 인생에서 '멋진 인생'으로 도약하다

나는 부모님과 마찬가지로 흙수저를 물고 태어났다. 어린 시절에는 여유 있는 환경을 가진 다른 친구들이 마냥 부러웠고, 한편으로 나는 왜 그런 환경을 가질 수 없는지 이해할 수 없었다. 가정 형편에 따라 보이지 않는 차별을 하는 선생님과 주위 사람들, 그리고 자식들에게 평범한 가치조차 안겨주지 못하는 아버지가 서운하기도 했고 때로는 원망스러웠던 적도 있었다. 부모님과 학교는 조금이라도 실수하면 큰 잘못이라도 한 것 마냥 혼내며 정해진 길로만 가길 원했고, 다른 생각을 할 수 없도록 강요했다. 누군가가 "내 인생은 나의 것"이라고 말하지만, 정작 나만의 인생을 만들어 가는 방법은 아무도 알려주지 않았다.

그렇게 어른이 되었고 남들처럼 월급을 받아서 생계를 유지하는 평범한 삶을 살았다. 사실 취업이 어려운 시절이었음에도 남부럽지 않은 회사에 입사했고 단란한 가정도 꾸렸지만, 나는 어린 시절 넉넉하지 않은 가정 형편에 대한 책임이 있다고 생각했던 아버지의 모습과 너무나 닮아 있었다. 내 아이들에게 어떻게 살아야 하는지에 대한 아무런 해답과 방법도 알려주지 못했고 오로지 남들처럼 정해진 삶을 살기를 바라고 있었다. 가장이 된 내가 안타깝게도 흙수저의 삶을 그대로 대물림하고 있는 것을 깨닫게 된 것이다.

대학교를 졸업하고 취업 준비를 하며 아무것도 가진 것 없이 2평 남짓한 고시원에서 살던 시절, 상상 속에서만이라도 멋진 인생을 살았으면 하는 간절한 마음에 인터넷상에 '멋진 인생'이라는 닉네임을 만들었다. 취업에 성공하고 상당한 시간이 흐른 뒤에도 여전히 멋진 인생과는 거리가 먼 삶을 살고 있었지만, 한 가정의 '가장으로서의 책임감'은 이 닉네임에 담았던 바람을 더욱 간절하게 만들었다. 더 이상 내 인생은 혼자만의 것이 아니었다.

나와 가족이 여유 있고 멋진 삶을 누리기 위해서는 '부자'가 되어야겠다고 생각했다. 출생하는 순간부터 정해지는 운명과 팔자에 순종하지 않고, '주체적인 삶'을 선택하고 만들리라 다짐했다. 그래서 직장 생활처럼 많은 시간을 얽매이지 않으면서도 부를 축적할 수 있는 시스템을 만들고 싶었다. 고심을 거듭한 끝에 선택한, 직업을 유지하며 부자가 될 수 있는 최선의 방법은 바로 '부동산 투자'였다. 부동산으로 종목을 정하고 공부하고 발품을 팔면서 정말 열심히 노력했다. 내 선택에 대해 책임지고, 멋진 인생이라는 닉네임에 맞는 인생을 살기 위해, 그리고 닉네임을 불러주는 많은 사람들에게 부끄러운 사람이 되지 말자는 생각으로 최선을 다했다. 그 노력에 대한 응답일까. 투자를 시작한 지 '22개월 만에 내가 매입한 부동산에서 매월 월세 2천만 원'을 받을 수 있게 되었다.

요즘은 "멋진 인생님은 닉네임처럼 정말 멋진 삶을 사시네요!"라는 말을 자주 듣고 있다. 그것은 단순히 월 2천만 원이라는 수익 자체만을 놓고

하는 이야기가 아니다. 이러한 현금흐름을 얻게 됨으로써 아이들에게 많은 시간을 할애하여 여가를 함께 즐기고 무엇이든 교육시켜 줄 수 있는 멋진 아빠가 되었고, 아내에게는 경제적 그리고 심적으로 든든한 남편의 역할을 충실히 하고 있으며, 사회의 구성원으로서 누구에게도 부끄럽지 않은 '멋진 인생'을 살고 있기 때문이다.

부동산 투자를 하기 전에, 첫째 아이가 6살이 될 때까지 약 4년 동안 주말 부부로 맞벌이를 하면서 가족들과 떨어져 지낸 적이 있었다. 직장이 있는 곳으로 돌아갈 때마다 첫째는 나와 떨어지기 싫다고 울고 또 울었고, 나 또한 아이와 헤어지고 가는 차 안에서 남모르게 눈물을 훔치곤 했다. 그렇게 1년이 지나니 아이는 내가 가도 별 반응이 없었다. 그 반응이 '마음의 상처로부터 자기 자신을 보호하기 위한 것'이라는 전문가의 말을 들었을 때는 정말 하늘이 무너지는 것 같았다. 하지만 지금은 사랑하는 아이들 그리고 아내와 함께 많은 시간과 소중한 경험을 공유하고 있다. 아빠보다 아이돌을 더 좋아하는 초등학생이 된 첫째 딸아이는 아빠에게 사랑 표현을 아끼지 않으며 애교 넘치고 밝은 아이로 자라고 있다.

행복은 멀리 있지 않았다. 부동산 투자를 통해 얻게 된 경제적 자유는 나와 가족에게 더 많은 가능성을 열어 주었다. 부동산 투자를 시작하기 전의 삶은 늘 제자리걸음이었고 아무리 열심히 살아도 평범한 수준에서 벗어날 수 없었다. 그러나 지금은 시간적으로 더 여유가 있으면서도 오히려 가족들과의 여행 비용이나 외식비 등 어떤 것에도 구애되지 않고 경제적 여유까지 맘껏 즐기는 '멋진 인생'을 살아가고 있다.

부자 시스템을 이해하고 내 것으로 만들어야 한다

자본주의 시장에서 한 분야의 전문가가 되거나 기술만 배운다고 부자가 될 수는 없다. 즉, 음식을 잘 만들거나, 어려운 학업을 마치고 의사, 변호사가 되었다고 바로 부자가 되는 것이 아니라는 말이다. 마찬가지로 부동산에 투자하는 방법을 익혔다고 바로 부를 얻을 수 있는 것이 아니다. 부자가 되는 시스템을 이해하고 그것을 활용해야만 부자가 될 수 있다.

필자는 처음부터 몇십억 원 수준의 자산을 모으는 것이 아니라, '연봉보다 더 많은 현금흐름'을 만드는 것에 중점을 두었다. 계획대로 후자를 목표로 매진한 결과, 투자 입문 22개월 만에 매월 월급보다 4배 높은 월세 2천만 원을 받을 수 있게 된 것이다. 부자가 되기 위해서는 '자산을 증가'시키거나 '현금흐름을 확보'하는 두 가지 방식이 있는데, 전자는 오랜 시간이 필요할 수 있지만, 후자는 노력하면 얼마든지 단기간에 이루어 낼 수 있다고 생각했고 이를 직접 증명해 냈다. 그것도 고된 직장생활을 병행하면서 말이다.

부자가 되고 안 되고의 차이는 지금 처한 상황에 따라 결정되는 것이 아니다. 필자도 그저 평범한 직장인이었고 부자가 되는 시스템을 처음부터 알았던 것도 아니었다. 아마 이 글을 읽고 있는 상당수의 독자도 그러하리라고 짐작해 본다. 놀라운 사실은 평범한 직장인도 부자가 되는 시스템을 이해하고 그 원리를 하나씩 적용하여 실천하다 보면 충분히 부자가 될 수 있다는 것이다.

나는 이 책을 통해 부자가 되기 위한 방법, 그리고 그 과정 속 노하우들을 모두 전달하려고 한다. 부동산 투자와 관련한 기술만을 다루고 있는 책들과는 차별화하여, '부자의 마인드'를 정립하는 것에서부터 매월 현금흐름을 만들어 내고 시세차익을 얻는 방법에 이르기까지 '부자가 될 수 있는 실질적인 노하우와 시스템을 갖추는 방법'을 체계적으로 담아냈다. 실제로 내 주변 사람들도 나로 인해 하나둘씩 부자가 되는 과정에 있다. 이 책을 진정 자신의 것으로 만든다면 독자 역시 부자의 길로 들어서고 지금과는 다른 삶을 살 수 있을 것이다.

독자분들의 성공을 진심으로 기원한다.

Chapter 1

부자가 되기 위해 반드시 갖춰야 할 것들

돈과 부자의 속성을 이해해야만 부자가 될 수 있다

사람들은 모두 저마다의 꿈을 갖고 살아간다. 누구나 자신이 처한 상황과 속해 있는 세상을 보다 나은 모습으로 만들고 싶은 바람을 가지고 있다. 그리고 그 바람은 돈과 밀접한 관련이 있다. 하지만 현실에 치이고 이리저리 휘둘리다 정신을 차려보면, 그토록 원하던 삶은 저 멀리 있고 그 거리를 좁히는 것이 힘겹게 느껴진다. 그럴 때면 '돈이 원수지!'라는 탄식과 함께 나오는 다른 '부자'들에 대한 부러움을 넘은 적개심마저 생겨나기도 한다.

참 아이러니하다. 많은 사람들이 부자가 되기를 간절히 원하면서도 한편으로는 돈과 부자에 대해 부정적인 생각을 가지고 있다. 그러나 사실 그 부정적인 생각은 솔직하지 못한 감정이다. 정말 싫어서 그런 게 아니라 자신이 없기 때문에 싫다고 변명하는 것이다.

내가 겪은 부자들은 돈에 대한 가치와 그 영향력을 잘 알고 있다. 돈을 좋아하고 부자가 되고 싶은 동기도 뚜렷하다. 그리고 그만큼 부자가 되기 위해 끊임없이 고민하고 노력한다. 필자 역시 많은 연구와 노력을 통해 부자가 되었다. 예전에는 무의미하게 반복되는 생활 속에서 월급날만을 손꼽아 기다리던 월급쟁이였다면, 이제는 월급의 몇 배에 달하는 월세 수익과 연봉 이상의 시세차익을 얻고 있고, 이 돈을 어디에 다시 투자하고 앞으로 얼마나 멋지게 인생을 살 것인가에 대한 생각으로 하루하루가 행복하다.

돈은 여유뿐 아니라 가치 있는 삶을 선사한다

많은 사람들이 전혀 근거 없는 사실에 준해서 돈에 대한 부정적인 신념을 고수하고 있다. "돈으로 행복을 살 수 없다.", "돈을 많이 벌면 불행해질 것이다.", "돈은 사회악이고 많은 사람들이 돈 때문에 고통을 받는다.", "돈은 대물림 된다." 등등 돈에 대한 부정적인 말들을 서슴없이 내뱉는다.

부자에 대해서도 마찬가지이다. 부자가 되고 싶고 부러워하면서도, 일단 색안경을 끼고 본다. "부자들은 정직하고 성실하지 않은 나쁜 방법으로 돈을 벌었을 것이다."라고 치부하거나 "부자가 되면 사람이 변하고 나쁜 길에 쉽게 빠지고, 결국에는 벌을 받게 된다."라고도 말한다. 그리고 "부자에게 다가가는 사람들은 진심이 아니라 무언가 꿍꿍이가 있는 것이다."라고 생각한다.

하지만 이런 말을 하는 내면에는 '부자는 힘들게 노력하고 어려운 과정을 거쳐야만 이룰 수 있는 것인데, 나 같이 평범한 사람은 그것을 이겨낼 자신이 없고 부자가 될 수 없다.'라는 자기비하적인 의식이 뿌리내리고 있다. 그리고 돈은 절대로 간단하고 쉽게 벌 수 없는 것이라고 생각한다. 지금도 이 글을 읽으면서 '설마 내 주제에 부자가 말이 돼? 이 정도만 해도 감지덕지하지.'라고 단정하고 자신을 의심하고 있는 것은 아닌지 곰곰이 생각해 봐야 한다.

돈과 부자에 대한 삐딱하고 근거 없는 모든 편견은 버리고 자신도 부자가 될 수 있다는 긍정적인 믿음과 신념으로 재무장해야 한다. 돈을 싫어하는 사람에게 돈이 다가오고 또 머물러 있을 수가 없다. 돈에 대해서 항상 긍정적으로 생각하고 돈을 사랑하게 되면 돈은 그 사람에게 방긋 웃으며 살며시 다가올 것이다. 그리고 부자를 존경하고 그들을 닮으려고 노력하면 어느 순간 부자가 되어 있을 것이다.

돈이 인생의 전부는 아니고 모든 것을 해결해 주는 것도 아니지만, 삶의 곳곳에서 만나게 되는 여러 문제를 좀 더 쉽게 풀어나갈 수 있게 해준다. 부자가 되면 사랑하는 가족들에게 좀 더 나은 환경을 만들어 줄 수 있고, 주변에 누군가가 아프거나 힘든 일을 겪고 있을 때 기꺼이 도와줄 수 있다. 그리고 회사라는 조직에서 일을 하더라도 돈이 주는 자유와 여유로움으로 인해 좀 더 유연하고 즐겁게 일을 할 수 있고, 또 언제든지 그 조직에서 나올 수 있다는 용기도 생긴다. 남을 위한 삶이 아닌, 자기 자신을 위한 삶을 살아갈 수 있는 것이다.

돈은 경제적 자유에서 더 나아가 시간적 자유를 누릴 수 있게 해준다. 나와 내가 사랑하는 사람들의 인생에서 더 많은 가능성을 누리고 싶다면 더 이상 '돈은 헛된 것이고 부자가 싫다.'는 부정적인 생각을 해서는 안 된다. 빌 게이츠는 이런 말을 했다. "가난하게 태어난 것은 당신의 잘못이 아니다. 하지만 가난하게 죽는 것은 당신의 책임이다." 돈에 감사하고 돈을 사랑하면 그 이상의 보답을 받게 된다. 그리고 우리의 사랑과 고마움이 깃든 돈은 '나눔'이라는 또 하나의 가치와 행복을 실현시켜 줄 것이다.

부자가 되고 싶은 동기를
가슴 깊이 새겨라

　사실 필자는 요즘 흔히 말하는 흙수저를 물고 태어났다. 고등학교 시절에 방 두 칸짜리 집에서 월세로 다섯 식구가 생활했고 어머니께서는 우유 배달을 하셨는데, 아버지의 잘못된 빚보증으로 월급에 압류가 들어간 당시에는 어머니께서 배달 일로 버시는 돈이 우리 집의 유일한 생계비였다. 그런데도 어머니께서 우유 배달을 하시는 모습을 보면 어리고 못난 마음에 부끄러웠다. 학교에서는 수업료도 제대로 내지 못했고, 못 사는 동네에 산다고 친구들이 손가락질을 할까 봐 항상 노심초사했다. 그렇게 어릴 때부터 가난을 알게 되었다.

　빨리 돈을 벌어 동생들은 나처럼 주눅 들지 않고 학교를 다니게 해 주고 싶었고 가난이라는 고통에서 벗어나고 싶었다. 그렇게 고등학교를 졸업하자마자 시작한 중소기업의 3조 3교대 근무! 어린 나에게 쉬는 날 없는 3교대 근무는 쉽지 않았다. 그리고 직장이라는 새로운 조직사회는 학교라는 울타리 안과 차원이 달랐다. 하지만 내가 간절히 바라던 월급을 받을 수 있기에 이 직장 생활로 가난의 악순환을 끊을 수 있을 거라 생각했다.

　큰 착각이었다. 그때 나는 단지 월급 그 자체만 중요하게 생각했지, 돈을 어떻게 모으고 불릴 것인가에 대한 정보나 계획이 전혀 없었다. 더군다나 경제적인 관념이 제대로 잡히지 않은 상태에서 돈을 벌게 되니 주변의 유혹에 휘둘리기 시작했다. 외상까지 하며 유흥생활에 빠지게 되었고 직장 생활 역시 오래 가지 못했다. 갚을 능력이 없는 나에게 남은 외상이라는 늪! 부모님께서 짊어지고 계시던 가난이라는 굴레를 벗겨드리겠다고 호기롭게 큰소리 땅땅 쳤던 내가 외상값을 갚기 위해 우유 배달을 하시는 어머니께 손을 벌려야만 했다. 어린 시절 나의 가난 탈출계획은 그렇게 부끄럽고 참담하게 끝이 났다.

그 이후로 남들처럼 평범하게 대학을 갔고, 병역의무를 마친 후 다시 직장 생활을 시작하게 되었다. 올해로 회사에 입사한 지 10년이 되었는데, 지금까지 직장 생활을 하면서 느낀 점은 대부분의 월급쟁이가 근면하고 성실하게 일을 하면 언젠가는 월급쟁이 생활에서 벗어날 수 있다는 기대를 하고 있다는 것이다. 나 역시 지금은 번듯한 직장에서 남부럽지 않은 연봉을 받고 있지만, 과연 월급만으로 평범한 삶에서 벗어나 부자가 될 수 있을까?

사실 많은 월급쟁이들이 부자라는 것이 무엇인지, 그리고 어떻게 하면 부자가 되는지 잘 모른다. 수많은 책이 부자가 되기 위한 정보와 과정을 나열하지만, 결국 책을 읽을 때만 잠시 부자가 될 수 있을 것 같은 착각을 일으킬 뿐, 시간이 지나고 나면 다시 원상태로 돌아온다. 나 또한 마찬가지였다. 부동산 투자를 시작하기 전까지는 항상 주어진 일을 성실하고 묵묵하게 수행하는 것만이 최선이라 여겼으며 그런 나 자신이 한 번도 틀렸다고 생각해 본 적이 없었다.

그러던 2년 전, 퇴직한 선배와 밥을 함께 먹으며 이야기를 나누었다. 그 선배는 엄청난 열정으로 회사에서 높은 위치까지 올라갔고 회사에서의 성취감이 곧 가족의 행복과 직결된다고 절대적으로 믿는 사람이었다. 하지만 퇴직 후 그의 모습은 어딘가 허무함으로 가득 차 있는 것 같았다. 그는 나에게 이런 말을 했다.

"회사에서 충성을 다하고 만족할 만한 위치에도 올라갔지만, 내가 회사에서 성취감에 기뻐할 때 가족들은 내 빈자리를 그들만의 방식으로 채우기 시작했고 지금은 내 자리가 없어졌어. 더 이상 나는 가족들에게 필요한 존재가 아닌 거야. 지금 돌아보면 나는 정말 후회되는 삶을 살았던 것 같다."

이 말을 들으면서 나는 많은 생각을 하게 되었다. 사실 근면하고 성실하게 회사 일에 최선을 다하는 것은 아름다운 덕목이다. 하지만 그것만으로 부자가 되기에는, 인생의 여러 가치를 누리며 살기에는 너무나 부족하다. 속된 말로 뼛골이 빠지도록 일하면서도 노후를 걱정하고 가족에게 버림받는 것은 아닐까 두려워할 수밖에 없는 현실이다.

부자가 되고 싶었고 좀 더 나은 삶을 살고 싶었다. 그 선배처럼, 이 땅의 수많은 아빠들처럼 뒤늦게 후회하고 싶지 않았다. 일단 아무것도 모르는 자신에 대해서 인정하고, 부자가 되는 방법과 미래에 대한 많은 고민을 한 끝에 부동산 투자 방법 중 하나인 '경매'를 시작하게 되었다. 그리고 그 선택으로 인해 지금은 경제적으로 여유로울 뿐 아니라 충실하고 만족스러운 삶을 누리고 있다. 월급쟁이가 경제적 자유라는 부를 이루기 위해서는 정말 많은 노력이 필요하다. 하지만 그 노력 이상으로 경제적 자유를 이룬 후 얻을 수 있는 것들은 굉장히 많다. 사실 필자가 간절히 부자가 되고 싶었던 동기는 바로 '가족'이었다. 부모님께, 아내에게, 그리고 아이들에게 더 가치 있고 멋진 인생을 선물하고 싶었다.

경매를 2014년 초에 시작하여 약 2년간 직장 생활과 부동산 투자에 매진해 왔는데, 지금의 내가 있게 된 데에는 물심양면으로 뒷받침해 준 아내의 역할이 매우 컸다. 아이들을 키우고 일까지 하면서도 아무런 불평, 불만 없이 나에게 힘이 되어 주었다. 그리고 그런 아내에게 꼭 선물해 주고 싶은 것이 있었다.

낡고 위험한 차를 오랫동안 타고 다니던 아내에게 평소 예쁘다고 했던 차를 깜짝 이벤트로 선물했는데 우연히도 12월 24일이라는 날짜 때문에 크리스마스 선물이 되었다. 그동안 묵묵히 참아주고 지지해 준 아내의 마음과 노력에 비하면 그렇게 큰 것은 아니었지만, 선물하는 나에게도, 받는 아내에게도 아주 의미 있고 행복한 선물이었다.

그리고 지금까지 고생만 하신 어머니께도 작은 이벤트를 준비하고 있다. 어머니께서는 우리 삼 형제를 키우시기 위해 갖은 고생을 하셔서 건강이 많이 안 좋아지셨는데, 언젠가는 온돌방이 있는 전원주택에서 생활하고 싶다는 말씀을 종종 하셨다. 그래서 어머니를 위해 조그마한 땅을 알아보고 있다. 그 땅에 30평대 정도의 전원주택을 지어드릴 예정인데 이 계획은 2016년 안에 이루어질 것 같다.

작다면 작지만 이런 행복을 누릴 수 있는 것은 일반 월급쟁이에게는 꿈만 같은 일일 것이다. 그렇다고 해서 불가능한 것은 아니다. 월급이라는 현금흐름이 있으므로 오히려 더 쉽게 이룰 수 있다. 구체적인 방법들은 이어지는 글을 통해 하나씩 알아갈 수 있을 것이다. 멋진 아들이자 멋진 남편, 그리고 멋진 아빠로서의 이 행복한 삶은 누구라도 누릴 수 있다.

당신도 부자가 되고 싶은 진한 동기를 가슴에 새겨라!

돈과 부에 대한 인식을 자기 진단하라

부자가 되고 싶다면 현재 자신의 경제적인 인식과 상황을 점검해 보고, 돈과 부자의 진정한 의미와 가치가 무엇인지 진지하게 생각해 볼 필요가 있다. 본격적으로 투자에 대한 글을 읽기 전에 아래의 리스트를 통해 돈과 부에 대한 인식을 자기 진단해 보자. 다음으로는 이 책을 통해 부자가 될 수 있는 실제 방법들을 배우고, 그것을 스스로의 것으로 하나씩 만들어 나가는 과정을 거친다면 어느새 부자가 되어 멋진 인생을 누리는 자신을 발견하게 될 것이다.

📋 **자기 진단 리스트**

1. 자신의 수입과 재산에 대해 어떻게 생각하는가?
   충분히 만족한다 ( )　　크게 부족함이 없다 ( )
   만족하지 않는다 ( )　　먹고 살기도 힘들다 ( )

2. 지금 바로 투입할 수 있는 투자금은 얼마인가?
   _____

3. 돈에 대해 어떻게 생각하는가?
   부정적이다 ( )　　필요악이다 ( )　　긍정적이다 ( )

4. 자신이 부자가 될 가능성은 어느 정도라고 생각하는가?
   100% ( )　　80% 이상 ( )　　50% 이상 ( )
   30% 이상 ( )　　10%~30% ( )　　10% 이하 ( )

5. 부자가 되고 싶은 동기와 구체적인 목표는 무엇인가?
   _____

6. 경제적 목표에 대한 구체적이고 분명한 계획이 있는가?
아주 잘 알고 있다 ( )   감을 잡으려고 노력 중이다 ( )
잘 모르겠다 ( )   관심이 없다 ( )

7. 부자가 되기 위해 현재 무엇을 실천하고 있는가?
_____

8. 자신에게 가장 적합하고 유용하다고 생각하는 재테크 수단은?
_____

9. 주변에 경제적인 문제를 상의할 만한 사람이나 멘토가 있는가?
있다 ( )   없다 ( )

10. 모든 질문에 답하고 나서 지금 드는 생각은 무엇인가?
_____

    자기 진단 리스트는 단순히 Yes 또는 No가 아니라 좀 더 구체적으로 답할 수 있도록 하였고, 현실적인 상황과 앞으로의 가능성에 대해 진지하게 생각해 볼 기회를 제공하는 방향으로 구성하였다. 책을 읽어내려 가다가 무언가를 생각하고 답해야 한다는 것이, 자신을 진단하는 일이 귀찮고 부담스럽게 느껴질 수도 있겠지만, 그냥 넘겨버리지 말고 꼭 작성해 보기를 바란다.
    그리고 한 가지 더 권유하자면, 이 진단 리스트의 활용을 일회성에 그칠 것이 아니라 일정한 시간이 지날 때마다 반복적으로 체크해 보면 좋을 것이다. 날짜와 함께 기록해 두면 자신의 상황이나 생각이 어떻게 변하고 있는지를 파악할 수 있을 것이고, 이를 통해 투자와 삶의 방식에서의 기준점과 방향을 잡아나가는 데 도움이 될 것이다. 이 리스트를 그대로 활용하지 않고, 변형시키거나 보충하여 자신만의 리스트를 만들어 보는 것도 좋다.

진단 결과표

당신은 이미 부자	객관식 4개 이상 긍정적 답변이고, 주관식 4개 이상 확실하게 떠오르는 답이 있다.
부자가 될 가능성이 높음	객관식 3개 이상 긍정적 답변이고, 주관식 3개 이상 확실하게 떠오르는 답이 있다.
부자 마인드 향상이 필요함	객관식 2개 이하 긍정적 답변이고, 주관식 2개 이하 확실하게 떠오르는 답이 있다.

2
지금 당장 큰돈이 없어도 부자가 될 수 있다

 누구나 좋아하는 일을 하며 사랑하는 사람들과 여유 있고 행복한 삶을 살기를 바란다. 그래서 경제적으로 넉넉한 부자를 꿈꾼다. 왜냐하면, 돈은 우리가 추구하는 삶을 살아가는 데 있어서 정말 중요한 역할을 하기 때문이다. 그러나 그 꿈을 이루는 사람은 극히 드물다. 무엇이 우리의 발목을 잡고 있는 것일까? 각박한 세상? 가난을 물려준 부모님? 언제까지나 남 탓만, 세상 탓만 하고 있을 수는 없다. 주어진 여건이 모두에게 공평할 수는 없겠지만, 그 속에서 자신의 인생을 원하는 방향으로 꾸려나가는 책임은 스스로에게 있는 것이다.

 지금 당신은 부자인가? 아마 그렇지 않을 것이다. 부자가 되고 싶어서, 진짜 부자의 경험담이 궁금해서 이 책을 펼쳐 들었을 가능성이 높다. 부자가 되기 위해서 지금까지 어떤 방법이 최선이라 생각해 왔는가? 직장 생활로 얻은 월급을 꼬박꼬박 저축하는 것? 사업? 금융 상품에 투자하는 것? 주식 아니면 부동산 투자?

 필자가 선택한 것은 부동산 투자, 특히 경매(공매)였다. 그리고 최고의 선택이었다고 믿는다. 큰돈이 없어도 시작할 수 있고, 자신이 노력하는 만큼의 대가가 반드시 따르는 투자이기 때문이다.

월급쟁이 부자가 되기 위한
최선의 투자 방법

　부동산 투자에 대해서 주식 등 다른 분야보다 더 큰 목돈이 있어야 가능하다고 생각하거나, 소액으로는 제대로 된 수익을 거두기 힘들다고 믿는 사람들이 많다. 물론 물건의 종류에 따라 목돈이 필요할 수도 있겠지만, 부동산도 소액으로 투자할 수 있고 쏠쏠한 수익을 얻을 수 있는 물건도 찾아보면 많이 있다. 친한 직장 후배가 얼마 전 공매를 통해 낙찰 받은 아래의 실제 사례를 살펴보자.

소재지	충북 음성군 대소면 부윤리 130-17 조원무궁화아파트 OO동 1층 OO호 도로명주소검색				
물건용도	아파트	위임기관	충주세무서	감정기관	(주)중앙감정평가법인
세부용도		집행기관	한국자산관리공사	감정일자	2015-06-30
물건상태	낙찰	담당부서	충북지역본부	감정금액	21,000,000
공고일자	2015-12-09		재산종류	압류재산	배분요구종기	2015-08-31
면적	대 15,494㎡ 지분(총면적 6,789㎡) 건물 27.63㎡ ← 아파트 면적			처분방식	매각
명도책임	매수자	부대조건			
유의사항	.				

▶ 입찰 정보(인터넷 입찰)					
회/차	대금납부(납부기한)	입찰시작 일시~입찰마감 일시	개찰일시 / 매각결정일시	최저입찰가	결과
005/001	일시불(낙찰금액별 구분)	16.02.01 10:00 ~ 16.02.03 17:00	16.02.04 11:00 / 16.02.11 10:00	14,700,000	낙찰

▶ 낙찰 결과					
	낙찰금액	15,400,000 ← 낙찰금액	낙찰가율 (감정가격 대비)	73.33%	낙찰가율 (최저입찰 대비)	104.76%
	유효입찰자수	3명	입찰금액	15,400,000원, 14,850,000원, 14,701,000원	

소액 투자가 가능한 소형 아파트 공매 정보

　이 물건은 낙찰가가 1,540만 원으로 취득세까지 모두 1,560만 원 정도면 소유권을 이전할 수 있는데, KB시세(은행 등에서 대출을 실행할 때 기준으로 삼는 아파트와 오피스텔의 시세)를 보면 다음과 같다.

[대소면] 조원무궁화								
매물	시세	단지정보	평면·배치도	금융상담				
▶ 전체		▶ 37.73/27.63㎡		▶ 58/40.23㎡				

면적별시세   시세갱신일 : 2016.02.26 (단위·만원)

면적㎡	매매가			전세가			월세가	
	하위평균가	일반평균가	상위평균가	하위평균가	일반평균가	상위평균가	보증금	월세
37.73	2,100	2,200	2,300	1,150	1,250	1,400	200	20~20
58	3,300	3,550	3,800	2,550	2,700	2,950	500	30~30

아파트 담보 대출 시 기준이 되는 KB시세

KB시세에 있는 면적표시는 분양면적이고 공매 공고상의 면적은 전용면적을 표시하기 때문에 면적에서 차이가 나 보이지만, 실제로 낙찰 받은 아파트의 전용면적은 $27.63m^2$이고 분양면적은 $37.73m^2$이므로 KB시세에 있는 $37.73m^2$와 같은 물건이다. 매매가는 대출 실행 시 기준이 되는데, 특히 이 물건은 1층이고 3층 이하 물건은 하위 평균가에 나와 있는 금액 2,100만 원을 기준으로 대출이 실행된다고 생각하면 된다. 1,560만 원이라는 소액으로도 투자가 가능하지만, 투자금을 최소화하기 위해 대출을 활용한다면 시중 은행에서 KB시세의 70%인 1,470만 원까지 대출받을 수 있다. 이 물건에 대해 70%의 대출을 받을 경우의 수익을 계산해 보면 다음과 같다.

수익률 계산표

낙찰	1,540
취득세 및 소유권 이전	20(셀프등기)
수리비	50
대출	1,470
이자	3.9(이율 3.2%적용)
보증금	200
월세	20
순수익	16.1
실투자금	−60
수익률	?

(단위: 만 원)

　국토교통부 실거래가 공개시스템이나 네이버 부동산 매물을 통해 이 물건의 실거래가를 확인해 보면 매매가는 2,200~2,300만 원이고, 보증금 200만 원에 월세 20만 원으로 거래되고 있는 것을 알 수 있다. 낙찰 금액과 경비를 포함한 투입비용 1,610만 원에서 대출금 1,470만 원과 보증금 200만 원을 합한 1,670만 원을 제하면 실투자금은 오히려 60만 원을 돌려받게 된다. 그리고 매월 16만 원씩 현금흐름이 발생할 뿐 아니라 향후 시세차익 또한 500만 원 이상이 될 것으로 예상된다. 이런 물건들은 생각보다 자주 등장한다.

　어떤가? 2천만 원이 안 되는 소액 부동산 물건에 투자해도 수익을 낼 수 있고, 대출이나 보증금을 잘 활용한다면 소액 물건이 아니더라도 투자금을 최소화할 수 있다. 부동산 투자를 하려면 목돈이 필요하다거나 소액 투자로는 수익을 기대하기 어렵다는 생각은 반드시 버려야만 하는 편견일 뿐이다. 이 외에도 부자가 되는 길을 가로막는 여러 가지 편견과 선입견들이 있다.

현재 당신이 부자가 아니라면, 그리고 앞으로도 부자가 될 자신이 없다면 지금까지 어떤 생각으로, 어떤 태도로 살아왔는지를 진지하게 되돌아보아야 한다. 부자가 되고 싶다면 좀 더 여유롭고 자유로운 인생을 살고 싶다면 지금까지의 잘못된 생각과 행동을 바꿔야만 한다.

부자가 되기 위해
반드시 버려야 할 선입견들

모든 사람은 각기 다른 경험과 배경 지식 그리고 성향을 가지고 있기 마련이므로 같은 대상을 두고도 제각각 다른 시각으로 바라볼 수밖에 없다. 그런데 문제는 한쪽으로 치우친 본인만의 생각과 견해만이 옳고 다른 사람의 것은 그르다는 흑백 논리, 혹은 편견을 가지면서 시작된다. 그리고 실제적인 경험 없이 잘못된 선입견만을 고수하는 사람들도 많이 있다. 지금까지 직장 생활과 함께 투자를 병행해 오면서 자주 접하게 되는 투자에 대한 편견과 선입견들이 있는데, 이 글을 읽고 있는 분들은 이런 잘못된 인식들로 인해 투자에 실패하거나 좋은 기회를 스스로 놓치는 일이 없기를 바란다.

1. 직장 생활이 최선이라고 생각한다

어느 절의 주지 스님께서 마당 한가운데에 큰 원을 그려놓고는 동자승을 불러서 "내가 지금 마을을 다녀왔을 때, 네가 이 원 안에 있으면 하루 종일 굶을 것이다. 하지만 원 밖에 있으면 이 절에서 내쫓을 것이다." 그러고는 마을로 나가셨습니다.

동자승은 난감했습니다. 원 안에 있자니 가뜩이나 배가 고픈데 오늘 하루 종일 굶어야 할 것이고 원 밖에 있으면 절에서 내쫓김을 당해야 하는 상황이었으니까요. 한 시간 뒤에 드디어 주지 스님이 돌아오셨습니다. 그런데 이 동자승은 하루 종일 굶을 필요도 없었고, 절에서 내쫓김도 당하지 않았습니다. 동자승은 스님이 나간 뒤 한참을 고민하다가 마당 한구석에 놓인 빗자루를 가지고 와서는 스님이 그려 놓은 원을 지워버렸습니다. 원이 없으니, 원 안에 머무는 것도 아니고 원 바깥에 머문 것도 아닌 것이 되었습니다.

〈고정관념의 원〉 중에서

평범한 월급쟁이 시절에 이 글을 읽고 나서 망치로 머리를 크게 맞은 것 같은 느낌을 받았다. 원이라는 얽매는 밧줄이 없으니, 동자승은 이렇게 해도, 저렇게 해도 되는 자유로운 몸이 된 것이다. 그렇다면 월급쟁이에게 고정관념의 원은 무엇일까? 그것은 아마 월급을 주는 직장이라는 존재일 것이다. 정확히 말하면 직장 생활을 최선이라고 생각하는 것, 직장에서 벌어들이는 월급 말고는 다른 수입을 기대하지 않는 것이다. 그러나 월급만으로 원하는 삶을 살아가기에는 현실적으로 무리가 있기 때문에 그 한계를 벗어나야 한다. 그렇다고 월급쟁이 생활을 그만두라는 뜻은 아니고 '나태함'과 '무사안일주의'에서 벗어나라는 것이다. 아무리 회사를 최선이라 생각하고 충성한다고 해도, 회사는 절대 월급쟁이를 끝까지 책임져주지 않는다.

얼마 전, ○○인프라코어는 경영난으로 인한 인력 구조조정 중 20대 초반의 어린 여직원과 신입 직원들에게까지 명예퇴직 신청을 받아 논란의 중심에 서게 되었다. "사람이 미래다"라는 광고 메시지를 통해 평상시 사람을 존중하는 멋진 회사라는 이미지를 갖고 있었기에 이번 사태를 통해 적잖은 실망감을 가진 것도 사실이지만, 최근에는 이 기업뿐 아니라 조선업과 건설업의 불황으로 인해 많은 기업이 구조조정에 나서고 있다. 우리는 '희망퇴직', '명예퇴직'이라는 구조조정의 다른 이름에 익숙해져 있고, 이제는 저성과자에 대한 쉬운 해고 방안까지 법으로 정해지려고 하고 있다. '평생직장'이라는 직장인들의 소망은 점점 기대할 수 없게 된 것이다.

회사라는 곳은 직원들이 한눈팔지 않고 효율적이고 충실하게 일에 집중할 수 있는 정도의, 딱 기본 생활을 영위할 수 있는 만큼의 돈을 '월급'이라는 명목하에 지급한다고 한다. 그래서일까? '월화수목금금금'이라는 말대로 정말 열심히 회사에서 일하지만 이상하게도 돈은 불어나지 않고 나와 내 가족의 미래가 보장되지 않는다는 사실을 느끼기 시작했다. 그러던 중 듣게 된 "하루 종일 일하는 사람은 돈 벌 시간이 없다."라는 록펠러의 한마디 말은 나에게 커다란 충격과 깨달음을 주었다. 단지 주어진 일만 열심히 하는 것이 아니라 돈을 벌기 위한 별도의 노력과 시간이 필요하다는 것을.

우선은 최대한 시간을 모았다. 의미 없이 흘려버렸던 출근 전과 퇴근 후 그리고 주말의 시간을 모아, 돈 버는 공부를 할 수 있는 시간을 만들기 위해 연구하고 고민했다. 그 과정에서 선택하게 된 투자 방식이 부동산 경매였고, 길지 않은 시간이지만 끊임없이 공부하고 실천해 온 결과 지금은 직장 생활에서 얻는 월급에 얽매이지 않는 인생을 살아갈 수 있게 되었다. 시간이 없다는 변명, 시간적인 자유를 누리고 싶다는 희망은 경제적인 자유를 얻기 전까지는 단지 자신의 게으름에 대한 변명일 뿐이다.

2. 투자와 투기를 혼동한다

몇 년 전, 한 지인이 남양주에 있는 아파트를 20채 정도 사서 한 채당 몇 천만 원의 수익을 얻고 되팔았다. 그리고 지인이 되파는 시점에 많은 사람들이 반대로 그 아파트를 샀는데 지금은 가격이 하락했거나 보합세를 유지하고 있다. 전자와 후자의 차이점은 무엇일까? 결론부터 말하자면 지인은 투자를 했고 다른 사람들은 투기를 했다는 것이다. 많은 사람들은 투자와 투기를 혼동하는데 일단 부동산으로 많은 돈을 벌면 투기라고 생각한다. 사실 투자나 투기 모두 이익을 얻기 위한 행위이긴 마찬가지지만 그 과정과 결과에서 중요한 차이점이 있다.

지인의 경우, 항상 경제 신문이나 뉴스를 통해 수도권 부동산 시장이 어떻게 변해 가는지를 살피며 그 변화를 투자에 적용하기 위해 끊임없이 공부했다. 특히 남양주 지역을 포함해 수도권에 있는 모든 지하철과 교통에 대해서 관심을 가지고 있었다. 그러던 중, 남양주에 지하철이 개통된다는 소식을 듣고 모든 정보를 모아 퍼즐을 맞추듯 조합해서 어느 곳에 지하철이 개통될 것인지, 그 영향을 받을 아파트의 가치와 시세가 어떠하고 앞으로 또 어떻게 변화될 것인지에 대해서 분석했다. 그리고 분석을 통해 얻은 확신을 바탕으로 소신껏 투자하여 단기간에 몇억 원의 시세차익을 얻었다. 반면에 지하철 개통소식에 사람들이 몰려들자 아파트 가격이 앞으로도 더 오를 거라는 막연한 기대심리와 대책 없는 믿음으로 투기를 한 사람들은 돈이 묶이거나 손해를 보았다.

투자와 투기의 차이는 단순히 타이밍의 문제가 아니다. 사전적인 의미의 차이를 분석하기 위함도 아니고, 돈을 벌고 못 벌고의 결과에 의존한 구분을 하려는 것도 아니다. '투자'는 끊임없는 공부와 경험을 통해 불확실성에 기인하는 리스크를 최대한 제거하여 안정적인 수익을 얻는 데 목적이 있는 것인데, 남들이 얻는 수익에 현혹되어 아무런 노력 없이 자신도 똑같은 수익을 얻을 수 있을 거라고 운에 기대는 위험한 사고와 행동을 경계하기를 바라는 마음으로 '투기'와 구분해 보았다. 그리고 부동산 투자는 모두 투기라는 부정적인 인식으로 투자의 기회, 부자가 될 수 있는 기회를 스스로 차버리는 일 역시 없기를 바란다.

3. 금융상품 투자만으로 부자가 될 수 있다고 생각한다

회사에 처음 입사하면 주위에서 "돈을 모으려면 주거래 은행부터 만들어라."라는 조언들을 한다. 모든 금융거래를 하나의 은행에 집중하면 각종 혜택을 받을 수 있고 오래 거래를 할수록 신용이 많이 쌓여 은행으로부터 좋은 조건으로 대출도 받을 수 있다고 하는데, 틀린 말은 아니지만 실제로 그런 혜택만으로 부자가 될 수 있는지에 대해서는 의문이다. 더군다나 오랜 거래로부터 은행에 대해 친숙함과 신뢰를 갖게 되면 자세히 알아보지도 않고 은행에서 추천한 금융상품에 무작정 투자하기 쉬운데 이런 경우에는 자칫하면 큰 위험이 따르기도 한다.

필자 역시 그러한 경험이 있다. 종잣돈을 만들기 위해 펀드에 가입하려고 주거래 은행을 찾았고 직원의 권유로 해외펀드에 가입했다가 몇 천만 원의 손해를 보았는데, 투자 상품에 대해 자세히 알아보지도 않고 은행 직원의 말만 믿고 가입했으니 부끄럽고도 당연한 결과이다. 그 이후 담당 직원을 만나서 다시 이야기해 보니 그 직원조차 나에게 추천해 준 상품에 대해 잘 모르고 있었다는 사실을 알게 되었다. 은행의 이익 창출을 위해 정책적으로 밀고 있는 상품을 고객들에게 추천해 줄 뿐, 고객의 이익이나 손해는 애초에 관심 대상이 아니었던 것이다.

몇 년 전에는 변액연금보험, 연금저축 등 개인연금 상품이 무수히 많이 쏟아져 나왔는데, 설명을 보면 가입자가 냈던 금액만큼 만기 시에 돌려준다는 원금보장형에서 마법처럼 돈이 불어나는 복리 효과, 연말정산 시 주어지는 세제 혜택까지 소비자의 구미를 당기는 조건들이 가득했다. 그런데 사실 이렇게 연금을 저축 형식으로 내게 되면 금융회사에 사업비 명목으로 일정 부분 떼이고, 요즘과 같이 저금리 기조가 계속되는 상황에서는 연금에 대한 이율도 낮아서 기대했던 만큼의 혜택을 얻는 것은 무리이다. 그리고 뒤늦게 해지하고 싶어도 원금조차 제대로 회수하기 어려워 고민이 된다.

금융회사 또한 이익을 추구하는 사기업이고 그곳에서 나오는 상품은 고객보다는 회사의 이익을 먼저 대변할 수밖에 없다는 사실을 통해 금융상품 투자만으로는 절대로 부자가 될 수 없음을 분명히 인식해야 한다. 부자가 되고 싶다면 최소한 본인이 투자하려는 대상에 대해서는 누구보다도 잘 알아야 하지만, 금융회사는 본 기업의 이윤 추구를 위해 상품에 대한 모든 정보를 고객들에게 친절하게 공개하지는 않는다. 필자 주변의 진짜 부자들은 금융회사의 배를 불려주는 금융상품을 잘 이용하지 않는다. 오히려 금융회사의 입장에서, 어떻게 하면 상품을 잘 팔아서 이윤을 극대화할 수 있을지를 고민해 보고, 그 결과로 찾아낸 방법들을 실제 본인의 투자에 적극적으로 활용하여 성공적인 투자를 이어나가고 있다.

큰돈 없이 시작할 수 있는
부동산 투자 활용법

적은 돈으로 부동산에 투자하기 위해서는 우선 싸게 매입해야 하고, 임대나 매매가 될 때까지 타인의 자본을 활용할 수 있어야 한다. 싸게 매입하는 방법으로는 급매, 그리고 경매와 공매를 활용할 수 있다. 앞의 사례를 통해 적은 돈으로도 충분히 부동산 투자를 할 수 있다는 사실을 살펴보았으므로 다음에 이어지는 구체적인 투자 방법들을 참고하여 실전 투자에 적용해 보기 바란다.

1. 싸게 매입하는 첫 번째 방법 – 급매

소유주가 개인의 사정에 의해서 급하게 내놓은 물건을 급매물이라고 하는데, 급하게 매도해야 하는 경우에는 시세보다 낮은 가격이어야만 빨리 팔리기 때문에 매수자 입장에서는 좀 더 싸게 살 수 있다는 장점이 있다. 그리고 많은 사람들이 경매나 공매보다 급매가 더 쉽고 안전하다고 생각한다. 하지만 정말 좋은 물건을 일반 소비자가 급매물로 만날 기회는 생각보다 많지 않다. 중개업소에서 급매로 추천해 주는 물건을 덥석 사놓고 후회하는 경우를 주위에서도 가끔 볼 수 있는데, 좋은 물건을 급매로 살 수 있는 몇 가지 노하우를 살펴보자.

(1) 사고 싶은 물건에 대한 시세조사 정확하게 하기

일반적으로 급매물로 많이 찾는 아파트의 경우, 시세조사를 정확하게 하려면 먼저 '로열동'과 '로열층'에 대한 이해가 필요한데, 많은 사람들이 선호하는 층과 동일수록 비싸다는 단순한 원리를 간과해서는 안 된다. 투자하고 싶은 아파트의 로열동과 로열층의 가격을 제일 먼저 알아본 후, 그 동의 일반 층, 그리고 가장 싼 층의 순서대로 시세를 조사한다. 다음으로는 일반 동에 대한 시세를 다시 '로열층 → 일반 층 → 가장 싼 층'의 순서로 조사하면 된다. 이렇게 아파트 전체에 대한 시세를 정확하게 파악하고 있어야 중개소에서 추천해 주는 급매물이 정말 저렴한 물건인지, 아닌지를 구별할 수 있다.

(2) 가장 거래가 활발하고 적극적인 중개소와 친해지기

시세조사를 하면서 돌아다니다 보면 정말 다양한 유형의 중개인들을 만나게 되는데, 적극적이고 긍정적인 분위기의 공인중개소는 실제로 거래도 매우 활발하게 이루어지고 있고 좋은 거래를 성사시켜주는 경우가 많다. 그런 중개소에 자주 방문해서 친분을 쌓아두면 좋은 매물이 나왔을 때, 낯선 사람보다는 친분이 있는 사람에게 소개해 줄 가능성이 높다. 중개인을 이용하겠다는 이기적이고 편협한 마음이 아니라 서로 상생하는 관계로 여기고 장기적으로 좋은 인연을 이어나간다면 진짜 좋은 급매물을 만날 수 있을 것이다.

(3) 비수기일 때 급매물 찾기

위와 같이 오랜 시간을 공들이지 않고 급매물을 구하려면 비수기일 때 찾아야 한다. 일단 급매물을 구한다고 많은 부동산에 알려서 추천 들어오는 물건의 시세를 자세히 조사하고 비교한 후 선택하면 된다. 부동산 시장의 비수기는 여름, 특히 장마 때이고 겨울에는 눈이 많이 오는 시기이다.

하지만 한 번 하고 끝낼 투자가 아니라면 중개소와 좋은 관계를 유지하면서 시기적인 상황을 잘 이용하는 것이 꾸준하게 수익을 거둘 수 있는 현명한 투자 방법이다.

2. 싸게 매입하는 두 번째 방법 – 경매

'부동산 경매'는 채무자(돈을 빌린 사람)가 약속한 날짜까지 채권자(돈을 빌려준 사람으로 보통 은행인 경우가 많음)에게 빚을 갚지 않을 경우에 채권자가 법원을 통해서 채무자의 부동산을 매각(파는 행위)하여 나온 매각대금으로 채무자의 빚을 청산하는 것을 말한다. 쉽게 말해서, 대출받고자 하는 사람의 부동산을 담보로 돈을 빌려준 후 돈을 갚을 날짜가 되었는데도 갚지 않으면, 채권자가 해당 부동산을 법원에 경매 신청함으로써 매각 물건으로 나오게 된다. 어떤 물건을 사려는 사람이 여럿일 때 가장 높은 금액을 제시하는 사람에게 파는 것을 경매라고 하는데 부동산 경매 역시 같은 방식으로 진행된다.

경매의 장점은 일단, 매물이 굉장히 다양하고 광범위하다는 것이고, 소멸주의(어떤 권리 이후에 있는 다른 권리들을 모두 없애는 것을 원칙으로 함)로 인해 물건에 대한 복잡한 권리관계를 깨끗하게 정리할 수 있다는 점이다. 그리고 생각보다 절차가 간단하고 부동산을 일반 매매하는 경우보다 대출이 쉽다.

가장 중요한 장점은 '유찰'이라는 제도를 통해 좋은 물건을 저렴한 가격으로 살 수 있다는 것이다. 유찰은 경매 매각 기일에 해당 물건에 아무도 입찰(물건을 경쟁해서 사는 행위)하지 않는 것을 말하는데, 유찰되면 한 달 정도 뒤에 20~30% 정도 낮아진 가격으로 다시 경매가 진행된다.

필자도 이 유찰 제도를 잘 활용하여 월 1,000만 원의 현금흐름이 나오는 고시텔을 4억 원 정도에 싸게 낙찰 받았는데 자세한 이야기는 차차 진행하겠다.

경매의 진행 절차는 다음과 같이 5단계로 구분된다. 이 절차를 잘 새겨 놓고 실제로 한 번 경험해 보면 일반 매매와 비교하더라도 경매가 생각보다 어렵지 않다는 것을 알게 될 것이다.

경매 진행 절차

1. 물건 검색
2. 권리 분석과 현장 조사
3. 입찰 및 낙찰
4. 잔금 납부 및 명도
5. 임대 또는 매매로 수익 실현

---

3. 싸게 매입하는 세 번째 방법 – 공매

'공매'란 한국자산관리공사에서 부동산을 일반 경쟁 방법으로 공개적으로 매각하는 것을 말한다. 경매는 법원에서 입찰하지만, 공매는 한국자산관리공사의 홈페이지인 '온비드'에서 입찰한다. 보통 국세징수법에 의한 국세, 지방세 등의 체납으로 압류된 재산을 세무서 또는 지방자치단체가 자산관리공사에 처분을 의뢰하고 그렇게 진행되는 물건들을 공매 물건이라고 한다. 공매는 세금에 의한 압류 때문에 진행되는 물건이 많으므로 세금에 대한 부분을 조금 더 이해할 필요가 있지만, 거의 모든 진행 과정이 경매와 비슷하다. 차이점이라면 경매는 1회 유찰될 때마다 최저매각

가격이 매월 20~30%씩 낮아지지만, 공매는 1주일 간격으로 10%씩 차감되어 진행된다는 것이다.

공매는 온라인으로 입찰할 수 있기 때문에 입찰할 때마다 법원에 가야 하는 경매보다 시간적인 제한이 있는 일반 직장인들에게 더 유용하다. 공매는 보통 월요일에서 수요일 오후 5시까지 입찰하고 목요일 오전 11시에 개찰한다. 입찰은 3일 동안 아무 때나 할 수 있고, 보증금을 계좌로 입금해야 유효한 입찰로 본다. 그리고 패찰하면 보통 목요일 12시 이전에 보증금이 되돌아오기 때문에 그 시간 정도 되면 낙찰인지, 패찰인지 알 수 있다. 공매는 경매보다 컨설팅업자들의 입찰 참여가 적어서 낙찰가율도 경매에 비해서 낮고 의외로 좋은 물건들이 많이 있다. 경매보다 사설 경매정보지에서 얻을 수 있는 정보가 부족하므로 조금 더 많은 공부가 필요하지만, 그런 이유로 경쟁이 덜하기도 하고 어느 정도 공부와 경험이 쌓이면 경매보다 더 많은 수익을 올릴 수도 있다.

적은 돈으로 부동산에 투자하기 위해 싸게 매입하는 세 가지 방법을 살펴보았는데, 매입한 후 한 사이클이 마무리될 때까지 최소한의 종잣돈을 투입하기 위해서는 타인의 자본을 활용할 수 있어야 한다. 다음 칼럼을 통해 이를 살펴보도록 하겠다.

Column

타인의 자본 활용으로 투자금을 최소화하라

1. 대출

　대출, 빚이라고 하면 패가망신의 지름길이라며 무조건 꺼리는 사람들이 있다. 실제로 대출에 대한 원금은커녕 이자도 감당하지 못해 신용불량자가 되거나, 살던 집이 경매로 넘어가는 경우를 주변에서 종종 보게 된다. 그러나 앞선 사례에서 대출의 효과를 직접 확인해 본 것처럼 대출 그 자체는 좋은 것도, 나쁜 것도 아니다. 중요한 것은 대출의 목적과 이용방법이고, 좋은 대출을 적극적으로 이용해야만 부자의 길에 좀 더 가까워진다는 사실이다.

　'레버리지 효과'라는 것을 아마 한 번씩은 들어 봤을 것이다. 이것은 타인으로부터 빌린 차입금을 레버리지(지렛대)로 삼아 투자에서 본인의 자본 대비 수익률을 높이는 것으로 지렛대 효과라고도 한다.

　예를 들어, 1억 원이라는 돈이 있다고 가정하자. 1억 원으로 1억 원짜리 아파트를 사서 월세로 50만 원을 받으면 1년 동안 600만 원의 수익이 생긴다. 1년을 기준으로 계산해 보면 6%(=600만÷1억×100)의 자기자본 대비 수익률을 얻게 된다. 그러나 5천만 원을 대출(매월 이자 10만 원 가정)받은 경우에는 투자금 5천만 원(=1억-5천만), 연 수익 480만 원(={(월세 50만)-(이자 10만)}×12개월)이므로 수익률은 9.6%(=480만÷5천만×100)이다. 월세 수익뿐 아니라 매매차익에 대한 수익률도 마찬가지로 계산할 수 있다.

대출에 따른 수익률 비교

자본금	1억 원	
매매가	1억 원	
대출	0원	5천만 원
실투자금	1억 원	5천만 원
월세(1년)	600만 원	
이자(1년)	0원	120만 원
순수익(1년)	600만 원	480만 원
수익률	6%	9.6%
비고	남은 자본금 0원 재투자 불가	남은 자본금 5천만 원 재투자 가능

어떤가? 레버리지 효과는 이처럼 대출 이자보다 더 큰 수익이 보장되는 경우에는 아주 유효한 투자 수단이 된다. 그리고 투자금을 회수해서 다른 곳에 다시 투자할 수 있으므로 자금의 회전율을 높일 수 있다는 또 다른 장점이 있다.

그렇다면 좋은 투자처가 생겼을 때 대출을 잘 받으려면 어떻게 해야 할까? 가장 먼저 낮은 금리로 대출받을 수 있는 은행을 찾아야 한다. 직장인들의 경우에는 일반적으로 회사와 연계된 은행에서 시중금리보다 더 낮은 이율로 대출을 이용할 수 있다. 이처럼 개인의 조건에 따라 적합한 은행을 찾았으면, 그곳에서 신용을 잘 관리해야 한다. 많은 사람들이 본인에 대한 신용상태가 모든 은행에서 동일하게 적용된다고 잘못 알고 있는데, 신용평가 기관에서 개인의 신용을 평가하고 등급을 매기지만, 그 신용등급을 기초로 은행마다 거래내역 등을 통해 자체적으로 신용등급을 다시 산정한다. 따라서 대출금리가 낮고 조건이 좋은 은행을 찾았다면 그 은행에서 신용관리를 잘해야 하는 것이다. 신용등급을 높이기 위해서는 월급통장을 해당 은행으로 바꾸거나 은행에서 요구하는 몇 가지의 상품에 가입하고 꾸준한 거래실적을 올리는 것이 좋다. 주거래 은행에서의 신용등급은 대출금리뿐 아니라 대출금액에도 영향을 주기 때문에 레버리지 효과에서 얻을 수 있는 수익률과도 밀접한 관계가 있다.

일반 매매가 아닌 경매나 공매를 통해 낙찰 받은 후에 그 물건을 담보로 대출받는 것을 '경락잔금대출'이라고 하는데 이 경우에는 일반 대출 방법과 조금 다르다. 법원에서 낙찰을 받고 나오면 주위에서 많은 사람들이 몰려와서 명함을 나누어 주는데, 그들이 바로 대출 중개인이다. 이때 그들의 명함을 최대한 많이 확보하는 것이 좋다. 그리고 인근 지역의 법원에 가서도 대출 중개인들의 명함을 받아오고, 주변 법무사에 전화해서 대출을 담당하는 직원이나 사무장의 전화번호를 알아낸다. 이런 식으로 대출 중개인의 연락처를 최대한 많이 모은 다음에는 낙찰 받은 물건에 대한 소개와 원하는 대출 조건을 적어 문자로 보내면 된다.

낙찰물건번호: 2016타경 ＊＊＊＊호
물건종류: 아파트
물건지 주소: 충남 서산시
물건에 대한 특이사항: 없음
신용등급: 좋음
원하는 대출 조건: 낙찰 금액의 80%
이율은 3% 초반 고정금리, 제1금융권
근무 중에는 통화가 어려우니 문자로 회신 바랍니다.

대출 중개인으로부터 이에 대한 답변을 받아본 후, 대출조건이 괜찮은 곳을 몇 군데 선정해서 연락을 취해 구체적인 조건과 법무비 등을 협상하여 가장 좋은 조건으로 대출을 실행하면 된다. 물건을 받을 때마다 이런 과정을 거치면 되지만, 몇 번의 경험이 쌓이고 대출 중개인과의 인연을 잘 맺어두면 다음부터는 좀 더 수월하게 대출을 실행할 수 있다. 특히 일반 물건보다는 대출이 잘 안 되는 특수 물건의 경우에 이들 중개인과의 친분이 상당히 많은 도움이 된다. 또한, 이들은 대출과 관련하여 매우 민감하고, 많은 정보를 가지고 있으므로 경매 투자 초반에 대출에 대해 잘 모르는 부분이 있다면 망설이거나 겁내지 말고 조언을 구하기 바란다.

2. 전세

대출 이외에 레버리지 효과를 최대한 활용할 수 있는 또 다른 방법은 일명 '갭투자'라고 불리는 전세임대이다. 이 투자방법은 매매가와 전세가의 차이가 작고 향후 시세차익이 기대되는 물건일 경우에 활용하면 좋다. 매매가와 전세가의 차이, 즉 갭이 적으면 적을수록 투자금이 적게 들 뿐 아니라 대출처럼 이자를 지급하지 않아도 된다는 장점이 있는데, 전세를 활용한 투자에서 훌륭한 수익을 얻기 위해서는 다음과 같은 조건의 물건을 선별하는 노력이 필요하다.

우선 전세 물건이 귀한 곳이어야 한다. 전세가 부족하면 전세가가 매매가에 근접할 뿐 아니라 공실 걱정 없이 빠른 임대가 가능하다. 그리고 전세가가 오르고 있는 지역이어야 한다. 전세가가 오르고 있다면 매매가는 전세가와 거의 10~20% 정도 차이로 함께 올라간다. 즉 전세가가 오르는 곳은 향후 매매가 또한 오를 가능성이 높다. 또한, 기본 인프라가 잘 마련되어 있어야 한다. 초등학교, 할인매장, 지하철 등 교육과 상업 및 교통 시설의 기반이 잘 되어 있는 곳은 매도도 쉽고 더 큰 수익을 얻을 수 있다. 전세가 오르는 시점을 지나 다시 어느 정도 안정이 되면 기본 인프라가 잘 갖춰지지 않은 곳에서부터 전세가가 떨어지기 시작하고 이는 곧 매매가에도 영향을 미치게 된다.

마지막으로, 잘 알고 있는 지역의 물건에 투자해야 한다. 이것은 사실 부동산 투자의 기본이다. 자신이 잘 알고 있는 지역은 시세를 정확하게 파악할 수 있고 그 흐름이 어떻게 바뀌어 가는지에 대해 민감하게 주시하면서 혹시 모를 상황에 대비할 수도 있다. 또한, 주변 인맥과의 교류로 투자의 효율을 높일 수 있다.

3. 공동 투자

공동 투자는 말 그대로 하나의 부동산에 두 명 이상이 공동으로 투자하는 방법이다. 공동 투자의 첫 번째 장점은 투자금의 분배이다. 정말 투자 가치가 있는 부동산을 찾았더라도 투자금이 없다면 무용지물이다. 이럴 때 주위에 뜻이 맞는 사람과 함께 투자하게 되면 자신은 투자의 기회를 잡을 수 있고 상대방 역시 그 기회에 대한 수익을 함께 누릴 수 있게 된다. 그리고 두 번째 장점은 역할 분담을 통해서 부동산 투자에 투입되는 시간을 효과적으로 줄일 수 있고, 더욱더 능률적으로 일을 처리할 수 있다는 점이다. 마지막으로 공동 투자를 통해 절세의 효과를 얻을 수 있다. 부동산 투자에서 가장 부담이 되는 세금은 양도세이다. 하지만 공동 투자를 하면 보유하는 지분의 비율에 해당하는 양도차익에 대해서만 세금이 부과되는데 양도차익이 공동지분으로 나누어지니 지분 비율만큼 적어지고 그만큼 세율도 낮아진다.

  그러나 공동 투자의 장점을 제대로 활용하기 위해서는 몇 가지 주의할 점이 있다. 공동 투자를 하다 보면 의외의 상황이 많이 발생한다. 그럴 때를 대비해서 미리 투자자들끼리 합의서를 작성해 놓으면 예상치 못했던 상황을 함께 대처해 나아갈 수 있다. 투자는 돈과 직접적으로 관련된 일이라 서로가 매우 예민할 수밖에 없으므로 여러 가지 경우의 수까지 예상해서 합의서에 작성해 놓으면 의견을 조율하는 데 도움이 된다. 그리고 합의서에는 부동산의 처분 기한을 정해 놓는 것이 좋다. 왜냐하면, 처음에는 서로의 마음과 상황이 잘 맞아서 함께 투자하게 되지만, 시간이 지나 상황이 변하게 되어 한 사람은 매도를 또 다른 사람은 보유를 원한다면 다툼이 일어날 수 있기 때문이다. 따라서 공동 투자 물건의 매도 시기를 정해 놓으면 다툼의 가능성도 낮아지고 또 그런 상황이 발생하더라도 서로 좀 더 현명하게 타협할 수 있다. 믿기 때문에 합의서가 필요 없는 게 아니라 그 합의에 대한 문서화로 인해 서로가 신뢰를 지키기 위해 더 노력할 수 있다는 사실을 잊지 말아야 한다.

  그리고 공동 투자를 하다 보면 왠지 손해 보는 느낌을 받을 때가 종종 있다. 합당한 이유가 있는 경우도 있지만, 어떤 때는 말도 안 되는 불신으로 인해 그런 생각에 빠지기도 한다. 그러므로 사실 공동 투자가 쉽지는 않다. 무조건 내가 더 이득을 보아야 한다거나 조금의 손해도 보기 싫다는 마음가짐으로는 공동 투자로 얻을 수 있는 혜택을 누리기 힘들다. 따라서 자신의 역할을 다하며 서로의 선을 지키려고 노력하면서 상황에 따라 내가 좀 더 도움을 줄 수도 있다는 마음으로 투자에 임한다면 개인의 이익만을 추구하는 경우보다 훨씬 더 의미 있고 훌륭한 결과를 얻게 될 것이다.

자, 이제 큰돈 없이도 부동산 투자를 할 수 있는 여러 가지 방법들을 알게 되었다. 여기에 부자가 되는 데 도움이 되는 몇 가지 노하우를 좀 더 살펴보고, 본격적인 부동산 투자 사례를 통해 필자가 어떻게 투자를 해왔으며 그 결과 얼마나 멋진 인생을 맞이하게 되었는지를 자세히 풀어나가려고 한다. 기대해도 좋을 것이다!

3
월급쟁이 부자가 되기 위한 기회를 잡는 방법

부자가 되고 싶다면 자신은 부자가 돼 행복해야 할 사람이라고 믿어라. 자신의 사고를 컨트롤해 지배할 수 있다면 모든 것이 생각대로 움직일 것이다. (중략) 사람들에게 어릴 적부터 부자가 될 것이라 기대하고 자신은 세상에 은혜를 받기 위해 태어났다고 믿도록 가르쳐야 한다. 또 한 가지 알아둘 것은 <u>확신은 의지보다 훨씬 강하다</u>는 것이다. 아무리 의지가 강하더라도 불가능하다고 믿고 있다면 헤쳐 나갈 수 없다.

오리슨 S. 마든의 〈부의 지혜〉 중에서

많은 월급쟁이들은 직장이 최선이라고 생각하면서, 그럼에도 불구하고 부자가 될 가능성은 없다고 자신의 한계를 그어버린다. 둘 다 잘못된 생각이다. 직장은 최선이 아니라 부자가 되기 위한 도구 중 하나이며, 직장 생활에 충실하되 다른 수많은 기회를 잡기 위해 노력한다면 월급쟁이도 부자가 될 수 있다. 그렇다. 무엇보다 그런 믿음과 확신이 필요하다. 그리고 그 믿음을 바탕으로, 좋은 기회들을 만나기 위한 구체적인 목표설정과 계획, 그리고 실행이 필요하다. 기회는 그냥 다가오지 않는 법이므로.

목표를
명확하게 설정하고 계획하라

1953년 미국 예일대에서 흥미로운 연구를 시작했다. 졸업생들을 대상으로 "지금 당신은 글로 작성된 구체적인 목표를 가지고 있습니까?"라는 질문을 했는데, 답변자 중 3%의 졸업생이 글로 작성된 구체적인 목표를 가지고 있으며 항상 목표를 본다고 했다. 10%의 졸업생들은 마음으로만 목표를, 60%는 단기 목표를 가지고 있다고 했고, 그리고 나머지 27%는 아무런 목표를 가지고 있지 않다고 답했다.

그로부터 20년 후, 질문 대상자인 졸업생들이 어떻게 살고 있는지 추적조사를 한 결과 굉장히 놀라운 사실이 밝혀졌다. 구체적인 목표를 가지고 적어 놓은 그 목표를 계속 본다고 답했던 3%의 졸업생들이 가진 재산의 합이 나머지 97%의 재산의 합보다 훨씬 많고, 그 3%는 사회에서도 지도층으로 생활하고 있었다. 마음속에 분명한 비전을 가지고 있었던 10%의 졸업생들은 나머지 87%의 졸업생보다 약 두 배 이상의 재산을 가지고 있었다. 그리고 단기 목표를 가지고 있었던 60%의 학생들은 그저 그런 일반인의 삶을, 아무런 목표가 없었던 나머지 27%는 최하위의 삶을 살고 있었다.

성공적인 삶을 위해서는 구체적이고 명확한 목표를 설정하는 것, 그리고 그 목표를 계속 확인하면서 계획들을 수정해 나가고 실행하는 것이 얼마나 중요한지를 보여주는 좋은 사례이다. 부자가 되고 싶다는 목표는 누구나 가지고 있을 것이다. 그런데 그렇게 포괄적이고 두루뭉술한 목표만으로는 실천 방안 역시 갈피를 못 잡게 되고 결국은 처음의 목표마저 흐지 부지하게 된다. 필자는 브라이언 트레이시의 '목표설정기법'을 나만의 방법으로 재편성하여 실천하고 있으며 좋은 결과를 얻고 있다. 이 방법을 자신의 것으로 만들어 실행해 보기를 바란다.

① 목표를 정해 무조건 기재한다

종이에 본인이 꼭 이루고 싶은 것들을 적어본다. 단, 추상적인 목표는 배제한다. 예로 "부자가 되고 싶다."가 아닌, "올해에는 내 종잣돈의 20%를 늘려가겠다."라는 정도의 구체적인 목표를 최대한 많이 기재한다.

② 기재한 목표들을 분류하여 최고의 목표를 정한다

적어놓은 목표 중에서 중요하지 않고 현실 가능성이 떨어지는 것들을 순서대로 지워나간다. 그리고 남은 목표들을 좀 더 구체화하고, "5년 후에 2억을 모으고 BMW 오너가 될 것이다."와 같이 목표를 이루었을 때의 자신의 노력에 대한 보상도 함께 적는다. 그런 과정을 거쳐 마지막에 남은 것을 최고의 목표로 정하고 이것을 크게 다른 종이에 베껴 쓴다.

③ 목표 달성을 위한 시작과 완료 시점을 정한다

목표가 실현 가능성이 있다고 판단되면 목표를 달성하기 위해 무엇을 언제부터 시작해야 하는지에 대해서 정한다. 그리고 출발점을 세웠으면 언제까지 끝내겠다는 다짐을 해야 한다. 목표를 달성하는 시점은 현실적이고 명확하게 설정해야 한다.

④ 목표 달성에 방해되는 요소를 적는다

목표에 대한 출발점과 끝내는 시점을 정했으면, 목표를 기한 내에 이루는 데 있어서 방해가 되는 요소들을 종이에 적는다. 방해요소들을 잘 분석해 보면 지금까지 자신이 목표로 했던 것들을 실현하지 못한 이유를 알 수 있고, 이를 바탕으로 목표 실현의 가능성을 좀 더 높이는 방법에 대해 고민해 볼 수 있게 된다.

⑤ 자신에게 필요한 사람과 기술을 적는다

목표를 이루는 데 긍정적인 영향을 주는 사람과 부정적인 영향을 주는 사람을 모두 적는다. 긍정적인 도움이 되는 사람들에게는 어떻게 협조를 구할지에 대해서 적고, 부정적인 영향을 주는 사람들로부터는 어떻게 하면 그러한 영향을 받지 않을지에 대해서 적어본다. 그리고 목표를 달성하기 위해 자신에게 필요한 기술을 적는다. 구체적으로 많이 적은 후에 배우기 힘든 기술들은 지우고, 반드시 필요하거나 현실적으로 배울 수 있는 것들만 남겨 놓는다.

⑥ 세부적인 스케줄 표를 작성한다

시간 관리의 노하우 편에서 다시 다루겠다.

⑦ 정리한 목표와 계획을 자주 보고, 되새기고, 표현한다

최종적으로 구체적인 목표와 계획, 그리고 자신에 대한 보상을 정리해서 적고, 그 종이를 스마트폰으로 찍거나 내용을 옮겨서 하루에 네 번 이상 본다. 같은 내용을 복사해서 최대한 자주 볼 수 있도록 주변에 붙여놓고, 목표에 대해서 하루에 한 번 이상 말로 표현해 본다.

필자는 위와 같은 방법으로 목표를 이룬 자신에 대한 보상을 기대하면서 스스로에게 동기부여를 하고, '목표를 이룰 수 있다.'는 자신감과 '나는 할 수 있다.'는 긍정적인 힘을 얻는다. 이를 통해 방향성을 갖추고 유연하면서도 꾸준하게 노력하며 나 자신이 원하는 것들을 하나씩 이루어가고 있다.

일 안 해도 돈을 벌어주는 시스템을 만들어라

눈에 넣어도 아프지 않을 내 딸은 2.14kg으로 세상에 나왔다. 그 당시에는 너무나 작아서 인큐베이터에 넣어야 하지 않을까 걱정까지 했지만, 지금은 나를 많이 닮아 먹는 것도 좋아해서 또래보다 좀 더 통통하게, 건강하게 잘 자라주고 있다. 밝고 긍정적인 내 딸이 하루는 나에게 이런 질문을 했다.

"아빠! 아빠는 왜 일해?"
"우리 딸 맛있는 음식, 예쁜 옷 사주고, 잘 키워주려고 일하는 거야."
"그럼 아빠는 돈 많아?"
"돈이 많이 없으니, 이렇게 일을 하지."
"아빠가 일 안 했으면 좋겠다. 그래야 나랑 많이 놀지."
"아빠가 일을 안 하면 딸 장난감도 못 사주는데, 그래도 괜찮아?"
"음… 그러면 안 되지. 아빠 몸이 여러 개였으면 좋겠다. 돈도 벌고 또 나랑 많이 놀아주고…".

　어린 자녀를 둔 아빠라면 많이 공감할 수 있는 일상적인 대화일 것이다. 아이의 말대로 분신술을 써서 몸을 여러 개로 만들 수는 없지만, 내가 일을 하지 않아도 사랑하는 딸과 많은 시간을 보낼 수 있도록 충분히 경제적인 여유가 있었으면 좋겠다는 생각이 머릿속을 떠나지 않았다. 이렇게 단순한 대화에서 비롯된 고민이 내가 부동산 투자를 시작하게 된 계기가 되었다.

　누구나 '경제적 자유'를 꿈꾼다. 즉 부자가 되어 돈에 얽매이지 않는 삶을 살기를 원하는 것이다. 그런데 돈만 많다고 자유로운 것은 아니다. 돈을 쌓아두고 그것을 쓸 시간이 없다면 무슨 의미가 있겠는가. 그래서 우리는 '시간적 자유'도 함께 바라게 된다. 이와 같은 자유를 모두 누리기 위해서는 일을 안 해도 현금흐름이 만들어지는 시스템을 만들어야 한다. 사실 월급이라는 존재는 급여계좌를 스쳐 지나가는 돈이라는 생각이 들 때가 많다. 필자의 경우에도 부동산 투자를 하기 전까지는 월급을 받기는 하는데 다음 월급날이 다가오기도 전에 어디론가 다 빠져나가버리고 남은 며칠 동안은 신용카드에 의존해야 했던 적도 있었다.

　그렇게 월급만이 내 인생의 전부라고 여겼는데, 처음 부동산 투자를 통해 '월세'라는 현금흐름이 발생했을 때는 정말 신기한 느낌을 받았다. 내가 일을 하지도 않는데 매월 돈이 통장으로 들어오는 것이다. 사실 그때만 해도 현금흐름을 주는 부동산이 '수익형 부동산'이라는 것도 잘 모르는 초보였지만 경매 공부가 점점 재미있어졌고 낙찰 받아 임대를 놓다 보니 자연스럽게 현금흐름의 규모 역시 늘어갔다. 지금은 고시텔에서 월 1,000만 원 가까운 돈이 들어오고 상가주택 및 여러 채의 부동산에서도 비슷한 금액의 돈이 매월 통장에 찍힌다. 요즘은 아내에게 고시텔에서 들어오는 돈은 생활비로 쓰라고 농담 반, 진담 반으로 말하곤 한다. 그리고 이 모든 것들은 직장 생활을 하면서 이루어낸 결과이다.

사실 맞벌이가 아니면 생활이 힘들었기 때문에 아내도 계속 직장 생활을 해왔는데, 이렇게 현금흐름을 만들기 전에는 아내가 직장에서 받는 스트레스가 컸고 그래서 종종 일을 그만두고 싶다고도 이야기했었다. 그런데도 현실적인 상황 때문에 그만 두라고 시원스럽게 말해주지 못했었는데, 이제는 언제든지 그만 두라고 말할 수 있게 되었다. 현금흐름을 만든 후에는 경제적으로 구애받지 않게 되었기 때문에 전과는 달리 일하는 것도 즐겁다고 했지만, 현재는 육아 휴직을 내고 가정과 자신에게 더 충실한 삶을 즐기고 있다. 나 역시도 현금흐름이 발생하다 보니 월급은 어느새 용돈이 되었고 직장 생활에 크게 부담을 갖지 않게 되었다. 주말에는 무조건 쉬고 평일에도 웬만하면 야근을 하지 않는다.

이제는 초등학교에 입학한 딸과 저녁에 항상 함께 밥을 먹고 책을 읽으며 소중한 시간을 공유한다. 그리고 캠핑카도 장만해서 한 달에 두 번 이상 캠핑을 하면서 가족들과 여유롭고 즐거운 시간을 보내고 있다. 남의 일처럼 느껴지는가? 절대 그렇지 않다. 우리는 충분히 가족들과 행복한 삶을 보낼 수 있는 자격과 능력이 있고 스스로 그러한 삶을 만들 수 있다. 일을 안 해도 돈을 벌어주는 월세 수익 시스

가족과 캠핑을 즐기는 모습

템을 만드는 것은 특별한 사람만이 할 수 있는 일이 아니다.

필자가 처음 부동산 경매 투자를 할 때는 주위에 함께 일하는 사람들이 많이 걱정하거나 부정적으로 말했었다. 하지만 일을 당장 그만두더라도 걱정할 필요 없는, 월급의 몇 배에 달하는 안정적인 현금흐름이 발생하도록 만드는 과정을 직접 보고 들은 많은 사람들이 부동산 투자에 대해서 긍정적으로 생각하기 시작했다. 실제로 몇몇은 필자의 도움으로 월세 수익을 조금씩 늘려가고 있는데 그들의 얼굴에서 전에는 볼 수 없었던 여유가 느껴진다. 내가 주변 사람들에게 도움을 주었던 구체적인 투자 시스템에 대한 부분은 뒤에서 자세히 다루도록 하겠다.

투자 세계의 멘토를 만나고, 함께 나아갈 동료를 만들어라

1. 진정한 부자, 그리고 마음의 멘토를 만나다

아빠로서 사랑하는 아이들과 조금이라도 더 많은 시간을 함께 공유하고 좋은 추억들을 만들어 나가려면 시간이 필요했다. 경매를 통해 일하지 않아도 돈을 벌어다 주는 시스템을 만들어서 경제적으로도, 시간적으로도 자유를 얻고 싶었지만, 사실 필자 역시도 처음에는 어떻게 시작해야 할지 막막했다. 책이나 인터넷을 통해 경매로 성공적인 삶을 누리고 있는 사람들의 글을 열심히 읽었지만, 정작 주변에는 경매의 '경' 자도 모르는 사람들이 대부분이었기 때문에 현실적으로 감을 잡고 접근하기가 어려웠다. 실제로 성공한 사람, 진짜 부자를 직접 만나서 생생한 이야기를 듣고, 경매로 정말 내가 원하는 삶에 가까워질 수 있을지 확인하고 싶었고 또 배우고 싶었다.

그런 마음을 가지고 경매 분야에서 가장 유명한 Daum 카페 '행복재테크'에서 진행하는 경매 강의를 신청했다. 비록 거주지에서 강의 장소까지 왕복 다섯 시간이 넘게 걸렸지만, 거리는 중요하지 않았다. 그곳에서 '진정한 멘토'를 만났기 때문이다. 강의가 끝나갈 무렵에는 그동안 막연한 기대와 희망이 아닐까 고민했던 것들에 대한 명쾌한 해답과 확신이 생겼고 강의를 해주신 분을 진심으로 존경하게 되었다. 마음의 멘토로 인정한 그분의 글과 말씀들이 생생하게 나에게 와 닿았고, 그분을 닮고 싶다는 생각에 정말 최선을 다해왔다. 경매를 통해 어떻게 부자가 될 수 있는지에 대한 지식뿐 아니라 가치 있는 삶에 대한 기본적인 마인드와 방향성까지 많은 것을 배우고 깨달을 수 있었다.

여러분 주위에는 멘토가 있는가? 만약 없다면 적극적으로 찾아보기 바란다. 이전과는 다른 나 자신을 만나는 기회가 될 것이다.

2. 함께 나아갈 동료를 만들다

지금이야 직장 생활도 경매 투자도 즐기면서 성공적으로 이어가고 있지만, 초반에는 직장 생활도 만족스럽지 못하고 경매도 기대하는 방향으로 흘러가지 않아 슬럼프를 겪었다. 평범한 월급쟁이가 경매라는 새로운 분야에 도전한 것이 무모한 선택은 아닌가라는 생각이 한 번씩 들기도 했다. 그리고 어느 순간 굉장히 큰 외로움을 느꼈다. 내 머릿속은 온통 경매에 대한 생각뿐이었기 때문에 회사 동료들과의 평범한 대화가 의미 없이 느껴졌고, 누군가와 경매에 대해 이야기를 하고 싶었지만 관심을 두는 사람이 주위에 아무도 없었다. 나에게는 경매라는 공통의 관심사를 공유할 수 있는 사람이 절실히 필요했다.

그래서 먼저 행복재테크에서 강의를 들으며 만난 사람들을 통해 '스터디'에 가입했다. 스터디에서는 경매에 대한 이론적인 지식을 더 깊게 공부할 수 있었고, 또한 실전 투자를 통해서 얻은 각자의 노하우를 발표와 자료를 통해 함께 나누었다. 공유하기 위한 자료나 발표를 준비하면서 스스로에게도 더 많은 공부가 되었고 경매 실력과 함께 자신감도 높일 수 있었다. 특히 물건을 선택하고 만나서 함께 조사해 나가는 과정을 통해 서로를 더욱더 이해할 수 있게 되었고 끈끈한 동료애가 싹텄다.

동료를 얻기 위한 나의 노력은 여기서 그치지 않았다. 같은 관심사를 가진 사람들끼리 만나 스터디를 하며 큰 힘이 되었지만, 직장 생활로 돌아오면 잊은 듯 했던 외로움이 다시 나를 덮쳐왔다. 하루 중 많은 시간을 보내는 회사에서도 경매에 대해 대화할 수 있는 상대가 필요했고, 매력적인 경매의 세계에 대해 모르고 있는 사람들이 안타깝기도 했다.

그래서 주위에 있는 직장 동료들에게 경매에 대한 이야기를 조금씩 하기 시작했는데, '하더라'식의 내용이 아니라 생생한 경험을 전하였기 때문에 듣는 이들도 경매에 흥미를 느끼게 되었다. 지금은 함께 경매 이야기를 안주로 삼아 술잔을 기울이기도 하고 서로의 투자 이야기를 공유하기도 하는 또 다른 의미의 동료가 되었다.

"빨리 가려면 혼자 가고 멀리 가려면 함께 가라!"는 현재 몸담고 있는 스터디의 표어인데, 시간이 지나면 지날수록 더더욱 마음에 와 닿는 말이다. 멀리 가기 위해서는 힘들고 지칠 때 힘이 되어 주는, 노력 끝에 얻은 결과들을 함께 축하하고 기쁨을 나눌 수 있는 동료의 존재가 반드시 필요하다. 경매를 책으로만 접하지 말고 경매를 통해서 성공을 이룬 멘토와 또 이루어 나가는 과정에 있는 동료들을 만나서 함께, 멀리, 꾸준히 나아가기를 바란다.

3. 부부는 평생 함께할 파트너

경매 강의를 듣기 위해 거주지에서 부천까지 매주 왕복했던 초반에는 아내의 반대가 무척 심했다. 매주 먼 거리를 운전하면서 다니고, 주말에도 무리하며 휴식을 취하지 않고 경매라는 새로운 세계에 뛰어들어 발버둥 치고 있는 남편을 보면서 화가 나기도 하고 걱정이 되기도 했을 것이다. 가정의 행복한 미래를 위해서 노력하고 있다고 말은 했지만, 그 말을 쉬이 믿기도 힘들었을 거라는 것을 나도 이해할 수 있었다. 그렇기 때문에 더 열심히 했고, 또 이해시키고 싶었다.

결론부터 이야기하자면, 나는 아내를 나의 투자 동료로 만들었다. 가장 먼저 경매에 대해 잘 모르는 아내를 입찰하는 법원에 직접 데리고 가서 경매에 관한 것들을 하나씩 설명해 주었다. 처음에는 경매뿐 아니라 법원이라는 곳 자체에 대한 선입견도 가지고 있어서 꺼려했지만 여러 번의 설득 끝에 함께 가게 되었는데, 마침 경매 법정에서 만삭의 임산부가 입찰서류를 작성해서 낙찰까지 받는 것을 지켜볼 수 있었다. 그 모습을 보고 아내의 경매에 대한 부정적인 인식이 많이 달라졌다. 그리고 그 이후에 아내의 명의로 부동산을 낙찰 받아서 경매의 진행 과정을 하나씩 보여주고 잘 마무리해서 월세를 받을 수 있도록 만들어 주었다. 이러한 과정을 통해 아내는 나와 경매 투자에 대해 신뢰하게 되었고 지금은 부동산 투자에 대해서 많은 의견을 나누는 파트너가 되었다.

부부는 평생 함께 삶을 사는 인생의 파트너이다. 이런 인생의 동반자를 투자에서 배제시키는 것은 큰 손해이다. 투자의 결과만을 각자 향유하기보다는 투자의 과정을 부부가 함께 공유하며 나아간다면 외롭지 않고 많은 힘을 얻게 될 것이다. 실제로 부부가 함께 경매 투자를 하는 경우를 주변에서 종종 보게 되는데, 그들은 맛집을 찾아다니며 데이트를 하는 것처럼 즐기면서 함께 임장을 하기도 한다. 우리는 행복한 삶을 살기 위해서 투자하고 돈을 번다. 그런데 그 돈을 버는 과정에서 힘겹고 고단하고 반대에 부딪힌다면 무슨 의미가 있겠는가?

즐겁게 투자를 이어나가고 싶다면 '함께' 하라!

💬 **정말 궁금해요!**

Q1 ⟫⟫ 경매 투자를 반대하는 남편을 어떻게 설득해야 할까요?

저는 수원에 사는 워킹맘인데요. 직장과 육아를 함께하면서 경매도 잘하고 싶은데, 힘들고 지칠 때가 많이 있습니다. 직장에서는 인정받고 싶고, 아이들에게는 좋은 엄마가 되고 싶고, 경매를 통해서 경제적 자유도 이루고 싶어요. 이런 꿈이 저에게는 욕심일까요? 특히 남편은 경매를 통해서 경제적 자유를 이루겠다는 저의 꿈을 한낱 일장춘몽에 비유하네요. 그렇지 않아도 힘든데, 남편의 반대는 저를 더욱더 힘들게 만듭니다. 남편을 잘 설득시킬 수 있는 방법이 없을까요?

많이 바쁘시겠지만, 제 고민에 대해 귀중한 조언을 해주신다면 정말 감사하고 기쁠 것 같아요. 답변을 조심스럽게 기다리고 있겠습니다.

A1 ⟫⟫

안녕하세요. 멋진 인생입니다.

질문하신 분의 가장 큰 고민은 바로 남편분의 반대인 것 같습니다. 저도 경매를 처음 시작할 때, 직장 동료들이 왜 경매를 하느냐고 반대를 했었고, 저를 가장 믿어주어야 할 제 아내도 처음에는 제가 경매를 잘할 수 있을 거라고 생각하지 않았습니다. 하지만 지금은 누구보다도 제 편이 되어주고 힘들 때마다 용기를 주고 있는데, 이렇게 주위 사람들의 인식을 바꾸기까지 쉽지만은 않았습니다.

경매라는 부동산 투자를 하는 과정에서는 배우자의 역할이 매우 큽니다. 경매 투자자로 성공한다고 해도 배우자가 지지해 주지 않는다면 의미가 없다고 생각했습니다. 가족을 위해 선택한 일이 가족을 만족시키지 못하고 지지를 받지 못한다면 무슨 소용이 있을까요? 저는 불안해할 수 있는 아내의 입장을 존중하고, 그 불안감을 없애기 위해 많이 노력했습니다. 아무리 힘들어도 가정에서의 역할을 충실히 하면서요. 처음에는 아내가 걱정하지 않도록 경매 물건에 입찰할 때마다 그 물건에 대해서 최대한 자세히 설명해 주었는데요. 아내에게 결재를 받는 기분인 데다가 낙찰까지 되지 않으니 너무 지치고 힘들었습니다. 그래서 생각을 바꾸어, 제 명의가 아닌 아내의 명의로 입찰하기로 하였고, 결국에는 낙찰받아 임대까지 끝냈습니다. 직접 경매가 어떠한 것인지를 경험해 보고, 매달 자신의 명의로 된 부동산에서 월세가 나오는 것을 본 다음부터 아내는 저의 최고의 투자 파트너가 되었습니다.

　질문을 보내주신 분께서도 투자의 과정과 성과를 남편분과 함께 경험하고 공유하시면서, 인생의 동반자로서뿐 아니라 멋진 투자 동료로 함께 나아가시길 바랍니다.

Column

부자가 되기 위한 마인드 다지기

1. 빨리 시작하되, 절대로 서두르지 마라

　멋진 성공담을 접할 때면 자신도 그 주인공이 될 수 있을 거라는 기대로 가슴이 두근거렸던 경험이 있을 것이다. 하지만 그 순간이 지나 일상으로 돌아왔을 때 어제와 변함없는 오늘이 반복되고 그러다 보면 성공은 역시나 남의 일일 뿐이라는 생각을 하게 된다. 지금의 삶이 만족스럽지 못하다면, 다른 삶을 살고 싶다면 분명 변화가 필요할 것이다. 그러나 그 변화라는 것은 가만히 기다리고 있다고 해서 저절로 이루어지는 것이 아니다. 스스로 깨닫고, 스스로 실천하지 않으면 원하는 방향으로의 변화는 있을 수 없다.

　경매를 통해 경제적으로 자유로운 삶을 살고 싶은가? 그렇다면 더 이상 망설이지 말고 시작하기 바란다. 빨리 시작하라는 것은 젊은 나이에 시작하라는 의미가 아니다. 깨달았을 때 바로 실천하라는 뜻이다. 나이가 많아서, 혹은 적어서, 직장 생활 때문에 바빠서, 돈이 없어서…. 시작하지 못하는 핑계들이 앞서 떠오른다면 아직 절실함이 부족한 것일 수도 있다. 정말 절실하게 원한다면 생각을 바꾸고, 장애물로 여겨지는 여러 여건을 조금씩 변화시켜 나가야 한다. 어디로, 어떻게 첫발을 내디뎌야 할지 고민해 보고, 그래도 정 모르겠으면 어디로든 그냥 일단 한 발을 옮겨보자. 그렇게 시작하게 되면 새로운 길들이 보일 것이다.

　필자 역시 아침에 30분 일찍 일어나고, 저녁에 회식자리에서 조금 일찍 일어서고, 마냥 쉬고 싶었던 주말 시간을 활용해 경매 공부를 시작했다. 그리고 나와 같이 경매 시장에 진입한 수많은 사람들을 만났다. 그러나 시작은 함께했지만 지금은 보이지 않은 사람들 역시 많다. 경매 관련 책을 읽고 강의를 들은 후에 열정으로 가득 차 한 발을 내디뎠지만, 패찰이 이어지거나 낙찰을 받았더라도 기대만큼의 수익을 올리지 못하면 쉽게 포기하고 마는 것이다. 경매 투자 한 건으로 일확천금을 꿈꾸는가? 그런 일은 있을 수 없다. 조급한 마음은 금물이다.

2. 지치지 않을 정도의 최선을 다한다

어떤 분야에서 성공하고 싶다면 그 결과만큼이나 과정도 중요하다. 그리고 최선을 다했을 때 좋은 결과를 얻을 수 있다는 믿음 또한 매우 중요하다. 과정이 너무나 힘겹다면, 그리고 미래가 불투명하다면 꾸준히 최선을 다할 수 있겠는가? 과정은 어느 정도 자신에게 달린 문제이다. 필자의 경우에도 처음에는 경매와 직장 생활을 병행하며 잘 견딜 수 있을지 자신이 없었다. 우리의 몸과 마음은 익숙한 데에서 벗어나는 것을 거부하는 경향이 있기 때문에 먼저 생각과 마음을 변화시키려고 노력했다. 내가 진정으로 원하는 삶이 무엇인지, 그 삶을 실현하기 위해서는 편하고 익숙한 현재까지의 생활에 안주해서는 안 된다는 것을 수도 없이 반복해서 되뇌며 자신을 설득시켰다. 그렇게 마음을 변화시키자 몸도 그것에 맞게 적응하였고, 내가 원하는 삶으로 가는 과정을 즐기게 되었다.

성공하는 사람들은 장점과 약점, 기회와 위기를 분석하여 자신의 장점을 최대한 발휘할 수 있는 분야에 새로운 기회를 접목해서 좋아하면서도 성공할 가능성이 있는 일을 목표로 세우고 최선을 다한다. 그러한 목표에 대한 몰입은 굉장히 즐거울 뿐만 아니라 놀라운 결과들을 가져다준다. 필자가 한 가지 자신 있게 이야기할 수 있는 것은 '경매는 어느 분야보다 자신이 노력한 만큼의 대가가 따르는 투자'라는 점이다. 자신의 장점들을 잘 살려서 경매라는 새롭고 멋진 기회를 꽉 잡아보기를 바란다. 우리에게 필요한 것은 한순간에 확 타올라서 사라지는 열정이 아닌, 잔잔하지만 꾸준히 유지되는 열정과 노력이다.

3. 긍정적인 사고와 말의 힘

정반대의 성향을 지닌 두 후배가 있다. 필자가 직장 생활을 하면서 경매 투자로 좋은 결과를 내는 것을 옆에서 직접 보면서 경매에 관심을 가지고 도움을 요청해 왔다. 매우 아끼는 후배들이었기 때문에 고르고 골라서 좋은 물건 몇 개를 추천해 주었다. 한 후배는 현장에도 가고, 궁금한 것들을 한 번씩 질문해 가며 적극적이고 긍정적으로 입찰에 임했고 그 결과 낙찰이라는 좋은 소식을 전해 주었다. 그러나 다른 후배는 입찰 전날까지도 조용해서 먼저 연락해 보았더니, "임장을 어떻게 해야 하는지도 몰라서 못 했고, 집값이 앞으로 어떻게 될지도 알 수 없는데 지금 사도 될까요?"라는 대답이 돌아왔다. 나와 자기 자신을 믿지 않았고, 아무것도 해 보지도 않고 하지 말아야 할 이유만을 찾고 있었다. 전자는 이제 내 도움 없이도 경매 투자로 꾸준히 쏠쏠한 수익을 얻고 있지만, 후자는 아직도 할지 말지 망설이고 고민만 하고 있다.

다른 일도 마찬가지겠지만, 경매도 하다 보면 많은 변수가 있고 어려움에 직면할 때가 있다. 나는 매우 '긍정적'인 사람이다. 어떤 문제가 생겼을 때 항상 반드시 해결할 수 있다고 생각한다. 문제가 쉽게 해결되지 않으면

스트레스를 받지 않을 수 없지만, 나의 투자 방식과 결정을 믿고 끝까지 최선을 다하다 보면 결국은 해결하게 되어 있고 그때의 성취감은 한층 더 긍정적인 생각과 자신감을 심어준다.

자신이 설정한 목표를 이루는 데 있어서 '말의 힘' 역시 매우 크다. 나는 어떤 계획을 세우면 스스로 계속 되뇔 뿐 아니라 다른 사람들에게도 말한다. 그렇게 공표하고 나면 그 계획은 나 혼자만의 것이 아니라 다른 사람들과의 약속이 되기 때문에 구속력이 생긴다. 그 구속력은 계획대로 잘 실천하고 있는지를 계속 확인하게 하고, 어긋나지 않고 목표한 바로 나아가도록 만들어 준다. 그리고 공표했던 목표를 달성했을 때의 성취감 또한 나뿐 아니라 주위 사람과 함께 나눌 수 있다. 이렇듯 긍정적인 생각과 말은 나와 주위 사람 모두에게 영향을 미치고, 이로 인해 서로에게 자극과 힘을 주고받으며 함께 성장해 나아갈 수 있다.

경매 투자로 경제적인 자유를 이루고 싶은가? 그렇다면 일단 자신을 믿어라. 그런 다음 구체적으로 계획을 세우고 그것을 더 이상 숨기지 말고 당당하게 말하고 실천해라. 부자가 되는 길은, 꿈꾸고 원하는 삶을 향해 나아가는 길은 그리 멀지 않다.

Chapter

2

부동산 투자로 월급처럼 꼬박꼬박 들어오는 월세 시스템 만들기

1
첫 낙찰!
월세 수익의 희망을 보다

　직장 생활에 대한 무료함이 이 세상에서의 내 존재를 점점 잊혀 지게 하고, 다람쥐가 쳇바퀴를 도는 것 같은 일상은 끝이 없는 동굴에서 헤매는 것 같은 기분마저 들게 했다. 그런 생활에서 벗어나 무언가의 변화를 만들고 싶어서 가입했던 온라인 재테크 카페는 그때까지 느껴보지 못했던 새로운 흥분과 기대감을 갖게 하였다. 카페의 경험담이나 칼럼들을 읽다 보니 나 역시도 할 수 있다는 자신감과 부자가 될 수 있을 거라는 희망이 조금씩 생겨났고 하루하루가 이전과는 다르게 다가왔다. 그렇게 나는 경매와 인연을 맺었고 카페에서 개설하는 경매강의를 듣게 되었다.

　주말마다 오프라인 경매강의를 듣는 것이 가정을 가지고 있는 일반 직장인에게는 쉽지만은 않은 도전이었다. 더군다나 지방에 거주하면서 매주 왕복 5시간 거리에 있는 곳까지 가서 3시간의 강의를 듣고 집에 와서 다시 강의 내용을 복습하다 보면 주말이 훌쩍 지나갔다. 그렇게 주 중에는 직장 생활, 주말에는 경매 공부를 하며 휴식 시간 없이 바쁘게 움직였지만, 이상하게도 내 몸과 마음은 어느 때보다 가볍고 즐거웠다. 경매를 처음 접하고 느꼈던 막연한 기대와 자신감이 공부를 통해서 좀 더 구체화되고 실체화되는 느낌을 받았기 때문이다. 첫 낙찰이 머지않은 듯했다.

부동산 경매 투자의 기본을 놓치지 말자

　8주간의 첫 경매 강의를 통해 얻은 지식을 복습하면서 그것을 활용하고 싶은 마음에 물건을 검색하고 또 검색했다. 당시에는 어떤 부동산이 좋고 안 좋은지를 잘 몰랐었기 때문에 주머니 사정을 고려해 입찰가 1억 원 이하의 물건을 기준으로 열심히 검색했다. 그러던 중 감정가는 2억 원이 넘는데 공매에서 여러 번 유찰되어 1억 원 이하로 가격이 떨어진 물건을 발견했다.

　두근두근 심장이 떨리기 시작했고 이 부동산은 나를 위한 것이라는 착각마저 들었다. 가격이 많이 낮다고 생각했기 때문에 큰 고민 없이 인터넷으로 물건이 있는 곳만 확인하고 입찰했다. '만약 낙찰된다면 얼마나 좋을까? 또 어떻게 해야 하지?'라는 상상에 부풀어 있었는데 그 행복한 상상이 현실로 이루어져서 감정가 2억 6천만 원의 부동산을 9,400만 원에 낙찰 받았다.

　낙찰 받은 후 모르는 번호로 전화가 걸려 왔다. 그 부동산의 전 소유주인데 다시 팔 의향이 없냐고 물어본다. 그 물음에 당황스럽기도 했고 좋은 물건을 샀다는 생각이 들어 팔 생각이 없다고 답했다. 그리고는 아내에게 바로 전화해서 자신 있게 말했다.

　"여보! 이제는 평생 행복하게 해줄게. 그 행복의 시작은 오늘부터야!"

공고문에는 아파트였으나
현황상 사무실로 이용되고 있는 모습

기쁜 마음으로 낙찰 받은 부동산을 직접 보기 위해 동두천으로 차를 몰았다. 그곳은 태어나서 처음 가는 길이었지만 신기하게도 자주 다녔던 길인 것 같은 착각마저 들었다. 하지만 막상 도착하고 나니 가슴에서 대포 터지는 소리가 났다. 쿵쾅, 쿵쾅! 너무나 긴장되어서 차에서 바로 내리지 못하고 동두천 시내를 몇 바퀴 돌고 나서야 다시 돌아와 물건지로 향했다. 그런데 이상한 일이 벌어졌다. 분명히 아파트를 낙찰 받았는데, 물건지에는 아파트로 보이는 건물이 없었다. 해당 주소의 건물로 들어가 내부를 보니 황당하게도 그곳은 사무실로 사용되고 있었다.

공매 공고문에는 아파트라고 나와 있었지만, 실제로는 사무실로 쓰고 있는 상가였던 것이다. 가끔 공고문을 만드는 사람들도 실수하는 경우가 있다고 듣긴 했지만 내가 낙찰 받은 물건에 해당될 줄은 예상치 못했다. 아파트로 알고 산 물건이 생각지도 않았던 상가라는 사실이 첫 낙찰을 받은 초보 경매인에게는 너무나도 두렵고 막막하게 느껴졌다. 바로 차를 돌려서 집으로 돌아왔고 어떻게 해야 할지를 고민하고 또 고민했다. 상가에 대해서 잘 몰랐고 처음 계획했던 상황과 달라 제대로 처리할 자신이 없었다. 그렇다고 계약을 포기하면 보증금 10%를 버리게 된다. 그러나 다행스럽게도 '매각허가취소'라는 절차를 통해 보증금을 잃지 않고 낙찰을 무효로 돌릴 수 있었다.

1. 기본 정보 분석의 중요성

이 첫 낙찰 경험 이후로 경·공매를 대하는 자세와 마음가짐이 완전히 바뀌었다. 무엇보다 부동산을 경매로 낙찰 받기 전에 그 물건에 대한 기본 정보를 철저히 조사하는 습관이 생겼다. 기본 정보를 통해서 물건의 수익성과 위험성을 정확하게 분석하여 낙찰 후에 예기치 못한 상황에 맞닥뜨리게 되더라도 유연하게 대처할 수 있게 되었고, 좋은 경매 물건을 선정하는 나만의 노하우도 쌓였다. 상가이지만 담당자의 실수로 아파트로 공고문에 표기가 된 것처럼 반대의 경우도 있을 수 있는데, 가령 아파트를 상가로 잘못 표기한 물건을 찾는다면 좋은 가격에 낙찰 받을 수 있다. 보통 상가로 공고가 되면 아파트에 입찰하려는 사람들은 그 물건을 주의 깊게 보지 않는 경향이 있기 때문이다.

부동산 기본 정보

1. **부동산 등기부등본**: 부동산에 대한 소유권의 변동사항이나, 근저당, 압류 등의 부동산에 대한 제한·권리적인 사항이 기록되어 있다.
2. **건축물대장**: 아파트나 빌라 등과 같은 건물에 대한 자세한 정보와 어떻게, 언제 건축되었는지에 대한 사항이 기록되어 있다.
3. **전입세대열람**: 부동산에 누가 살고 있는지를 공시해주는 효과가 있다.
4. **감정평가서**: 부동산이 경매에 의한 절차로 진행될 때, 그 부동산의 가격을 결정하는 여러 요인을 분석하고 그 가격을 기준으로 감정가격을 설정해 놓는다.

2. 현장 조사의 중요성

이 부동산의 경우 입찰하기 전에 한 번만이라도 현장을 방문했더라면 성급한 입찰이나 매각허가취소라는 결과가 나오지 않았을 것이다. 경매 강의에서 현장 조사의 중요성을 매우 강조해 주었는데도, 최저가가 많이 떨어진 것과 자신의 촉만을 믿고, 거주하는 곳에서 멀리 있다는 핑계를 대며 현장 조사를 소홀히 한 결과 몇 배의 몸고생, 마음고생을 겪게 되었다.

현장 조사가 중요한 이유는 경매나 공매의 공고문에 게시되어 있는 서류상의 내용이 실제 상황과 일치하는지 확인하거나, 게시되어 있지 않지만 놓쳐서는 안 될 중요한 사실들을 인지해야 하기 때문이다. 필자의 사례와 같이 물건의 종류가 현황상 다른 경우는 자주 찾아볼 수 있는데 경매정보지에 이러한 사실이 나와 있을 때도 있지만 그렇지 않은 경우도 있다. 공고문과 사진에는 나와 있지 않지만, 창문 밖으로 묘지와 같은 혐오시설이 내다보이는 경우도 있고, 물건 자체의 심각한 하자를 확인할 수도 있으며, 현장에서만 확인할 수 있는 신고가 되어 있지 않은 유치권이 있을 수도 있다. 그리고 꼼꼼한 현장 조사를 통해 선순위 임차인의 진위를 가릴 수도 있고, 감정가와 인터넷으로 확인 가능한 시세의 함정에서 벗어날 수도 있다.

투자를 조금 경험하다 보면 어느 정도 감이라는 것이 생기는 데, 그 감만을 믿고 현장 조사를 게을리하여 크나큰 실수를 하고, 그 한 번의 실수로 경매 시장을 떠나는 사람을 종종 보아왔다. 현장 조사 없이 수익률을 분석하고 입찰가를 산정한다는 것은 어불성설이다. 현장 조사의 중요성은 강조하고, 또 강조해도 지나치지 않다.

월세 수익의 가능성에
눈뜨다

　첫 낙찰을 통해 배운 것은 기본에 충실해야 한다는 점 말고도 한 가지가 더 있다. 그것은 소액투자로도 얼마든지 월세 수익을 얻을 수 있다는 가능성이었다. 매각허가취소가 결정되기까지는 며칠이 걸리는데, 그 와중에 낙찰 받은 부동산의 전 소유자로부터 전화가 왔다. 보증금 1,000만 원에 80만 원을 월세로 주고 계속 그곳에서 사무실을 운영하고 싶다는 내용이었다. 당시에는 잘 알지 못하는 상가에 대한 막연한 두려움과 상가 임대사업자 등록 등의 복잡한 절차 때문에 공고와 다른 물건을 처리할 자신이 없어 포기하고 말았지만, 이후에 다시 분석해 보니 좋은 수익을 얻을 수 있는 기회였다는 것을 알게 되었다.

　감정가 2억 6천만 원의 약 $\frac{1}{3}$ 수준으로 낙찰 받았기 때문에 대출을 90% 가까이 받을 수 있는 물건이었다. 낙찰가 9,400만 원과 취득세 432만 원을 합한 금액에서 대출금 8,460만 원과 보증금 1,000만 원을 제하면 순수하게 투입되는 자금이 372만 원이고 월세에서 이자를 뺀 57만 원이라는 수익이 매월 발생한다. 그리고 시세 조사를 통해 향후 감정가의 60% 정도인 1억 6,000만 원에 매도할 수 있을 것으로 판단되었다. 월 57만 원이라는 현금흐름과 6,500만 원의 시세차익까지 얻을 수 있는 부동산을 무지함과 두려움으로 포기한 이 뼈아픈 경험을 통해, 경매를 이용한 소액 투자로도 월세라는 현금흐름을 만들 수 있다는 기대와 확신을 갖게 되었다. 또한, 직장을 다니면서도 부자가 될 수 있는 새로운 길을 찾았다는 사실은 지쳐있던 삶에 큰 희망을 가져다주었다.

멋진 인생의 투자 보고서 (동두천 상가)

감정가	26,000	실투자금	372
낙찰가	9,400	월세	80
취득세	432	대출이자	23
대출	8,460	순수익	57
보증금	1,000	수익률	183%
물건의 특징	• 사무소로 사용하고 있지만, 아파트로 공고가 됨 • 여러 번 유찰되어 감정가에서 많이 낮아진 최저가		
물건의 리스크	• 공고문이 잘못됨 • 상가는 임대 관련 세금 부분이 어려움 • 거주하는 지역에서 너무 먼 거리(왕복 7시간)		
교훈	• 입찰하기 전에 기본사항을 꼼꼼히 확인해야 한다. • 거주하는 지역에서 너무 먼 물건은 관리하기 어렵다. • 상가라고 겁먹을 필요 없다. • 소액으로도 경매가 가능하다. • 현장 조사로 물건에 대한 리스크를 꼭 확인해야 한다.		

*본 수익률은 대출금, 보증금과 월세를 예상하여 계산한 결과임. (단위: 만 원)

〈취득세〉 주택 1.1%(85㎡, 6억 이하), 상가 4.6%
〈실투자금〉 = 낙찰가 + 취득세 − 대출 − 보증금
〈순수익〉 = 월세 − 대출이자
〈수익률〉 = 순수익 × 12(개월) ÷ 실투자금 × 100

왼쪽의 표는 낙찰 부동산을 소유자에게 임대했을 경우의 예상 수익률과 주의 사항 등을 정리한 내용이다.

현금흐름을 가져다주는
물건 검색 방법

첫 번째 낙찰 물건을 매각허가취소로 마무리한 것을 계기로 정말 최대한의 시간과 능력을 동원해서 공부했다. 일단 공매분야에서 가장 유명한 책 〈송사무장의 부동산 공매의 기술〉을 스무 번 정도 읽었고 인터넷에서 찾을 수 있는 경매에 관한 정보는 거의 모두 출력해서 읽었다. 이렇게 경매 공부에 몰입하며 한 달이라는 시간을 보낸 후에는 그 노력에 대한 대가를 받는 것처럼 신세계가 보였다. 경매에 어떻게 접근해야 하는지, 어떤 물건을 낙찰 받아야 수익을 올릴 수 있는지에 대해서 감이 잡히기 시작했다.

투자금이 많지 않은 가난한 월급쟁이였던 나로서는 처음에는 어떻게 하면 좋은 물건을 싸게 사서 월세 수익을 만들 수 있을 것인가에 초점을 맞추게 되었고, 여러 시행착오를 겪으며 원하는 물건을 검색하는 방법을 터득하게 되었다. 검색만 잘해도 돈이 되는 좋은 물건들을 찾을 수 있는데, 우선은 물건 검색의 기본 요령을 살펴보고 이를 바탕으로 자신의 상황이나 투자기준에 따라 여러 가지를 응용해 보길 바란다.

1. 물건 검색의 기본 요령

경매 투자를 꾸준히 하려고 한다면 유료 경매 정보 사이트를 활용하는 것이 필수적인데, 경매 사건과 관련한 대부분의 자료를 찾아볼 수 있고 검색 시스템도 잘 갖추어져 있어서 편리하고 효율적으로 경·공매 사건을 검색할 수 있다.

첫 단추를 잘 끼워야 하듯이 경매의 전 과정 중에서 가장 첫 번째인 물건 검색이 제대로 되어야 함은 당연한 사실이다. 마트에서 물건을 살 때도 아무 계획 없이 돌아다니면 힘만 들고 집에 돌아와 장바구니를 풀어보면 정작 필요한 것은 보이지 않는다. 경매 물건을 검색할 때 역시 마찬가지이다. 이리저리 마구잡이식 검색으로는 시간이 오래 걸리고 지치기만 할 뿐 좋은 물건을 찾아내기 힘들다.

물건 검색을 처음 시작할 때 전국의 모든 물건을 대상으로 하지 말고, 관심이 있는 지역을 선택해서 그곳을 집중적으로 살펴보는 것이 좋다. 예를 들면 필자는 '충남 〉 서해안권 〉 서산, 당진, 홍성 등' 잘 아는 지역을 위주로 범위를 축소해 나가며 검색했다. 관심이 있거나 거주지와 가까운 지역은 어느 정도의 기본적인 정보를 알고 있는 경우가 많으므로 낯선 다른 지역의 물건보다 시세나 가치를 파악하는 데 더 유리하다.

그리고 내가 가지고 있는 투자금에 맞는 범위 내에 있는 물건을 중심으로 검색했다. 아무리 좋은 부동산이라도 내가 가지고 있는 투자금을 상회하면 어차피 못 먹는 감이기 때문에 최대한 내가 운용할 수 있는 한도 내에서 물건을 찾았는데, 공부보다는 실전에 바로 뛰어들어 수익을 낼 수 있는 물건에 집중하는 것이 중요하다고 생각했다.

물건의 종류는 주로 〈주거용 / 상업용 및 업무용 / 토지 / 차량 및 선박 / 기타 등〉으로 분류되어 있는데, 처음에는 초보자가 투자하기에 상업용 부동산이나 토지보다 더 안전하다고 판단한 주거용 부동산을 위주로 검색했다. 각자 자신에게 더 익숙하고 관심이 있는 물건이 있으므로 그런 카테고리만 따로 선택해서 검색하는 것도 효율적인 방법이 될 수 있다.

유료 정보 사이트를 보면 선순위 임차인, 유치권, 지분, 법정지상권 등 각 특수물건별로도 검색이 가능한데, 이론적인 공부를 하면서 그 내용을 실제로 적용할 수 있는 물건이 있는지 부지런히 검색했다. 경매 투자의 목적에 맞게 좋은 물건을 '더 싸게' 사기 위해서는 상대적으로 경쟁자가 적은 권리상 하자가 있는 물건도 그냥 넘어가서는 안 된다. 하자가 있어 보이지만 해결할 수 있는지, 하자를 떠안고도 훌륭한 수익을 낼 수 있는지를 분석하면서 경매 실력을 쌓아나가다 보면 차별화된 수익을 맛볼 수 있다.

무엇보다 중요한 것은 이와 같은 과정의 물건 검색을 꾸준히, 부지런히 해야 한다는 것이다. 1차적으로 살펴본 후 수익 가능성이 보이는 물건은 관심물건에 등록해 두고 좀 더 자세히 조사해 본다. 그렇게 해서 추려지는 물건에 입찰하는 과정을 꾸준히 반복하다 보면 좋은 물건을 선별할 수 있는 안목이 생길 것이다.

2. 공고문을 통해 좋은 물건을 검색할 수 있는 유용한 팁

잘못된 공고문을 제대로 조사하지 않고 낙찰 받았던 첫 물건은 비록 나의 소유가 되지 못했지만, 이 경험을 바탕으로 오히려 유용한 검색 방법을 발견하게 되었다. 이해를 돕기 위해 첫 낙찰 물건을 예로 들어 설명하겠다. 이 물건의 등기부등본을 보면 다음과 같다.

등기부등본상 '공동주택아파트'로 표기

    등기부등본상에 10층 공동주택아파트라고 나와 있으므로 이를 기초로 공고문을 작성하는 담당자도 공고문에 '아파트'로 기재했다. 그러나 실제로는 사무실로 사용하고 있는 근린생활시설, 즉 '상가'였는데, 잘못 작성할 수도 있을 거라고 단순히 넘겨버리지 않고 이런 경우 혹은 반대의 경우도 충분히 더 있을 수 있다고 생각했다.

    대부분의 사람들은 경매나 공매물건을 검색할 때, 특정 카테고리 안에서는 그에 해당하는 물건만 검색한다. 아파트에 관심이 있으면 아파트를 지정해 두고 그 안에서만 아파트를 찾는 식이다. 이러한 사람들의 검색 습관과 공고문을 작성하는 담당자의 실수 사이에서 기회를 찾을 수 있다고 생각했다. 역발상으로 잘못된 공고문을 찾아보는 것이다. 아파트를 찾는다고 해서 아파트라는 키워드를 설정하는 것이 아니라 근린생활시설이나 오피스텔이라고 공고되어 있는 카테고리에서 아파트를 찾아내는 방법이다.

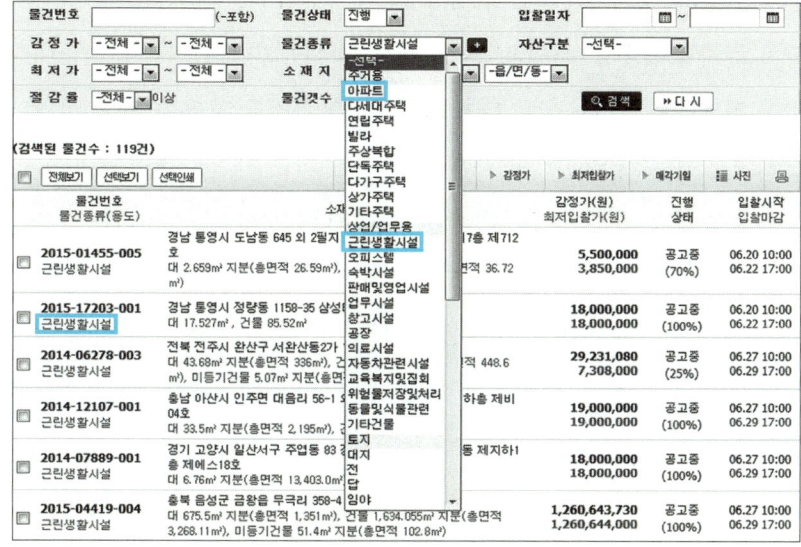

경매 정보지의 공매 검색 화면

이런 식으로 검색을 하다 보면 검색하는 방법과 물건을 바라보는 관점이 일반 사람들과 다르므로 남들이 발견하지 못한 우량물건을 찾을 수 있다. 그리고 공고에 나와 있는 공부상의 표기와 현황이 다르면 잘 모르는 사람들은 무조건 복잡하고 어려울 것으로 생각하고 접근하지 않는 경우가 많다. 심지어는 경락잔금대출을 해주는 은행에서도 물건에 대해서 잘 모르기 때문에 대출을 꺼리기도 한다.

하지만 필자는 은행이 충분히 이해하고 납득하여 대출을 해줄 수 있도록 건축물대장을 보여주면서 물건의 상태를 정확히 설명한다. 일반적으로 건축물대장을 자주 볼 일이 없어서 익숙하지 않을 수도 있지만, 생각보다 이해하기 어렵지 않다. 건축물대장에 있는 물건의 상태에 '아파트'이면 아파트이고 '오피스텔'이면 오피스텔이다. 어차피 건축하는 상황이 아니므로 건축물대장의 내용을 모두 이해할 필요는 없다. 그러나 건축물대장을 살펴보는 잠깐의 수고로 다른 사람들과의 경쟁을 피할 수 있고, 사람이 몰리지 않는 곳에서 수익의 가능성이 높아진다는 사실을 기억해야 한다.

위와 같은 검색 방법이 절대적인 것도 아니고 흔하게 눈에 띄는 경우는 아니지만, 필자가 훌륭한 월세 수익을 얻고 있는 물건들을 발견할 수 있었던 실전의 팁이다. 남들과 다른 관점에서 접근하는 방법의 한 가지 예로 든 것인데, 검색뿐 아니라 이후의 과정에서도 차별화된 발상과 노력을 기울인다면 반드시 차별화된 수익을 얻을 수 있을 것이다.

Column

효율적인 경매 투자를 위한 임장 노하우

경매 투자 초반에는 무조건 싸게 산다는 부동산 원칙을 정해 놓고 검색과 현장 조사(임장)를 부지런히 했다. 출근 전 아침 시간을 이용해서 물건 검색을 하고 효율적인 일처리로 퇴근 후의 시간을 확보한 뒤 아침에 찾은 물건들을 직접 찾아가서 조사했는데, 매일매일 반복하다 보니 너무 힘들어서 경매를 포기해야 하나라는 생각이 들 정도였다. 사전 정보가 부족한 상태에서 무작정 현장에 가서 정보를 얻으려고 했기 때문에 무엇이 중요하고 중요하지 않은지 파악하기 힘들었고, 공인중개소에 방문해서도 중개사와의 대화조차 쉽지 않았다.

그렇게 몸과 마음이 지쳐가고 있을 무렵, 물건을 검색하고 바로 찾아가 보는 것이 아니라, 물건에 대한 정보를 인터넷에서 최대한 많이 알아본 다음에 현장에 나가보는 것은 어떨까라는 생각이 갑자기 떠올랐다. 온라인 임장과 실제 현장에서의 임장 비율을 8:2 정도(중요도에 따른 비율이 아님)로 두어, 인터넷으로 얻을 수 있는 정보를 최대한 파악한 후에 현장에서는 파악한 정보들을 다시 확인하고 그 이외의 변수들을 조사하는 과정을 거친다면 몸과 마음이 피폐해지는 것을 막을 수 있을 것 같았다. 부동산 투자에 대한 원칙을 세웠듯이 부동산을 조사하는 과정에 대한 원칙을 세워 임장을 다시 시작했다.

1. 인터넷 임장, 제대로 손품 팔기

(1) 물건에 대한 기본 정보 분석

경매정보지의 내용이 잘못된 경우도 있다는 것을 염두에 두고, 우선은 공고문의 현황조사서와 매각물건명세서, 부동산등기부등본을 꼼꼼히 살펴보고 물건에 얽혀있는 권리관계를 분석해야 한다. '등기부등본'의 '표제부'에는 토지나 건물의 소재지, 용도, 구조 등이, '갑구'에는 소유권에 관한 사항(압류와 가압류, 가처분, 경매 신청, 예고 등기, 환매 등기 등)이 접수된 날짜순으로 기재되며, '을구'에는 소유권 이외의 권리에 관한 사항들(저당권, 전세권, 지역권, 지상권의 설정 및 변경, 이전, 말소 등기)이 표시된다.

다음으로 건축물의 위치·면적·구조·용도·층수 등 건축물의 표시에 관한 사항과 건축물 소유자의 성명·주소·소유권 지분 등 소유자 현황에 관한 사항을 등록하여 관리하는 '건축물대장'을 확인한다. 그리고 마지막으로 많은 정보가 담겨 있지만 제대로 확인하지 않고 넘어가는 경우가 많은 '부동산 감정평가서'를 살펴본다. 감정평가서는 특정 부동산의 경제적 가치를 판정하고 이를 가격으로 표시하여 나타내어 주는 자료이므로 이를 통해 물건의 상태와 가치를 파악하는 데 도움이 된다.

(2) 입지 조건 확인

입지는 물건을 매도하거나 임대할 때 큰 영향을 미치는 중요한 요소이다. 가장 먼저 네이버나 다음과 같은 포털 사이트의 지도 서비스를 통해서 교통의 편리성을 확인한다. 근처에 지하철역이 있는지, 있다면 도보로 가능한지, 버스로 몇 정거장(버스로 5분 거리는 역세권이라고 판단)이 걸리는지를 알아본다. 그리고 대형마트, 공원, 산책로 등의 편의시설이 주변에 있는지 살펴보고, 초·중·고등학교의 위치와 선호하는 학군을 알아본다. 만약 관심 물건이 상가라면 주거용보다 더 철저한 입지(상권) 분석이 필요하다.

입지 분석을 할 때에는 긍정적인 영향을 미치는 요소뿐 아니라 부정적으로 작용하는 부분도 꼭 확인해야 한다. 쓰레기매립장과 축사 등의 혐오시설은 집값을 떨어뜨리는 주요 요인이다. 이런 확인이 끝나면 최종적으로 로드뷰나 3D 지도(브이월드)를 이용해서 현재 물건의 상태를 시각적으로 분석하고 해당 부동산의 변화 과정을 살펴본다. 로드뷰는 다음과 네이버에서의 촬영 날짜가 각각 다르므로 둘 다 비교해 보는 것이 좋다. '내가 직접 거주할 주택(혹은 운영할 상가)'이라는 생각으로 꼼꼼하게 입지 분석을 한다.

(3) 시세 파악

가장 먼저 국토교통부 실거래가 공개시스템(http://rt.molit.go.kr)을 이용한다. 부동산을 매매하고 신고한 거래 가격과 임차인이 전입신고를 하고 확정일자를 받은 계약서상의 전월세 가격을 검색할 수 있다. '실거래가'를 조회한 다음에는 'KB시세'를 확인한다. KB시세는 아파트나 오피스텔을 담보로 대출을 실행할 때 은행에서 기준으로 삼는 금액이다. 은행의 입장에서는 부동산의 가치를 보수적으로 평가해서 대출해주려는 경향이 있으므로 KB시세는 보통 현재 거래되는 시세보다 조금 낮은 경우가 많다.

다음으로 '네이버 부동산'이나 '다음 부동산'에 나와 있는 '실제 매물의 가격'을 확인한다. 경험상 네이버 부동산에는 수도권에 있는 물건의 양이 많고 다음 부동산에는 지방에 있는 물건이 많았다. 두 부동산에 올라와 있는 물건들의 가격은 부동산을 파는 사람 입장에서의 호가에 가까우므로, 보통 호가에서 500~1,000만 원 정도 낮은 가격에 시세가 형성되어 있는 경우가 많다. 부동산 직거래 사이트인 '직방'과 '피터팬의 좋은 방 구하기'에서도 시세를 확인할 수 있다.

지방 소도시의 미분양 아파트나 빌라의 경우에는 KB시세와 국토교통부 실거래가에도 잘 나와 있지 않아서 시세를 파악하기 어려운 경우가 많으므로 지역 신문인 '교차로'나 '벼룩시장' 등을 참고하여 거래가를 확인하는 것이 도움이 된다.

2. 현장 조사, 제대로 발품 팔기

직접 현장에 나가기 전에 온라인 임장에 더 비중을 두고 입찰 부동산에 대한 정보를 최대한 파악하고 꼼꼼하게 분석을 하고 나서부터는 현장에서도 더 효율적이고, 능숙하게 원하는 정보들을 얻을 수 있었고, 어렵고 힘들었던 임장이 재미있게 느껴지기도 했다. 지치지 않고 즐기면서 해야 경매도 꾸준하게 할 수 있다.

(1) 공부상 자료(전입세대열람 내역) 확인

경매에서 해당 부동산에 거주하고 있는 점유자가 누구인지를 파악하는 것은 매우 중요하다. 아파트나 빌라 등 주거용 부동산에 살고 있는 사람들이 전입신고를 하게 되면 경매나 공매의 절차에서 입찰자들에게 공시가 된다. 사설 경매정보회사에서 올려놓은 전입세대열람내역을 먼저 참고하더라도, 오류가 있는 경우도 있으므로 입찰할 물건이라면 반드시 직접 전입세대열람 내역을 발급받아 확인해야 한다.

먼저 대법원이나 경매정보지에서 해당 물건에 대한 정보가 나와 있는 부분을 출력하고 가까운 주민 센터에 방문해서 신청서와 함께 제출한다. 그런데 주민 센터의 직원이 주소를 어떻게 검색하느냐에 따라 결과가 다르게 나타나는 경우가 있다. 실제 사례를 보면, A 주민 센터에서 열람한 결과 아무도 전입하지 않은 것으로 나와 있지만, B 주민 센터에서 발급받은 내역에는 근저당 설정일보다 선순위인 전입자가 있는 것을 확인할 수 있었다. 주소를 한글로 '비동'이라고 입력한 것과 영어로 'B동'이라고 한 것에 따라 다른 열람 결과가 나타난 사례인데, 이런 경우 매우 주의해야 한다.

한글로 '제비동'이라고 검색한 결과 '거주자 없음'

영어로 'B동'이라고 검색한 결과 '거주자 있음'

(2) 물건의 상태 확인

현장을 직접 확인하지 않아서 상가를 아파트인 줄 알고 낙찰 받았던 경험으로 인해 입찰하려는 부동산은 반드시 물건지에 방문해서 확인한다. 물건지로 가면서 도로 상태와 위치, 경사도 등을 조사하고, 해당 건물의 관리 상태 및 주차장을 꼭 확인한 후 향도 체크한다. 빌라의 경우에는 옥상에 올라가서 방수 상태를 꼭 점검하는데, 방수 처리가 잘 되어있지 않은 경우에는 내부에 누수와 곰팡이 등의 문제가 발생할 가능성이 높다. 그리고 가능하면 물건의 내부를 확인하는 것이 안전한데, 해당 물건을 직접 보기 어려운 경우에는 구조가 같거나 비슷한 이웃집에 양해를 구하고 살펴보기도 한다. 이렇게 내부 구조를 확인하면 입찰가를 산정하는 데 있어서 많은 도움이 된다.

(3) 관리사무소 방문

보통 경매가 진행되는 물건은 문의 전화가 많이 오기 때문에 관리사무소에서도 경매가 진행되고 있다는 사실을 거의 알고 있다. 관리사무소를 통해 확인해 두어야 할 사항은 체납관리비, (현장에서 눈으로 확인하지 못한) 물건의 상태, 소유자나 임차인에 대한 정보, 해당 물건에 관심을 두고 방문한 사람들의 수 등이다. 처음에는 음료까지 준비해서 어렵게 관리사무소에 방문했지만, 개인정보를 알려줄 수 없다는 냉담한 반응을 받을 때가 많았다. 그래서 무엇을, 어떻게 물어볼 것인지에 대해서 정리해 놓고 혼자서 연습을 하기도 했다. 여러 번의 경험이 쌓이다 보니, 상황에 따라 다른 컨셉으로 대처하면서 원하는 정보들을 쉽게 얻을 수 있게 되었다.

(4) 주변 환경과 입지 조건 확인

온라인 지도로 파악했던 입지 조건들을 현장에 가서 실제로 거주하고 있다는 입장으로 다시 한 번 확인한다. 아파트나 빌라 근처에 마트는 있는지, 주변에 어떤 먹거리를 파는 곳이 있고 그곳은 장사가 잘 되는지, 유동인구가 많은지, 소음에 많이 노출되어 있는지, 거주하는 사람들의 수준은 어느 정도 되는지 살펴본다. 그리고 인터넷으로 확인한 학교까지 직접 걸어가 보기도 하면서 지도만으로 확인할 수 없는 동선들을 파악한다. 주변 환경을 제대로 살펴보기 위해서는 낮뿐 아니라 밤에도 방문해 보는 것이 좋다.

(5) 공인중개사무소 방문

물건에 대한 여러 가지 정보가 취합되면 최종적으로 공인중개소에 방문한다. 공인중개소 외부에 매매나 전세, 월세 등의 물건이 많이 붙여져 있어서 거래가 많을 것으로 예상되는 곳을 주로 방문하는 것이 정확한 시세 파악에 도움이 된다. 사전에 되도록 많은 것을 알고 가면 중개사와의 대화도 자연스럽게 이어지고 더욱더 깊은 정보들을 얻을 수 있다. 중개소마다 이야기하는 시세가 조금씩 다른 경우도 있고, 매수자인지 매도자인지에 따라서도 시세를 다르게 알려주기도 하므로 여러 부동산을, 다른 입장으로 방문하여 문의하는 것이 좋다. 그리고 해당 물건의 시세뿐 아니라 지역적인 특징이나 주변 상권이 어떻게 변해 가고 있는지 등에 대해서 폭넓게 관심을 가지고 조사한다면 이후에도 그 지역의 물건에 접근할 때 큰 도움이 될 것이다.

 정말 궁금해요!

Q2 >>> 슬럼프를 극복하고 싶어요!

멋진 인생님 안녕하세요. 이제 경매를 시작한 지 한 달이 채 안 된 새내기 경매인입니다. 멋진 인생님은 회사에 다니시면서 경매도 성공하셨네요. 정말 대단하세요. 저도 멋진 인생님처럼 경매로 꼭 성공하고 싶은데요. 어떻게 경매 공부를 해야 할지 도무지 감이 안 잡혀요. 지금 경매 책을 사서 무조건 읽고 있고 혼자서 대법원 경매 사이트에 들어가서 물건도 검색해 보고 있어요. 하지만 제가 맞게 공부를 하고 있는지 잘 모르겠어요.

멋진 인생님도 혹시 공부하시다가 슬럼프를 겪어 보셨나요? 저는 공부를 시작한 지 한 달밖에 안 되었는데, 벌써 슬럼프가 온 것 같아요. 슬럼프는 어떻게 이겨 내셨는지 살짝 알려주실 수 있나요?

A2 >>>

반갑습니다. 멋진 인생입니다. 경매라는 부동산 재테크를 시작하신 지 한 달 되셨군요. 용기 있는 선택에 축하드립니다. 저는 "시작이 반이다."라는 속담을 매우 좋아합니다. 왜냐하면, 일단 시작해야 무엇이든지 끝을 낼 수 있는 기회를 얻기 때문입니다. 이제 시작하셨으니 최선을 다하셔서 성공이라는 열매를 맺으시기 바랍니다.

저도 처음 경매를 시작할 때에는 모르는 것도 많고 무엇을 먼저 해야 할지도 잘 몰랐습니다. 하지만 질문하신 분께서는 경매 책도 읽으시고 경매 물건도 검색하고 계신다고 하니, 제가 시작할 때보다 훨씬 더 잘하고 계시는 것 같아요. 질문해 주신 내용은 저도 경매를 처음 시작할 때 궁금했었던 사항들이고 지금은 어느 정도 궁금증이 풀리고 있습니다. 제가 드리는 답변은 직접 경험했던 것을 토대로 한 것이니 꼭 도움이 되셨으면 합니다.

사실 저도 경제적 자유를 이루어 보겠다는 생각으로 경매 공부를 처음 시작할 때, 경매 관련 책을 단숨에 읽을 정도로 의욕에 불타올랐던 기억이 있습니다. 하지만 그런 의욕은 이상하게도 삼일 이상 가지 않았습니다. 그렇게 몇 번을 반복하다 보니 의욕을 앞세우는 것보다 왜 부자가 되고 싶은지, 돈이 나의 인생에 어떤 의미가 있는지, 경매 투자를 선택한 이유가 무엇인지를 진지하게 고민해 보고 부자가 되기 위한 정신 무장을 먼저 해야겠다는 생각이 들었습니다. 그래서 저는 〈부자사전(허영만 저)〉을 비롯하여 부자가 된, 부자가 될 수밖에 없는 사람들의 생각과 행동을 접할 수 있는 책들을 찾아 읽기 시작했습니다. 이러한 책들을 통해 돈과 부에 대한 가치관을 정립할 수 있었고, 이 과정을 거치고 나서 다시 경매 책을 읽었습니다.

다음으로 Daum 카페를 검색해서 '행복재테크'에 가입하고 그곳에 있는 글들을 읽었습니다. 가장 유명하고 회원 수가 많은 것에는 다 그만한 이유가 있을 거라 생각하고 가입했는데 그 생각은 적중했습니다. 처음에는 고수들의 어려운 글보다는 초보 투자자들의 경험담 위주로 찾아 읽으며 경매를 어떻게 시작해야 하는지에 대해서 감을 잡았습니다. 그리고 카페에 있는 경매 강의와 스터디를 통해서 실력과 인맥을 쌓아 나갈 수 있었습니다.

저는 처음부터 경매에 대한 이론을 완벽하게 공부하려고 하지 않았습니다. 자전거를 배울 때도 이론으로 완벽하게 무장하고 자전거를 타는 것보다는 먼저 안장에 앉아 핸들을 요리조리 움직여 보고 흔들거리더라도 페달을 밟아서 앞으로 나가보는 것이 더 중요하지 않습니까? 경매도 마찬가지라고 생각했습니다. 강의나 글을 통해 다른 분들의 경험을 간접적으로 체험하며 어느 정도 경매에 대해 감을 잡은 후에 바로 입찰을 시도했습니다. 사실 경매를 하며 만난 사람 중 몇 년째 이론만 공부하는 사람도 많이 있었습니다. 경매 이론을 너무 많이 알고 있어서 혹시나 있을 변수에 대한 걱정으로 입찰조차 해 보지 않고 경매를 그만두는 경우도 종종 보았습니다.

　일단 실전에 도전해야만 한 발짝 앞으로 나아갈 수 있습니다. 저는 도전을 통해서 경매에 대한 살아있는 지식과 협상과 같은 노하우들을 몸소 체험하고 배울 수 있었습니다. 이때부터 지식을 쌓기 위해 아낌없이 투자했습니다. 받아들일 준비가 되었기 때문이죠. 경매에 대한 도전과 끊임없는 공부를 통해 현재는 경제적 자유를 이루고 회사 생활도 즐겁게 병행하고 있습니다.

　그러나 지금도 슬럼프는 찾아옵니다. 물건 검색이 잘 안 될 때, 명도가 조금 길어질 때, 아무 이유 없이 불안할 때…. 슬럼프가 찾아오는 이유는 매번 다릅니다. 하지만 괴로워하거나 억지로 피하려고 하지 않습니다. 슬럼프를 이겨낸 다음에는 제 실력이 한 단계 상승한다는 것을 경험했기 때문입니다. 그래서 요즘은 슬럼프가 오면 '아! 이제 내 경매 실력이 또 한 단계 상승하겠구나!'라고 긍정적으로 생각합니다. 질문해 주신 분도 긍정적인 마인드와 노력, 그리고 도전으로 멋진 경매인이 되시기 바랍니다.

190만 원 투자로
한 달에 25만 원 월세 만들기

아무리 가격이 낮다고 해도 수익이 나지 않는다면 빛 좋은 개살구에 불과하다. 투자금이 부족하다고 해서 가격만 보고 접근할 것이 아니라 가격 대비 수익률을 잘 따져보고 투자의 기준에 부합하는지를 살펴야 한다. 필자의 당시 투자 원칙은 싸게 사서 높은 월세를 받는 것이었기 때문에 이에 맞는 물건을 매일 열심히 찾아다녔었다. 사실 소액의 투자 물건으로는 월세 수익에도 한계가 있지만, 이런 임대 물건이 하나가 아니라 둘이 되고, 여러 개가 된다면 훌륭한 현금흐름을 가져다줄 수 있다.

적은 자본으로 고수익 임대가 가능한 부동산을 찾아라

어느 날, 나의 투자 원칙에 딱 맞는 물건을 발견했다. 입찰할 수 있는 최저금액이 3,280만 원인 소액 공매 물건이었고, 월세 임대 수요가 풍부할 것으로 보이는 여러 가지 장점이 있었다.

수요가 풍부한 입지에 위치한 오피스텔

　지방이지만 광역시에 있는 오피스텔로 위로는 전남대학교가 아래로는 일산 방직 광주 1공장이 보인다. 그리고 무등야구장과 광주역 및 편의시설이 가까워서 물건의 입지가 아주 좋았다. 대학생과 주변 직장인들의 수요가 모두 풍부할 것으로 예상이 되어 정말 마음에 들었다.

　처음에 물건을 확인하기 위해 현장에 가서 보니, '주차장 시설'이 매우 잘 갖추어져 있었다. 보통 오피스텔과 아파트는 인접 번지에 건축하지 않는데, 이 오피스텔은 다음의 사진처럼 아파트와 함께 지어졌고 분양도 같이 진행되었다. 그런 이유로 오피스텔과 아파트의 구분 없이 시설이 잘 되어있는 주차장을 함께 이용할 수 있었다. 차량을 보유한 직장인에게 주차장은 거주지를 선택하는 데 있어서 아주 중요한 고려 대상이므로 월세 임대에 유리한 조건이다. 그리고 관리사무소에 방문했을 때, 이 아파트가 사람들이 선호하는 곳이고 옆에 있는 오피스텔도 임대가 잘 나간다는 사실을 알게 되었다. 월세 수익의 가능성이 곧 현실로 이루어질 것이라는 확신이 들었다.

주차장을 공유하는 아파트와 나란히 자리 잡은 오피스텔

정말 마음에 든 물건이었지만 비싸게 사는 것은 의미가 없기 때문에 여러 조건을 고려하여 신중하게 입찰가를 고민한 끝에, 2등과 23만 원 차이인 3,474만 원으로 기분 좋게 낙찰 받을 수 있었다. 이 물건은 임차인이 보증금 전부를 배분받는 사례여서 명도 과정에서도 서로 기분 좋게 잘 마무리하였다. 그리고 워낙 선호하는 지역에 있는 오피스텔이라서 바로 보증금 1,000만 원에 월세 30만 원으로 임대를 마쳤다. 최종적으로 실투자금 190만 원으로 월 25만 원의 순수익이 발생했는데, 단순화해서 생각해 보면 같은 물건 10건이면 1,900만 원의 투자로 월 현금흐름 250만 원을 만들 수 있다는 것을 예상할 수 있다.

그뿐 아니라 오피스텔을 감정한 시점보다 옆에 위치한 아파트의 시세가 거의 1.5배 이상 올랐고, 이 오피스텔 역시 현재는 5,000만 원에 거래가 되고 있다. 앞으로 실현할 시세차익은 '보너스'이다.

멋진 인생의 투자 보고서 (광주 오피스텔)

감정가	4,100	실투자금	190
낙찰가	3,474	월세	30
취득세	160	대출이자	5
대출	2,500	순수익	25
보증금	1,000	수익률	157%
물건의 특징	• 오피스텔이지만, 위치가 좋고 주차장이 넓음 • 감정가는 4,100만 원이지만, 현 시세는 5,000만 원 이상		
물건의 리스크	• 광역시이지만 거주지에서 멀어 관리가 어려울 수 있음 • 오피스텔이라서 상가와 같은 취득세(4.6%)를 내야 함		
교훈	• 오피스텔이라도 주차장을 아파트와 같이 쓰면 좋다. • 부동산의 입지가 좋으면 월세가 잘 나간다. • 오피스텔은 취득세가 얼마인지 확인하고 입찰해야 한다. • 배당(배분)받는 임차인은 명도가 쉽다.		

(단위: 만 원)

〈취득세〉 오피스텔 4.6%

〈대출〉 2.5% (직장인 신용대출로 낮은 금리)

〈실투자금〉 = 낙찰가 + 취득세 − 대출 − 보증금

〈순수익〉 = 월세 − 대출이자

〈수익률〉 = 순수익 × 12(개월) ÷ 실투자금 × 100

안정적인 수익과 직결되는
입지의 중요성

광주 오피스텔의 사례에서 볼 수 있듯이 입지가 좋으면 적은 돈을 투자해도 얼마든지 월세라는 꾸준하고 안정적인 수익을 창출할 수 있다. 부동산 투자를 하면 할수록 입지의 중요성을 절실히 느끼게 되는데, 입지는 부동산의 종류와 관계없이 가장 중요한 투자의 기준 중 하나이다. 그렇다면 부동산의 입지 선정이 중요한 이유는 무엇일까?

부동산은 용도가 다양하므로 그 용도에 맞는 부지를 선정해야 부동산을 유용하고 효율적으로 이용할 수가 있다. 부동산은 위치가 고정되어 있어 이동시킬 수가 없고, 도시의 개발이나 건설이 시행되고 나면 잘못된 부분을 제대로 바로잡거나 원상태로 되돌리기 어려운 성격을 가지고 있기 때문에 어디에 어떻게 자리 잡고 있느냐가 매우 중요할 수밖에 없다. 또한, 부동산은 고정되어 있지만 이를 둘러싸고 있는 주변 환경은 계속해서 변하기 때문에 입지 조건의 변화를 살피고 예측하는 것도 중요하다.

부동산 입지 선정의 기준은 용도에 따라 조금씩 차이가 있다. 주거용 부동산은 편의성과 쾌적성, 상업용 부동산은 수익성, 그리고 공업용 부동산은 생산성과 비용성을 위주로 살피게 되는데, 여기에서는 주로 접하는 주거용과 상업용 부동산의 입지 조건에 대해 좀 더 자세히 살펴보려고 한다.

1. 주거용 부동산의 입지 선정 기준: 편의성, 쾌적성

입지 선정의 기준 중 가장 중요하게 생각하는 것이 바로 '교통의 편리성'이다. 교통이 편리하면 주거용이든 상업용이든 관계없이 사람들이 모이게 되고 부동산의 가치가 상승할 수밖에 없다. 수도권의 경우에는 지하철의 접근성을 항상 따져 보는데, 마을버스로 약 10분 이내에 위치한 곳은 역세권으로 생각한다. 그리고 지방의 경우에는 시내든 시외든 버스를 이용해서 이동하는 사람들이 대부분이기 때문에 버스승강장과 버스터미널과의 거리가 매우 중요하다. 주거용 부동산의 경우에는 버스승강장이 도보로 5분 거리 내외에 있는 곳을 선호한다.

둘째는 '좋은 교육 환경'이다. 서울에서는 교육이라고 하면 강남이나 목동이 떠오르는데, 그곳의 부동산은 대체로 비싸다. 우리나라 부모들의 자식에 대한 교육열은 전 세계에서 가장 높고 그런 교육열은 자연스럽게 부동산 영역에도 영향을 미친다. "맹모삼천지교"를 그대로 실천할 만큼 교육열이 높기 때문에 교육 환경이 좋은 곳은 항상 수요가 넘쳐난다.

셋째는 '생활의 편의성'이다. 많은 사람들이 퇴직을 하면 조용한 시골에 정착해서 살기를 원하지만, 실제로는 수도권을 벗어나지 못하는 경우가 많다. 그 이유는 수도권에 밀집된 편의시설이 주는 편리함을 포기하기가 힘들기 때문이다. 특히 어린 아이들을 키우고 있는 부모는 쉽게 물건을 살 수 있는 대형마트나 아이들이 아플 때 빠른 시간 내에 도착할 수 있는 병원 등의 편의시설이 가까운 곳에 있는 집을 선호한다.

넷째는 '환경의 쾌적성'이다. 집 자체의 쾌적성은 물론이고 주변 환경이 얼마나 쾌적한지도 중요한데, 부동산을 투자할 때 사람들이 많이 놓치는 부분 중 하나이다. 필자 또한 처음에는 주위에 혐오시설이 있으면 아무리 좋은 부동산이라도 제값을 받기 어렵다는 것을 잘 몰랐었다. 한번은 입지가 보통인 곳의 부동산을 싸게 낙찰 받고 1년 뒤에 멀지 않은 곳에 혐오시설이 들어온 경우가 있었다. 다행스럽게도 그 전에 팔았기 때문에 손해를 보지는 않았는데, 이후에 가격이 많이 떨어진 것을 확인할 수 있었다. 하지만 이런 혐오시설과는 반대로 주위에 공원이나 산책로가 잘 마련되어 있으면 물건 자체의 가치는 조금 낮더라도 많은 사람들이 선호하기 때문에 부동산의 가치까지 올라가기도 한다.

2. 상업용 부동산의 입지 선정 기준: 수익성

수익을 목적으로 하는 상업용 부동산의 입지 역시 교통수단과의 접근성이 중요한 기준이 된다. 그리고 업종에 따라 다르기는 하지만 일반적으로는 사회적·경제적 수준이 높은 지역이 상업용 부동산의 입지로 적합하다. 또한, 인구 밀도가 높을수록 유리한데, 인구 밀도보다 더 중요한 것은 고객 밀도이다. 아무리 인구가 많다고 하더라도 해당 상업용 부동산을 이용하는 고객의 수가 적다면 좋은 입지가 아닐 수도 있는 것이다. 지역별로 소비관습에도 차이가 있기 때문에 상업용 부동산의 용도와 지역적인 특성, 상권을 잘 파악하고 고려하여야 한다.

그런데 상권이라는 것은 유동적이다. 과거에는 좋지 않았던 상권이 새롭게 활발한 상권을 형성하기도 하고, 번성했던 상권이 쇠락의 길로 들어서기도 한다. 그리고 한 상권 내에서도 경쟁업체의 출현 여부에 따라 입지적으로 유리하거나 불리해질 수도 있다. 상가와 같은 상업용 부동산은 그 어떤 부동산보다 입지 조건이 수익에 미치는 영향이 크고 또한 입지 여건의 유동성이 크므로 신중을 기하여 좋은 입지를 선정할 필요가 있다.

직장 생활을
성급하게 포기하지 마라

"피자집이 잘 됐다. 그런데 마트 들어오고 문 닫았다. 퇴직금, 대출까지 받으면서 다 쏟아부었고, 제2의 인생을 시작할 줄 알았다. 회사가 전쟁터라고? 밀어낼 때까지 그만두지 마라. 밖은 지옥이다."

드라마 〈미생〉 중에서

경매 투자를 하다 보면 주변에서 "직장을 그만두고 경매를 전업으로 하고 싶다."는 말을 자주 듣게 된다. 만약 당신도 그런 생각을 하고 있다면 투자의 세계를 너무 만만하게 보고 있는 것은 아닌지, 회사 생활로부터의 도피처로 여기고 있는 것은 아닌지를 진지하게 고민해 볼 필요가 있다. 경매 투자로 소소한 수익을 맛본 후 직장 다닐 시간에 경매에만 전념하면 더 큰돈을 벌 수 있을 거라는 기대를 하고 사표를 던지고 나왔지만 얼마 못 가 다시 직장인으로 돌아가는 경우를 많이 봐왔다. 특히 전업할 준비가 제대로 되어 있지 않은 상태에서 성급한 결과만을 바라는 초보 투자자들인 경우가 많다. 전업을 꿈꾸는 이들에게 묻고 싶다. 지금까지 직장에서 최선을 다해왔는가? 월급을 대체할 만한 안정적인 현금흐름이 있는가? 이 질문에 대한 답을 자신 있게 하지 못한다면 아직은 때가 아니라고 생각하기 바란다.

1. 현업에서 먼저 전문가가 되어라

경매는 다른 투자에 비해 자신의 의지와 노력이 그 결과에 영향을 크게 미친다. 뿌린 만큼 거두는 정직한 투자 방법인 것이다. 나는 현업, 즉 내가 일하는 회사에서 항상 최선을 다해왔다. 그리고 그 분야에서는 내 이름이 바로 떠오를 정도까지 전문가라는 소리를 듣고 있다. 그렇게 직장에서 전문가가 되어온 과정과 노력을 그대로 경매 투자에서도 적용했다. 그 결과 지금은 경매 분야에서도 전문 칼럼니스트로 활동하고 있고 책도 집필하고 있다.

많은 사람들이 경매와 자신들의 직업은 다르다고 말한다. 현재의 직업은 자신에게 잘 맞지 않는다고 생각하거나, 직장 환경과 주위 사람들을 탓하며 미래가 없다고 불평한다. 그러면서 성공한 경매 투자자들의 경험담을 접하다 보면 경매를 통해 자신도 쉽게 인생을 역전시킬 수 있을 것만 같은 생각이 든다. 익숙한 현업에서도 승부를 내지 못하면서 경매라는 새로운 분야에서 부자가 될 기회를 찾고 있는가? 만약 경매라는 분야가 직업이 된다면 또다시 새로운 분야를 찾을 것인가?

분명히 이야기하자면, 경매 투자는 부와 자유에 대한 많은 가능성을 열어 주는 방법임에는 틀림이 없지만, 그 가능성을 실현하기 위해서는 성공한 투자자들이 미처 보여주지 않는 끊임없는 공부와 노력이 뒷받침되어야 한다는 것을 알아야 한다. 직장에서는 전문가가 못되더라도 월급이 꼬박꼬박 나오지만, 경매 투자에서는 전문가가 되지 못하면 기본 생활이 힘들 수도 있다. 전업한다고 모두 전문가가 되는 것은 아니라는 점을 잊지 말기를 바란다. 주어진 일에 최선을 다하는 마음가짐과 실천이 습관이 되어 "어느 분야에서 일을 해도 성공할 것이다."라는 평가를 듣는다면 경매 전업 투자자로서도 성공적인 길을 걸을 수 있을 것이다.

2. 직장에 있을 때 월급 외 현금흐름을 구축하라

　필자가 경매 투자를 하면서 좋은 결과를 내고 있다는 것을 아는 주변의 많은 사람들이 왜 회사를 그만두지 않느냐고 묻곤 한다. 사실 지금은 직장 생활을 계속하든, 그만두든 상관이 없을 정도로 월급의 몇 배에 달하는 현금흐름이 발생하고 있다. 그렇지만 아직은 직장을 그만둘 생각이 전혀 없다. 월급에 얽매일 필요가 없으므로 직장 생활이 힘들지 않고, 또한 매월 안정적으로 용돈처럼 쓸 수 있는 월급이 주는 즐거움을 즐기기 때문이다.

　하지만 투자 초기에는 월급의 역할이 아주 컸다. 내가 투자해서 얻은 수익만을 보고 감탄하는 사람들이 많지만, 사실 투자한 각각의 물건들을 정상화해서 안정적인 현금흐름을 발생시키기까지는 적게는 3개월에서 많게는 6개월 이상이 걸렸다. 그리고 그 기간 동안은 돈이 바짝 마르는 것 같은 착각도 느꼈는데, 그때 월급의 존재는 정말 단비와도 같았다. 월급이 있기 때문에 물건에 대한 대출이자를 감당할 수 있었고, 회사라는 조직에 소속되어 있었기 때문에 좋은 조건으로 대출을 받을 수 있었다.

　현금흐름이 확보되어 있지 않은 상태에서 전업으로 투자한다면 빨리 수익을 얻어야 한다는 '조급함'을 버리기 힘들다. 투자에 있어서 성급한 결정은 다 된 밥에 재를 뿌리는 격이다. 낙찰을 잘 받는 것도 중요하지만 원하는 수익을 얻기까지는 받은 물건을 잘 핸들링하면서 마무리를 해야 한다. 안정적이고 성공적인 투자를 원한다면 시간이 부족하다는 핑계로 직장 생활을 성급하게 포기하는 일은 없어야 할 것이다.

정말 궁금해요!

Q3 >>> 전업 투자 VS 직장 생활과 병행, 더 나은 선택은?

안녕하세요. 멋진 인생님! 저는 동탄에 살고 있는 40대 중반 가장입니다. 평소에 멋진 인생님의 칼럼을 자주 읽고 있습니다. 저 같은 초보들을 위해서 좋은 칼럼을 써주셔서 정말 감사드립니다. 메일을 드린 이유는 다름이 아니라, 요즘 말 못할 고민 때문에 잠도 제대로 못자고 있기 때문입니다.

저는 대기업에 다니고 있는데, 인사철마다 정말 죽을 맛입니다. 작년 인사철에는 제 입사 동기가 회사에서 권고사직의 압박을 받고 견디지 못한 나머지 회사를 그만두었습니다. 제 나이 또래 직원들의 퇴사가 눈에 보일 정도로 흔해졌습니다. 저도 언제 회사를 그만두어야 할 상황이 올지 모르겠습니다.

이런 때에 그냥 회사를 그만두고 경매를 전업으로 하는 것이 옳은지, 아니면 회사에서 나가라고 할 때까지 버티다가 경매를 시작해야 하는지에 대한 고민으로 정말 힘이 듭니다. 멋진 인생님께서도 같은 직장인이기 때문에 누구보다도 제 마음을 잘 아실 거라고 생각하고, 이렇게 메일을 드리게 되었습니다.

A3 >>>

안녕하세요. 멋진 인생입니다. 평소에 제 칼럼을 자주 읽어 주신다니 정말 감사드립니다.

질문에 대한 제 생각을 먼저 전해 드리면, 회사에서 퇴직을 당하는 순간까지 계시라고 말씀드리고 싶습니다. 제가 아직 회사를 그만두고 경매를 하고 있는 상황이 아니어서 경매를 전업으로 하시는 분들의 상황을 정확히 알 수는 없는 점 양해 바랍니다. 하지만 질문하시는 분과 같이 회사로부터의 퇴직에 대한 압

박과 회사 일과 다른 것을 병행할 수 있는 시간적인 여유의 부족함으로 인해 회사를 그만두고, 경매는 아니지만 다른 분야로 뛰어든 지인이 있습니다.

저도 회사를 그만두고 싶었던 상황이 있었습니다. 그때 그 지인과 술 한잔하면서 진지하게 이야기를 나누었는데요. 절대로 회사는 그만두지 말라는 진심 어린 충고를 받았습니다. 회사를 그만두면 시간이 많아서 다른 일을 더 잘할 수 있을 것 같았지만, 오히려 더 게을러지는 자신을 발견했고 활용할 수 있는 시간이 직장을 다닐 때와 크게 다르지 않았다고 합니다. 그리고 회사를 그만두게 되면 대출이 더 어렵습니다. 경매는 아시다시피 대출을 통해서 레버리지효과를 활용할 수 있는 투자 방법 중의 하나입니다. 그런데 대출이 잘되지 않는다면 좋은 부동산을 발견해도 투자할 수 없는 상황에 처할 수 있습니다.

또한 월급이라는 현금흐름이 없는 상황에서 생활비를 마련해야 하는 부담이 있고, 혹시나 가족 중에 누군가가 아프면 큰 의료비를 지출해야 합니다. 퇴직하면 퇴직금과 위로금 등의 명목으로 목돈을 받을 수 있지만, 현금흐름이 없는 상황에서의 그 돈은 바닥이 점점 보이는 항아리 안의 물과 같은 존재입니다. 그러니 일단 항아리에 물을 가득 채우고 넘쳐나는 물인 현금흐름으로 투자하시는 것이 성공적인 투자에 더 가까워질 수 있는 길입니다.

저 또한 지인의 충고를 참고로 하여 회사를 그만두지 않고 경매를 병행해 왔습니다. 처음 경매를 시작할 때에는 1,000m를 단거리 경주하듯 온힘을 다해 뛰는 기분이었고 정말 많이 힘들었습니다. 하지만 경매의 지식과 경험이 쌓여나가면서 목적지는 더 가까워졌고 이제는 그 목적지까지 천천히 걸어가는 기분으로 직장 생활과 경매 투자 그리고 가정을 함께 꾸려나가고 있습니다.

질문하신 내용은 직장인이라면 누구나 한 번쯤은 고민해 보셨을 문제입니다. 지금 당장은 질문하신 분이 누구보다도 힘든 상황에 처해있다고 느껴지실 겁니다. 제가 감히 말씀드리고 싶은 것은 "이 또한 지나가리라!"라는 것입니다. <u>되도록이면 월급이라는 현금흐름을 포기하지 마시고 경매 투자로 월급만큼의 현금흐름을 확보한 후에 천천히 퇴직을 준비하시기 바랍니다.</u> 지금부터라도 직장 생활을 하시면서 시간을 최대한 확보하시고, 경매 투자로 2년 안에 월급만큼의

> 현금흐름을 만드는 것을 목표로 삼으시길 바랍니다. 그리고 최선을 다하시면 정말 웃으면서 퇴직을 하시는 날이 올 거라고 자신 있게 말씀드립니다.

3,000만 원 투자로
일 년에 2,000만 원 월세 만들기

요즘 청년들이 가장 선호하는 직업 중의 하나는 공무원이다. 정년까지 근무할 수 있고 공무원 연금으로 노후가 보장된다는 점이 수많은 청년들을 공무원 채용시험 준비에 열 올리게 만든다. 어느 날, 동창 모임을 다녀온 아내가 한 친구의 이야기를 전했다. 그 친구는 만날 때마다 공무원인 남편의 연금 이야기를 꺼내며 자랑한다는 것이다. 아내의 푸념 아닌 푸념을 들으며 자신을 돌아보았다. 당시만 해도 경매에 입문한 지 얼마 되지 않아 아주 적은 월세를 받고 있는 상황이었기 때문에 아내에게 뭐라 해줄 말이 없었고 스스로도 '공무원 연금'이 부럽다는 생각마저 들었다.

그렇지만 부동산 경매 투자가 가져다줄 새로운 인생에 대한 가능성과 기회를 머릿속에 그림을 그리고 있었기 때문에 다시 마음을 다잡고 공무원 연금보다 나은 현금흐름을 만들기 위해 지금까지 노력해 왔다. 그리고 그 결과는 공무원 연금과는 비교가 되지 않는다. 경매 투자는 정년에 대한 걱정도 할 필요가 없다. 평생 즐기면서 투자하고 그 투자에 대한 결과물을 맘껏 누리면서 살 수 있는 최고의 일이 바로 '경매 투자'이다.

공무원 연금보다 나은
오피스텔 월세 수익

아내 덕분에 소액으로 최대한 많은 월세가 나오는 물건을 더 열심히 찾기 시작했고 그에 적합한 오피스텔을 발견했다. 그런데 그 물건의 소재지는 거주지와 멀리 있어서 아는 정보도 부족하고 평소 관심도 없었던 '창원'이었다. 이런 경우에는 막막하게 느껴질 수 있는데, 마침 고향이 창원인 직장 동료가 있었고 그를 통해 그 지역에 대한 많은 정보를 얻을 수 있었다. 한 사람이 전국의 모든 곳에 대해 파악하고 있기는 쉽지 않으므로, 주변 지인들의 다양한 경험이나 지역 정보들을 내 것으로 만들 수 있다면 부동산 투자를 하는 데 큰 도움이 된다.

창원은 최근에 창원, 마산 그리고 진해가 통합한 곳으로, 관심 물건은 예전 마산이었던 곳에 있었다. 마산시였을 당시 이 오피스텔은 중심가에 있었고, 월세 수요가 풍부해서 투자 금액 대비 월세 수익이 매우 높다는 것을 파악할 수 있었다. 그리고 인터넷을 통한 임장으로 알게 된 흥미로운 사실은, 원래 건물은 1990년대에 건축되었지만 최근에 전체 리모델링을 하여 신축 오피스텔처럼 탈바꿈했다는 것이다.

이 오피스텔은 '신탁 공매'라는 방식으로 경쟁 입찰하는 물건이었는데, 네 개의 오피스텔 매각이 동시에 진행되고 있었다.(신탁 공매에 대해서는 뒤에서 자세히 설명할 것이다.) 매매 시세가 7,500만 원 이상이었고 임대는 보증금 500만 원에 월세 50만 원 정도였는데, 이 물건에 입찰할 수 있는 최저가는 4,500만 원이었다. 소액 투자로 훌륭한 월세 수익을 얻을 수 있다는 확신이 들었기에 네 개의 오피스텔 모두에 입찰했고, 신탁 공매의 특성을 잘 이용하여 단독으로 한꺼번에 낙찰 받았다.

낙찰 결과를 확인하자마자 아내에게 전화를 걸어 더 이상 공무원 연금을 부러워하지 않아도 된다고 큰소리를 땅땅 쳤다. 한 채 당 순수하게 투입한 자금이 739만 원이고 월세에서 이자를 제하면 매월 41만 원의 현금 흐름이 발생한다. 한 번에 네 채를 샀기 때문에 3,000만 원이 안 되는 투자금으로 일 년에 2,000만 원이라는 월세 수익을 얻게 되었고, 한 채 당 내 연봉만큼의 시세차익까지 덤으로 안겨줄 것으로 기대된다.

멋진 인생의 투자 보고서 (창원 오피스텔)

감정가	7,500	실투자금	737
낙찰가	4,500	월세	50
취득세(+기타비용)	207	대출이자	약 9
대출	3,600	순수익	41
보증금	500	수익률	66.7%
물건의 특징	• 건축은 1990년대이지만, 리모델링 2년의 신축 급 오피스텔 • 시세(7,500만 원)보다 감정가(7,000만 원)가 낮게 책정됨 • 신탁 공매 특성상 네 채를 한 번에 낙찰 받을 수 있었음 • 구 마산시에서 중심가에 위치해 월세 수요가 풍부함 • 주위에는 신축 급 오피스텔이 거의 없어서 경쟁력이 있음		
물건의 리스크	• 거주지에서 먼 경남 창원에 위치하여 관리가 어려울 수 있음 • 오피스텔이라서 상가와 같은 취득세(4.6%)를 내야 함 • 주차타워가 있지만, SUV급 큰 차를 위한 주차장이 부족함		
교훈	• 신축 급이지만, 건축 연도에 따라 주차장이 부족할 수 있다. • 다행히 월세 수요가 많아서 주차장의 단점을 극복할 수 있다. • 지방물건은 그 지역에 있는 은행에서 대출이 잘 된다. • 신탁 공매라도 명도가 쉬울 수 있다.		

(단위: 만 원)

〈취득세〉 오피스텔 4.6%

〈대출〉 2.9% (창원 수협중앙회)

〈실투자금〉 = 낙찰가 + 취득세 + 기타 − 대출 − 보증금

〈순수익〉 = 월세 − 대출이자 〈전체수익〉 = 순수익 × 4(채)

〈수익률〉 = 순수익 × 12(개월) ÷ 실투자금 × 100

🔑 Tip
오피스텔과 주거용 부동산, 무엇이 다른가

'오피스텔'은 오피스office와 호텔hotel의 합성어인데, 온돌방과 욕실, 싱크대 등을 설치할 수 있도록 건축법이 개정되면서 주거와 사무용으로 모두 이용할 수 있게 되어 수요가 많이 늘어났다.

오피스텔은 주거용 부동산과 비교하여 세금 등에서 몇 가지 단점이 있다. 일반 아파트나 주거용으로 분류되는 부동산은 매매가의 1.1%~1.3%에 상당하는 금액이 취득세로 부과되지만, 오피스텔은 4.6%가 부과된다. 그리고 양도세 부분에서도 일반 주거용은 2년을 보유하면 비과세 혜택을 받지만, 오피스텔은 그런 혜택이 없다. 또한 주거를 목적으로 사용하는 오피스텔이라도 주거용으로 신고하지 않으면 세법에 의해 주거용보다 2.5배 정도 높은 재산세가 부과된다. 그리고 면적의 경우, 주거용 부동산은 분양면적의 80%가 전용면적이지만, 오피스텔은 그보다 비율이 낮다.

그러나 소형주택에 대한 수요가 증가하고 고령사회로 진입하는 추세에서 임대 소득을 얻기에 유리하다는 장점도 있다. 특히 주거용으로 신고하지 않는다면 주택으로 산입 되지 않기 때문에 1가구 1주택인 경우 오피스텔의 수를 늘려 임대수입을 증가시키더라도 양도세 비과세 혜택을 볼 수 있다. 또한, 오피스텔은 주거와 사무를 함께할 수 있기 때문에 소규모 개인 사업을 하는 사람들의 수요가 많고, 분양 당시에 생활에 필요한 모든 제품이 갖추어져 있으므로 임대인이 따로 옵션을 구비할 필요가 없다. 오피스텔은 시세차익보다는 임대 수익을 얻기에 좀 더 적합한 투자 물건이다.

투자금 회수해서
월세 두 배로 늘리기

앞의 사례와 같이 네 개의 오피스텔에 투자해서 일 년에 2,000만 원의 수익이 생긴다면 같은 방식으로 한 번만 더 낙찰 받으면 두 배인 4,000만 원의 수익을 얻을 수 있을 거라고 예상할 수 있다. 그러나 만약 3,000만 원의 종잣돈이 전부라면 한 번의 투자만으로 만족하고 끝내야 할까? 소액의 한정된 투자금을 가지고 있는 사람이라면 많은 고민이 되는 부분이다. 이런 경우 레버리지 효과를 최대한 활용한다면 같은 투자금으로도 더 많은 투자를 할 수 있고 더 높은 수익을 얻을 수 있다.

레버리지에 따른 창원 오피스텔 수익률 분석

시세	7,500		
낙찰가	4,500		
취득세+법무비+도배	207+110+20=337		
대출	3,600(80%)	4,050(90%)	4,050(90%)
보증금	500	500	1,000
월세	50	50	45
실투자금	737	287	−213
월 이자	9	10	10
월 순수익/년 순수익	41/492	40/480	35/420
수익률	66.7%	167.2%	−

(단위: 만 원)

앞의 실제 사례에서 필자는 월세 순수익을 높이기 위해 대출을 80%까지 받았지만, 이렇게 월세를 목적으로 하는 수익형 부동산은 90%까지도 대출이 가능한 경우가 많다. 대출을 90%까지 활용하면 1,000만 원이 조금 넘는 투자금으로 월 160만 원씩 꼬박꼬박 통장에 찍히게 할 수 있고 같은 방법으로 한 번 더 투자한다면 월 300만 원이 넘는 수익(일 년에 4,000만 원)을 얻을 수 있다. 그리고 월세를 조금 낮추고 보증금을 더 올려서 받으면 월 순수익은 조금 줄어들지만 투자금이 전혀 들지 않는 투자도 가능하다. 위의 수익률 분석표에서 알 수 있듯이, 대출을 90% 받고 보증금 1,000만 원에 월세 45만 원으로 임대하면 211만 원의 투자금이 오히려 회수된다.

90%까지 대출을 받는 것에 대해 위험하다고 여기거나 부담을 가질 수도 있다. 필자 역시 투자의 메커니즘에 대해 잘 모르던 시기에는 대출이나 보증금 등 타인의 돈을 이용해 수익을 낸다는 것에 대해 부정적이고 회의적인 시각을 가지고 있었다. 하지만 부동산 투자의 영역에서만이 아니라, 많은 기업들도 이러한 방법으로 자금을 운용하여 수익을 창출해 낸다.

중요한 것은 대출이 많이 된다고 해서 가치를 제대로 분석해 보지도 않고 아무 물건에나 투자하면 안 된다는 것이다. 투자는 현재가 아닌 미래의 가치까지 내다보고 해야 한다. 필자는 월세 수익을 얻기 위한 목적의 투자에서 다음과 같은 투자 원칙을 세워놓고 이 기준에 부합하는 물건에 투자함으로써 리스크를 줄이고 수익을 극대화한다.

> 📋 **멋진 인생의 〈수익형 부동산 투자 원칙〉**
>
> 1. 무조건 시세보다 싸게 사야 한다.
>   (싸게 사야 대출을 활용했을 때 투자금이 묶이지 않는다.)
> 2. 월세가 대출 이자보다 최소 두 배 이상 많아야 한다.
> 3. 최대한 적은 투자금으로 많은 물건을 보유해야 한다.
> 4. 실수요자의 입장에서 보았을 때, 편의시설과 교통 등의 입지 요건이 좋아야 한다.

신탁 공매란 무엇인가

사실 신탁 공매는 일반 경매 투자자들에게 잘 알려지지 않은 분야에 속한다. 그런 이유로 네 채의 오피스텔을 한 번에 모두 낙찰 받을 수 있었고 공무원 연금이 부럽지 않은 수익을 얻게 되었다. 경쟁이 덜한 곳에서 더 나은 수익을 얻을 수 있다는 점은 몇 번을 강조해도 지나치지 않다.

신탁 공매는 부동산을 담보로 대출받은 채무자와 은행 사이에서 신탁 회사가 채무자의 부동산을 위탁해서 관리하게 되는데, 채무자가 이자를 갚지 않으면 신탁 회사는 부동산을 신탁 공매로 처분한다. 자산관리공사에서 진행하는 공매와는 성격이 조금 다른데, 일반 공매를 통해 낙찰 받으면 경매와 마찬가지로 말소기준권리 뒤에 나오는 권리들은 모두 말소된다. 다시 말해서 등기부등본상에 나와 있는 모든 권리가 소멸하는 것이다. 그러나 신탁 공매는 말소기준권리가 없고 일반 매매와 비슷하기 때문에 물건의 등기부등본상에 있는 모든 권리를 낙찰자가 인수하게 되는데, 심지어는 진행 중인 소송까지 인수해야 하는 경우가 있으므로 주의해야 한다.

신탁 공매에서는 등기부등본과 같이 권리 분석에 필요한 서류 중 하나로 '신탁원부'라는 것을 추가로 살펴보아야 한다. 이 신탁원부는 법원등기소에서 발급되는 것으로, 신탁 회사와 대출거래은행 그리고 소유자의 정보가 그대로 담겨 있다. 여러 권리관계를 분석하고 명도에 필요한 정보를 얻는데 매우 중요한 서류이므로 신탁원부는 입찰 전부터 꼭 확인해야 한다.

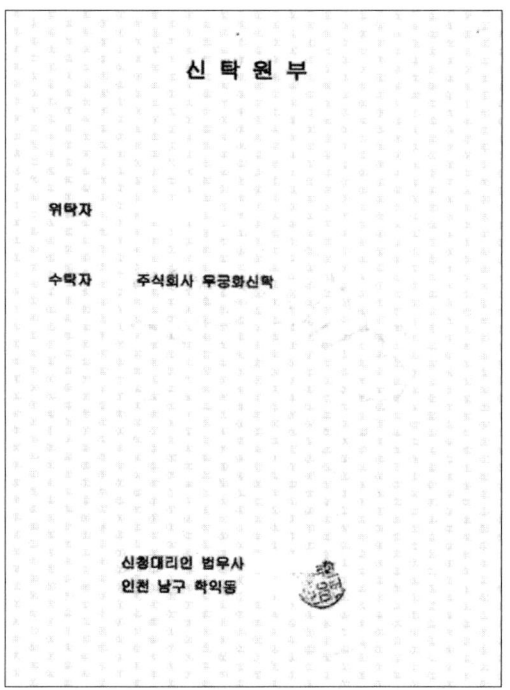

일반 공매는 공고를 하고 유찰되면 일주일에 10%씩 감정가에서 차감되지만, 신탁 공매는 유찰되면 당일에 10~50%까지 가격이 낮아지는 경우도 있으므로 입찰자에게는 좋은 기회가 된다. 이를 이용해서 좋은 물건을 싸게 낙찰 받아 수익을 거둔 경험이 많이 있다. 신탁 공매로 낙찰을 받게 되면 공매에서의 매각허가결정을 대신하여 계약서를 쓰는데, 그 이후 30~60일 정도의 기간 내에 잔금납부를 하면 된다.

하지만 신탁 공매는 경매 투자자들에게만 생소한 것이 아니라 은행에서도 잘 모르는 경우가 많기 때문에 대출에 어려움이 있을 수 있다. 필자의 경우에는 자주 거래하는 대출 상담사에게 물건에 대해 자세히 설명했고 그 상담사는 다시 은행에 설명하는 방식으로 진행하여 좋은 조건에 대출이 되었다. 일반적인 경매나 공매에서도 특수 물건의 대출은 어렵다는 이유로 미리 포기하고 입찰하지 않는 경우가 많은데 대출이 아예 불가능한 것은 아니다. 대출 담당자를 설득시켜 원하는 조건으로 대출받는 것도 개인의 역량에 달려있는데, 성공적인 투자를 이어나가기 위해서는 반드시 필요한 능력이다.

신탁 공매는 물건에 대한 정보가 부족해서 등기부등본, 건축물대장, 신탁원부 등 관련 서류들을 직접 철저하게 분석하고 조사해야 하므로 쉽게 접근하기 어려울 수 있다. 그러나 막상 도전해 보면 생각보다 그리 어렵지 않고, 그 도전에 대한 결과물은 매우 매력적이다. 남들이 관심을 갖지 않는, 미처 관심을 갖지 못한 영역을 파고들어서 좀 더 고민하고 노력한다면 성공적인 투자자에 한 걸음 더 다가설 수 있다.

○━ Tip

신탁 공매 검색 방법

먼저, 인터넷에 '부동산 신탁'이라고 검색한다.

```
사이트 1-10 / 77건                              도움말 | 사이트 신고 | 네이버웹마스터도구

생보부동산신탁 www.sbtrust.co.kr
 └ 회사소개 | 사업정보 | 업무안내 | 위치 | 고객센터 | 부동산정보 | 리츠
   삼성생명, 교보생명이 만든 부동산 투자신탁회사, 부동산개발, 토지, 관리, 담보, 컨설팅.

하나자산신탁 www.hanatrust.com  [위치보기▼]
 └ 물건정보 | 회사소개 | 신탁상품 | 위치정보 | 정보센터 | 고객서비스
   부동산 신탁업체, 개발, 처분, 담보, 자금, 자산관리 등 안내.

KB부동산신탁 kbret.co.kr  [위치보기▼]
 └ 공매/분양정보 | 채용정보 | 위치정보 | 소개 | 부동산신탁업무 | REITs업무 | 고객서비스
   부동산신탁 개요, 토지개발, 부동산 담보, 처분신탁 안내, 공매, 분양정보 제공.

한국토지신탁 www.koreit.co.kr  공식 [위치보기▼]
 └ 분양정보 | 소개 | 투자정보 | 상품안내 | 고객지원서비스 | 부동산정보
   한국토지주택공사 출자 부동산 투자 신탁, 분양상품, 금감원 공시자료, 자문, 리츠정보 수록.

NH-Amundi자산운용 www.nh-amundi.com  [위치보기▼]
 └ 상품정보 | 투자정보 | 소개 | 고객센터 | 위치
   투자신탁 운용업체, 증권, 부동산, 파생상품 소개, 펀드 기준가 조회, 수익률 정보 제공.

대한토지신탁 www.reitpia.com
 └ 회사소개 | 위치 | 분양정보 | 고객센터 | 상품정보
   군인공제회 출자 부동산 전문 신탁금융기관, 부동산 개발, 토지 및 관리신탁, 컨설팅, 분양정보

한국자산신탁 www.kait.com  [위치보기▼]
 └ 공매정보 | 위치 | 소개 | 신탁업무 | 물건정보 | 부동산금융상품 | 리츠업무 | 커뮤니티
   부동산 신탁 전문업체, 한국자산관리공사, 토지개발, 공매물건 및 분양정보 안내.

NH-Amundi자산운용 www.nh-amundi.com  [위치보기▼]
 └ 상품정보 | 소개 | 투자정보 | 고객센터 | 위치
   투자신탁 운용업체, 증권, 부동산, 파생상품 소개, 펀드 기준가 조회, 수익률 정보 제공.

코람코자산신탁 www.koramco.co.kr  [위치보기▼]
 └ 공매정보 | 소개 | 분양정보 | 회장인사말 | 리츠 | 위치 | 토지신탁 | 공사진행현황    더보기▼
   리츠(부동산투자회사) 설립, 자산관리 전문업체, 부동산신탁, 개발, 투자, 처분 등 서비스

아시아신탁 www.asiatrust.co.kr
 └ 회사소개 | 고객지원 | 위치
   부동산 신탁 전문업체, 개발, 담보, 처분, 분양관리, 대리사무 등 안내.
```

이렇게 검색을 통해 신탁 회사들의 홈페이지에 들어가면, 부동산 공매에 대한 정보를 얻을 수 있다. 위의 신탁 회사 중에 일반 주거용 물건이 가장 많고 비교적 안전한 대한토지신탁이라는 곳을 예로 들어 설명하겠다.

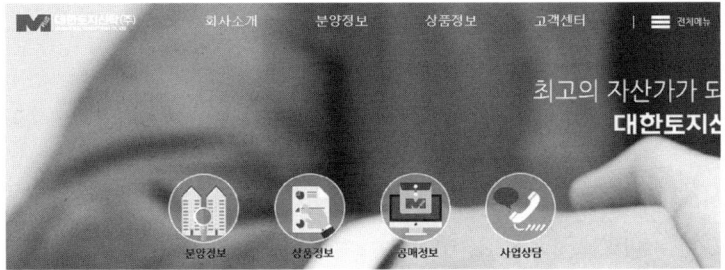

대한토지신탁 홈페이지에 들어가서 분양정보, 공매정보를 차례로 클릭한다.

공매정보
대한토지신탁에서 풍요로운 결실을 이루어 드립니다.

No	분류	제목	공매일	작성일	조회수
615	진행중	경기도 안산시 상록구 사사동 신탁부동산 공매공고	2016-06-30	2016-06-15	54
614	진행중	동해시 동회지구 보상협의요청서 공고	20160615	2016-06-13	54
613	진행중	경기도 남양주시 호평동 298-56외 2필지 신탁부동산 공매공고	2016-06-20	2016-06-10	145
612	진행중	경상북도 구미시 남통동 417 금오산금호어울림1단지 제102동 제307호		2016-06-10	57
611	진행중	부산광역시 기장군 기장읍 동부리 333 이진스카이빌아파트 제101동 ..		2016-06-10	84
610	진행중	강원도 강릉시 교동 1982 강릉교동롯데캐슬1단지 제102동 제1204호		2016-06-10	73
609	진행중	경기도 고양시 일산서구 주엽동 43 강선마을아파트 제305동 제704호		2016-06-10	90

공매정보에 들어가면 현재 진행 중이거나 종결된 물건들이 시간 순서대로 나열되어 있다. 우선은 관심 지역에 있는 진행 중 물건에 대해 조회를 해 보고 세부적인 공매정보를 살펴보면 되는데 이를 통해 주소와 작성자 그리고 조회수를 확인할 수 있다. 작성자는 신탁 회사의 담당자임을 알 수 있고, 조회수를 통해 얼마나 많은 사람이 해당 물건에 관심이 있는지 가늠해 볼 수 있다.

신탁부동산공매공고

1. 공매대상물건 및 최저매매가격

1) 목적부동산 : 서울특별시 도봉구 방학동 275 벽산아파트 ← 물건 주소

구 분	층	호 수	전유면적(㎡)	용 도
1	제3층	제301호	84.96	공동주택

2) 공매일시 및 최저매매가격 (단위 : 원, 부가가치세 없음)

← 입찰 날짜

구 분	공매일시(응찰가능일시)	온비드 개찰일시	최저매매가격
1차 공매	2016. 06. 20. 10:00	2016. 06. 21. 10:00	348,000,000
2차 공매	2016. 06. 20. 14:00	2016. 06. 21. 10:10	313,200,000
3차 공매	2016. 06. 22. 10:00	2016. 06. 23. 10:00	281,880,000
4차 공매	2016. 06. 22. 14:00	2016. 06. 23. 10:10	253,692,000
5차 공매	2016. 06. 24. 10:00	2016. 06. 27. 10:00	248,000,000

↑ 입찰 최저 금액

※ 인터넷 공매의 특성상, 각 일자별 공매가 유찰된 경우에 한하여 다음 차수 공매실시 전 영업일 18시까지 전자 공매조건이상으로 수의계약이 가능합니다.

2. 공매 관련 사항
1) 공매장소 : 인터넷 전자입찰(www.onbid.co.kr) ← 입찰 장소
2) 명도책임 : 공매목적물에 대한 인도 및 명도 책임은 매수자 부담
3) 공매공고 : 온비드 게시판(www.onbid.co.kr) 및 당사 홈페이지(www.reitpia.com)
4) 공매방법
   - 본 공매입찰은 한국자산관리공사(KAMCO)가 관리운영하는 전자자산처분시스템(온비드)을 이용한 인터넷 전자입찰로 입찰참가자는 입찰참가전에 반드시 온비드에 회원가입 및 실명확인을 위한 공인인증서를 등록하여야 하며, "온비드"이용방법 및 인터넷 입찰참가자 준수규칙 등을 준수하여야 합니다.
   - 입찰의 성립 : 공개경쟁입찰 방식으로 1인 이상의 유효한 입찰로서 성립합니다.
   - 개찰 일시 : 상기 표 참조

신탁부동산공매공고는 정말 중요하다. 입찰일에서부터 유찰횟수 그리고 입찰 장소에 대한 정보가 모두 나와 있다. 위 사례의 물건은 온비드에서 입찰이 가능한 물건이다.

등기부등본을 떼어보면 실제 소유자는 대출을 받은 사람이지만, 서류상으로는 대한토지신탁이 소유자로 나타나 있다. 신탁 담보대출을 받게 되면 일반 담보대출과는 달리 대출에 대한 부분이 등기부등본에 기재되지 않는데, 신탁원부를 발급받아 보면 정확한 정보를 알 수 있다.

Column

부자가 되기 위한 단계별 부동산 투자법

어린 시절, 어려웠던 가정형편을 탓하며 방황하기도 했었지만, 그 시기를 잘 극복하고 나 스스로 만족할 만한 삶을 살아가고 있는 데에는 어머니의 영향이 크다. 한번 일을 시작하시면 아무리 힘들어도 참고 꾸준히 노력하시는 어머니를 보고 자란 우리 삼 형제는 '무엇을 하든 꾸준히 최선을 다하는 자세'의 중요성을 몸소 배웠고 그것을 실천하며 각자의 자리에서 인정받고 있다. 하지만 세상이 점점 변하면서 자신의 노동력을 투입하는 일에 최선을 다하는 것만으로는 원하는 삶을 살아가기 힘들게 되었다. 따라서 일을 하지 않아도 돈이 들어오는 시스템, 시간으로부터 자유로운 부자가 되는 방법에 대해 고민해 왔고 그 결과 얻어진 세 단계의 부동산 투자법을 최대한 활용하고 있다.

1단계 – 수익형 부동산

수익형 부동산은 임대를 주고 매월 월세라는 현금흐름을 발생시키는 부동산을 말한다. 보통 수익형 부동산이라고 하면 상가를 먼저 떠올리는데, 아파트나 빌라와 같은 주거용 부동산 투자로도 만족할 만한 월세를 만들 수 있다. 월급만이 소득의 전부였던 필자가 수익형 부동산 투자의 원리를 깨닫고 나서 매월 2,000만 원이라는 현금흐름을 추가로 만들었다. 처음 투자를 시작하거나 종잣돈이 많지 않다면 이 책에 소개되는 소액 투자 방법을 참고하여 투자금이 많이 묶이지 않으면서도 매월 월세가 나오는 물건을 하나씩 늘려가며 월세 수익 시스템의 원리를 파악해 본다. 그런 다음에 어느 정도 확신이 들면 구체적인 월세 수익 목표를 정하고 현금흐름이 좀 더 많이 발생하는 물건들로 구성해 나간다. 만약 직장에서 받고 있는 월급 이상의 현금흐름이 만들어진다면 직장 생활도 투자도 좀 더 여유롭게 즐기며 할 수 있을 것이다.

2단계 – 시세차익형 부동산

시세차익형 부동산은 부동산을 산 후 그 물건의 매매가(시세)가 더 올라갔을 경우에 팔아서 오른 만큼의 매매차익을 얻을 수 있는 것을 말한다. 이 시세차익형 부동산 투자를 잘 활용한다면 종잣돈을 불려가며 계속해서 새로운 투자를 이어나갈 수 있는데, 시세차익과 세금, 본인의 자금 사정 등을 고려하여 단기 매도를 할 것인지, 좀 더 보유한 후 매도를 할 것인지를 선택한다.

현 시세보다 매우 낮은 가격에 매입해서 양도세를 고려하더라도 원하는 수익이 보장되거나, 빠른 자금 회수가 필요한 경우에는 단기 매도를 할 수 있다. 그러나 향후 시세차익이 더 클 것으로 기대된다면 월세나 전세로 임대를 주고 좀 더 보유한 뒤에 적절한 시기에 매도하는 것이 유리한데, 일반적으로 전세를 활용한 갭투자가 많이 알려져 있다. 직장을 가지고 있는 사람들의 경우에는 월급이라는 현금흐름이 있기 때문에 전세 임대를 주고 매입한 부동산의 가격이 오를 때까지 보유하며 기다릴 수 있다.

시세의 흐름을 읽으며 미래 가치를 파악하여 투자할 수도 있지만, 필자의 경우에는 좋은 수익형 부동산을 싸게 낙찰 받아서 월세라는 현금흐름을 얻다가 나중에 싸게 받은 만큼 매매차익을 얻는 방법을 주로 이용한다.

수익형/시세차익형 부동산이라는 구분에 크게 얽매이지 말고 좋은 물건을 일단 싸게만 살 수 있다면 현금흐름과 시세차익을 모두 얻을 수 있는데, 필자의 '수익형+시세차익형 부동산 투자'의 구체적인 사례들을 앞으로 만날 수 있을 것이다.

3단계 – 사업으로의 확장

물건을 낙찰 받은 후 어느 정도 수익을 얻고 다시 되파는 방식에서 한 단계 더 나아가 부동산 투자와 사업을 접목해 새로운 수익을 창출해 낼 수도 있다. 수학 강사였던 필자의 지인은 상가를 경매로 낙찰 받아서 수학 학원을 차렸다. 강사로서의 경험은 어떤 자리가 학원으로서 좋은 입지인지를 파악하는 데 도움이 되었고, 경매라는 부동산 투자 방법을 이용해 좋은 학원 상가를 싸게 사서 사업으로 연계시킬 수 있었다. 그 친구는 학원 두 곳을 운영하면서 매월 3,000만 원 정도의 수익을 얻고 있으며 이로 인해 낙찰 받은 상가의 가치는 훨씬 더 높아졌다.

필자도 고시텔을 낙찰 받고 그 물건을 직접 운영하여 매월 1,000만 원이라는 현금흐름을 만들었다. 만약 고시텔을 낙찰 받아서 바로 매도하려고 한다면 매수자를 찾기 힘들 수도 있고 또 큰 수익을 기대하기 힘들다. 그러나 직접 사업체로 운영하면서 고시텔의 임대 수익률을 높인다면 매도 시에도 훌륭한 수익을 남길 수 있다. 이처럼 경매 투자를 사업으로 확장한다면 사업으로 인한 운영 수익과 부동산 투자 수익이 시너지 효과를 발휘하여 훨씬 더 빨리 부자로 가는 지름길을 마련해 줄 것이다.

Chapter

3

부동산 투자로
월세와 시세차익
두 마리 토끼 잡기

1
잘 받은 상가주택 한 채, 아파트 열 채 안 부럽다

아내의 꿈은 현모양처이다. 하루는 아내가 울먹이면서 "아이들에게 좋은 엄마가 되고 싶고 당신에게도 잘하는 것이 내 꿈이었는데, 언젠가부터 직장에서 받은 스트레스를 아이들과 당신에게 풀고 있다는 것을 알게 되었어."라며 속마음을 털어놓았다. 아이들을 키우기 위해서는 내 월급으로 도저히 감당되지 않아 아내도 일을 시작했는데, 자신의 발전과 만족을 위해서 선택한 일이 아니었기에 직장 생활이 힘들었을 것이다. 그리고 힘들어서라는 이유로 가족들에게 자신이 원하는 모습의 아내이자, 어머니가 되어주지 못하는 것에 대한 죄책감 또한 큰 부담으로 다가왔던 것 같다.

아내의 월급으로 생활비를 마련하고 내 월급으로는 부동산 투자를 하는 투자 초반기였기 때문에 아내의 월급이 없으면 경매 또한 계속 할 수 없을 거라는 이기적인 생각이 나를 괴롭혔다. 사랑하는 아내를 힘든 상황 속에 있게 한 능력 없는 나 자신이 정말 부끄럽고 미웠다. 나 역시 속으로 울면서 다짐했다. 안정적인 현금흐름을 만들어서 아내가 원하는 꿈을 꼭 이루어 주리라고….

상가주택 한 채로
월 900만 원의 현금흐름을 만들다

사랑하는 가족은 나를 움직이게 하는 원동력이다. 정말 열심히 물건 검색과 임장을 반복하던 중, 하루는 보는 순간 가슴이 뛰는 그런 물건을 찾았다. 현재의 월급과는 비교가 되지 않는 수준의 현금흐름을 만들 수 있을 것으로 기대가 되어 흥분을 가라앉히기 쉽지 않았다. 그런데 문제는 이전까지 해왔던 소액 투자 물건이 아니라는 점이었다. 1층과 2층에는 상가가 있고, 3층은 다가구 형태인 '상가주택'으로 당장 가지고 있는 종잣돈으로는 투자하기가 어려웠다. 그렇지만 쉽게 포기할 수 없는 물건이었기에 꼼꼼하게 분석하고 조사하면서 투자할 방법을 고민하기 시작했다.

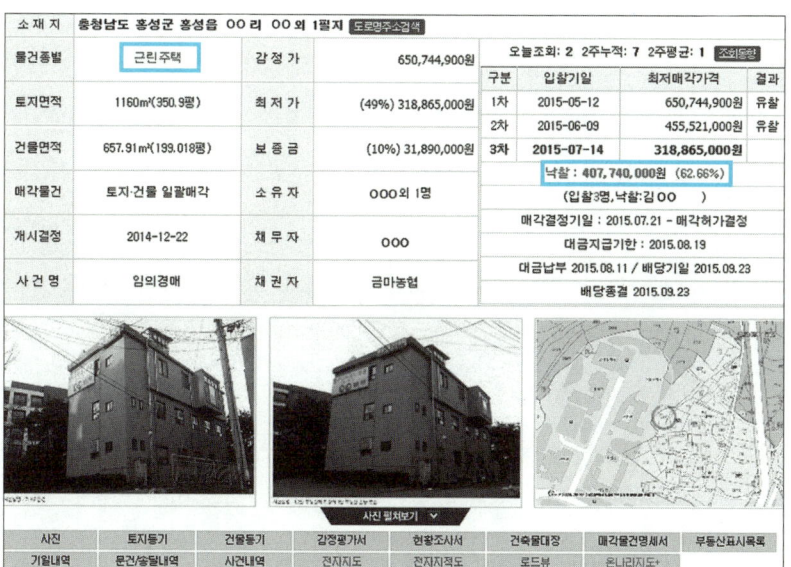

1. 안 되면 되게 하라, 첫 번째 공동 투자

　물건에 대해 조사하면 할수록 더 놓치기 싫은, 정말 매력적인 투자 대상이었다. 입찰 날짜가 점점 다가올수록 초조해졌다. 그런 내가 이상하게 느껴졌는지 아내가 이유를 물었고 그동안 고민하고 있던 것들을 털어놓았다. 이야기를 다 듣고 난 아내는 다음과 같은 말을 해주었다.

　"당신이 나와 우리 아이들을 위해서 얼마나 노력하는지 잘 알고 있어. 정말 고마워! 하지만 너무 무리할 필요는 없다고 생각해. 다시 한 번 잘 생각해 보고, 그래도 그 물건에 대한 확신이 선다면 당신 주위에 함께 투자할 수 있는 사람을 찾아보는 것은 어떨까? 당신과 당신의 선택을 믿어주는 사람이 있다면 이 투자로 서로에게 득이 될 것이고, 또 앞으로도 큰 힘이 되지 않을까?"

　공동 투자를 한 번도 생각해 보지 않은 것은 아니지만 선뜻 용기가 나지 않았었는데, 아내의 조언에 힘이 나고 머리가 맑아졌다. 그래서 서로 믿고 함께 투자할 수 있을 만한 사람이 누구일까 신중한 고민을 거친 끝에 평소에 믿고 일을 맡길 수 있었던 직장 동료에게 공동 투자를 권유했다.

　분석하고 조사한 내용과 낙찰 받은 후에는 어떤 식으로 물건의 가치를 더 끌어올리고 처리할 것인지, 투자금과 수익은 어느 정도인지에 대하여 최대한 자세하게 설명했다. 내가 그랬듯이 그 동료도 평소에 가지고 있던 나에 대한 믿음과 투자 가치에 대한 긍정적인 판단을 바탕으로 공동 투자를 결심했다. 앞선 칼럼에서 공동 투자에 대한 부분을 서술하였는데, 이 성공적인 첫 공동 투자를 통해 많은 것을 배우고 느꼈던 것 같다. 이렇게 서로에 대한 신뢰와 투자 대상에 대한 확신을 가지고 신중하게 입찰하였고 좋은 가격에 낙찰 받을 수 있었다.

2. 다수의 임차인 명도, 지혜롭게 해결하기

'명도'는 건물이나 토지, 선박 등을 점유하고 있는 사람이 모든 권리를 다른 사람에게 넘겨주는 것을 말한다. 낙찰 받은 부동산에 점유하고 있는 사람을 내보내는 이 명도의 과정이 두려워 경매에 쉽게 접근하지 못하는 경우를 자주 보게 되는데, 필자는 명도가 처음은 아니었지만 8명의 임차인을 한 번에 내보내야 한다는 사실이 큰 부담으로 다가왔다. 어떻게 명도를 해야 임차인들과 낙찰자 모두에게 좋은 방향으로 마무리 지을 수 있을지를 계속해서 고민하다 보니, 임차인의 수는 중요하지 않다는 생각이 들었다. 명도에 대한 몇 가지 원칙을 가지고 남들이 어렵게 생각했던 명도도 잘 해결해 왔기 때문에 여러 명의 임차인도 한 명씩 원칙에 따라 접근한다면 어려울 것이 없을 거라고 스스로를 믿었다.

명도는 일종의 '협상'이다. 입장이 서로 다른 상대방의 의견을 조정해 나가는 과정이므로 점유자에 대한 예의를 갖추되 낙찰자로서의 입장을 분명하고 확고하게 관철해 나가야 한다. 절대 먼저 불안한 모습을 보이거나 서두르지 말고, 어떠한 상황에서도 대처할 수 있는 법적 지식을 갖추어야 한다. 그리고 협상이 잘 진행되는 경우라 하더라도 적절한 법적인 절차(인도명령, 점유이전금지가처분, 명도소송, 강제집행 등)를 밟아나가면서 예기치 않은 상황에 대비할 수 있도록 한다.

여러 명의 점유자를 명도할 때에는 우선순위를 정할 필요가 있다. 이 상가주택에서는 임차인 중에서 2층 당구장 사장님이 연령이 가장 높았고 손해를 많이 보는 점유자였다. 그래서 그 사장님을 상대로 법적인 절차를 병행하여 협상하고 이사비를 드림으로써 가장 먼저 명도를 하였다. 그리고 나서는 다른 임차인들도 선례를 보았기 때문에 내가 원하는 날짜에 별다른 저항 없이 이사를 했고 어려울 것만 같았던 명도가 의도대로 잘 마무리 되었다. 명도에 대한 기본 원칙을 잘 세워두고 접근한다면 한 명이 아니라 여러 명이라고 하더라도 전혀 두려워할 필요가 없다.

3. 물건의 장점은 살리고, 단점은 보완하라

이 상가주택을 꼭 낙찰 받아야겠다고 생각한 가장 큰 이유는 바로 입지 조건 때문이었다. 대학교 후문으로 나와 첫 번째에 있는 건물이었는데, 현장에 나가보니 수많은 학생들이 건물 주위를 지나다니는 것을 볼 수 있었다. 주변을 둘러보고 중개사무소를 방문하여 조사한 결과 대학생들의 월세 수요가 넘쳐나는 것을 알 수 있었고 그 수요에 맞게 원룸을 공급한다면 상당한 월세 수익이 보장될 것으로 판단했다.

그러나 아쉬운 점들도 있었는데, 첫 번째는 대학생들의 동선이었다. 후문에서 가장 먼저 보이는 건물이기는 했지만, 건물의 대지 경계선에 울타리가 쳐져 있어서 학생들의 동선이 건물에서 좀 떨어진 울타리 밖으로 지나고 있었다. 이 동선을 건물의 대지 경계선 안쪽으로 바꿀 수만 있다면 건물의 가치가 훨씬 높아질 것으로 예상하였다. 그래서 대학교 측과의 협의를 통해 울타리의 일정 부분을 제거하여 길을 만들고 건물 바로 앞으로 학생들이 지나다닐 수 있도록 할 예정이다. 다음 그림으로 동선의 변화를 확인해 볼 수 있다.

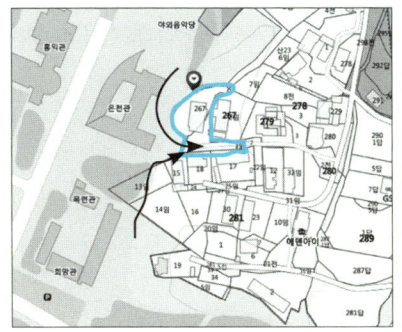
현재 학생들의 동선

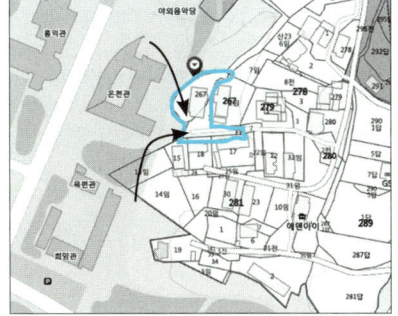
상가 주택 바로 앞을 지나는 동선

　두 번째로 아쉬운 점은 수요에 맞는 원룸의 개수가 부족하다는 것이었다. 아래의 건축물대장에서 알 수 있듯이 상가주택의 3층만 다가구주택(4가구)으로 되어 있고 1층과 2층은 상가였기 때문에 원룸의 개수를 최대한 늘리는 방법을 찾기 위해 많이 알아보고 고민했다.

2층은 상가, 3층은 4가구의 주택으로 표시된 용도 변경 전 건축물대장

2층의 경우 PC방과 당구장으로 이루어져 있었는데 월 임대료가 100만 원도 되지 않았기 때문에 면적과 비교하면 수익률이 너무 낮았다. 그래서 2층을 원룸으로 개조한다면 현금흐름이 훨씬 더 많아질 것이라는 생각을 하게 되었고, 상가를 주택으로 용도 변경하는 부분에 대하여 열심히 찾아본 결과 실제로 가능하다는 것을 알 수 있었다.

상가에서 10개의 원룸으로 용도 변경한 2층 평면도

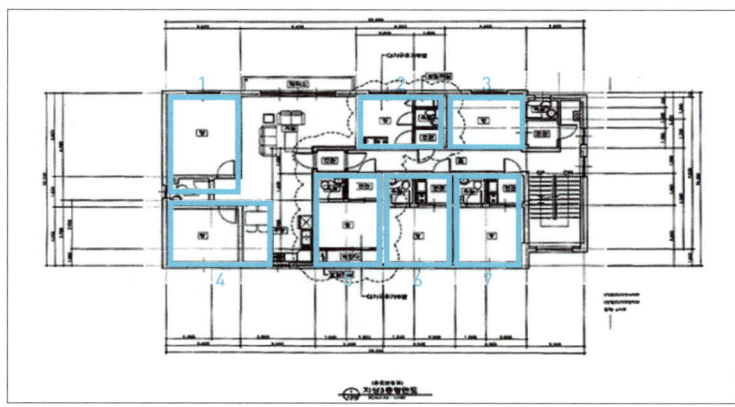

4세대에서 6세대로 개조한 3층 평면도

결과적으로 낙찰 받은 후 2층에 10개의 원룸을 만들고 3층도 함께 개조하여 투룸 1개와 원룸 5개, 전체적으로 총 17개의 방을 만들었다. 방 1개당 월 35만 원으로 계산해 보면 595만 원인데, 1층 상가 부분의 임대료까지 합하면 약 900만 원 이상의 월 수익이 발생한다.

학생들에게 꿈을 주는 곳이라는 뜻으로 '드림 하우스'라고 이름을 지었는데, 대학교 후문이라는 위치적인 장점 때문에 공사 후 일주일 만에 만실이 되었다. 이처럼 물건의 특징과 주변 수요를 파악하여 장점은 살리고 단점은 보완함으로써 최대한의 수익을 얻을 수 있도록 고민하고 실행에 옮겼다. 그 결과 나와 나를 믿고 함께 해 준 공동투자자에게 총 900만 원이라는 기분 좋은 현금흐름이 확보되었다.

양도세를 비과세로 만드는 용도 변경

상가인 2층을 주택으로 용도 변경한 목적은 사실 현금흐름을 늘리기 위한 것만이 아니었다. 부동산 투자를 하면서 현금흐름을 위한 것인지, 시세차익 혹은 사업 운영을 위한 것인지 분명히 방향을 잡아야 하지만, 어떤 목적이 되었든 최후에는 매도를 해야 할 것이다. 그리고 매도할 때는 되도록 높은 가격으로 팔 수 있어야 하고, 매도 차익에 대한 세금을 최소화해야 한다.

필자는 상가주택의 용도 변경을 통해 현금흐름을 증가시켰고 이는 분명 매도가에도 영향을 미칠 것이다. 그런데 한 가지 더, 투자 수익을 극대화할 수 있는 용도 변경의 혜택은 바로 '양도세 비과세'이다. 상가주택의 취득세는 상가와 주택 부분의 비율에 따라 계산해서 부과하지만, 양도세는 조금 다르다.

만약 상가 부분이 주택 부분보다 더 크거나 같은 면적을 차지한다면 취득세처럼 양도세도 안분해서 계산된다. 그러나 반대로 주택 부분의 면적이 더 넓다면 상가주택 전체를 하나의 주택으로 간주하여 양도세를 부과한다. 그러므로 1가구 1주택의 양도세 비과세 요건을 충족만 하면 시세차익에 상관없이 세금을 전혀 내지 않아도 되는 것이다.

상가 겸용 주택의 양도세 비과세 판단 기준	
상가 면적 ≥ 주택 면적	상가 면적 < 주택 면적
주택 면적만 주택으로 판단	전체를 주택으로 판단
주택 면적과 그 부속 토지만 1가구 1주택 비과세 대상	전체 면적과 토지가 1가구 1주택 비과세 대상

이와 같이 차별화되는 수익을 가능하게 하는 '건축물의 용도 변경'이란 사용승인을 받은 건축물의 용도를 필요에 의하여 다른 용도로 변경하는 행위를 말하는데, 변경하려는 용도의 '건축기준에 적합'하여야 한다. 용도를 변경하고자 하는 때에는 건축물 용도의 변경 범위에 따라 특별자치도지사 또는 시장·군수·구청장의 '허가'를 받거나 '신고' 또는 '건축물대장 기재 내용의 변경을 신청'하여야 한다.

시설군	세부 용도	
1. 자동차 관련 시설군	자동차 관련 시설	↑
2. 산업 등의 시설군	운수시설, 창고시설, 공장, 위험물저장 및 처리시설, 분뇨 및 쓰레기 처리시설, 묘지 관련 시설	
3. 전기통신시설군	방송통신시설, 발전시설	
4. 문화 및 집회시설군	문화 및 집회시설, 종교시설, 위락시설, 관광 휴게시설	허가 신고
5. 영업시설군	판매시설, 운동시설, 숙박시설	
6. 교육 및 복지시설군	의료시설, 교육연구시설, 노유자시설, 수련시설	
7. 근린생활시설군	제1종 근린생활시설, 제2종 근린생활시설	
8. 주거업무시설군	단독주택, 공동주택, 업무시설, 교정 및 군사시설	
9. 그 밖의 시설군	동물 및 식물 관련 시설, 장례식장	↓

　이 표에서와 같이 시설군이 위에서 아래로 내려가면 신고사항이고, 아래에서 위로 올라가면 허가사항이다. 그리고 같은 시설군 내에서는 건축물대장 기재 내용의 변경을 신청하면 된다. 허가사항과 신고사항은 서류를 제출하기까지 같은 절차로 진행되는데 민원처리기한인 7일 내에 처리 통보를 받지 않으면 자동으로 허가처리가 되는 것이 신고사항이고, 반드시 허가를 받은 후 일을 진행해야 하는 것이 허가사항 대상이다. 따라서 허가사항인 경우에는 신고하고 착공을 시작하기까지 약 한 달 정도의 시간이 걸린다. 필자의 상가주택의 경우에는 '근린생활시설군'에서 '주거업무시설군'으로 변경하는 것이므로 신고사항이고, 그만큼 용도 변경을 하기 쉽다는 의미가 된다.

　그러나 용도 변경에서 가장 중요한 것은 변경하려는 용도의 '건축기준에 적합'하여야 한다는 조건이다. 상가를 주택으로 변경하기 위해서는 몇 가지 주의해야 할 사항이 있다. 먼저 '주차장'을 만들 수 있는 면적을 살펴보아야 한다. 건축물을 건축할 때는 용도 및 규모에 따라 일정 규모 이상의 주차장과 주차 대수를 확보해야 한다. '주차장법'에서는 최소한의 규정을 정하고 있고, 각 지자체의 '주차장 설치 및 관리 조례'에 따라 세부적인 사항이 다르므로 반드시 개별적으로 확인해야 한다.

다음으로 알아보아야 할 것은 '정화조' 용량이다. 2층을 상가에서 방 10개의 주택으로 용도 변경을 하려면 거의 10명분의 정화조 용량이 늘어나야 하므로 부족한 만큼 정화조를 추가 설치해야 한다. 그리고 또 한 가지 주의할 점은, '대지 안의 공지'이다. 대지 안의 공지란 인접 건축물 또는 인접 대지 경계로부터 떼어야 하는 거리를 말한다. 이 기준은 시군구청마다 다른데, 해당 물건의 경우에는 최소 1m를 인접 대지 경계선으로부터 떼어야 한다는 규정이 있었다. 그런데 규정이 2006년 5월 9일 이전에 건축된 기존 건축물은 대지 안의 공지 기준에 따른 거리에 미달되어도 용도 변경을 할 수 있도록 개정되어 문제없이 진행할 수 있었다.

용도 변경을 위한 건축법과 관련한 사항들은 건축사무소에서 확실하게 확인해서 진행할 부분이다. 하지만 기본적인 지식을 공부해 둠으로써 낙찰 받기 전부터 수익 모델을 구상할 수 있었고 실제로 건축사무소에 의뢰하여 공사하면서도 원활한 진행이 이루어질 수 있었다. 이 투자는 현금흐름과 시세차익 모두 낙찰 전부터 고민하고 계획한 대로 마무리될 것으로 예상이 되고, 정말 멋진 투자였다고 자부할 수 있다. 스스로 아는 만큼 수월하게, 그리고 많은 것을 얻을 수 있다는 것을 잊지 말고 꾸준히 공부하며 이 길을 나아간다면 필자가 얻은 것 이상의 수익을 낼 수 있는 소중한 경험을 할 수 있을 것이다.

멋진 인생의 투자 보고서 (홍성 상가주택)

감정가	65,000	시세	100,500
낙찰가	40,740	월세	850
매입경비	17,000	대출이자	약 110
대출금	34,630	순수익	8,880(12개월)
보증금	10,000	매도차익(예상)	약 42,000(세후)
물건의 특징	• 물건의 위치는 좋았지만, 관리가 전혀 안 되어 있었음 • 2층 상가를 원룸으로 용도 변경 할 수 있는 조건이 되었음 (토지에서 주차장 면적, 정화조 용량 적당) • 대학교 후문에 위치한 특A급 상권으로 월세 수요가 풍부함 • 주변 원룸들이 모두 20년 이상 되어 경쟁력이 있음 • 주거지 근처 물건이라서 관리가 용이함		
물건의 리스크	• 다수의 점유자들을 상대로 명도를 해야 함 • 1, 2층은 상가라서 취득세가 4.6%로 다소 높음 • 겨울에 용도 변경을 하게 되어 공사 기간이 길어짐		
교훈	• 위치와 용도 변경이 가능한 물건은 수익을 극대화할 수 있다. • 명도에서 다수를 상대하는 것도 어렵지 않다. • 용도 변경을 통해 양도 시 주택으로 간주하게 만들 수 있다. • 주택으로 간주시키면 1가구 1주택 비과세 혜택이 가능하다.		

(단위: 만 원)

〈취득세〉 1-2층 4.6% , 3층 1.1%

〈대출〉 3.75% (단위수협)

〈매입경비〉 = 취득세 + 건축비용(용도 변경) + 명도비

〈순수익〉 = (월세 − 대출이자) × 12

〈매도차익(예상)〉 = 시세 − (낙찰가 + 매입경비)

수익형 부동산의 종류와 투자 요령

사랑하는 사람을 위해서 무언가를 해줄 수 있다는 것은 어떻게 보면 이 세상에서 가장 큰 행복 중 하나이다. 상가주택이라는 수익형 부동산 투자로 얻어진 경제적인 여유로움은 나와 내 가족에게 또 다른 삶의 기회를 가져다주었다. 투자의 계기와 원동력이 '부' 자체가 아니라 '사랑하는 가족을 위한 마음'에서 시작되었기 때문에 물질적인 성과가 속되게 여겨지지 않고 소중한 가치로 빛을 발하고 있다. 아내와는 서로를 더 이해하고 사랑하게 되었고, 아이들에게도 안정감과 편안함을 선사해 줄 수 있었다.

부동산을 취득하는 목적은 크게 '실거주' 또는 '투자'를 위한 것으로 나뉘는데, 앞선 칼럼에서 살펴본 바와 같이 투자를 위한 부동산은 '수익형 부동산'과 '시세차익형 부동산'으로 분류해 볼 수 있다. 부동산 투자에도 유행과 흐름이 있어서 시기에 따라 다른 유형의 부동산이 주목을 받는데, 일반적으로 부동산 대세 상승기에는 시세차익형 부동산에, 위축기에는 수익형 부동산에 관심이 쏠리는 경향이 있다.

최근에는 선진국형 저성장 구도로 부동산 시장 구조가 변화함으로써 큰 시세차익에 대한 기대가 낮아졌고, 베이비 붐 세대의 은퇴와 고령화 사회로의 진입으로 연금형태의 안정적인 현금흐름에 대한 관심이 높아지면서 수익형 부동산에 대한 수요가 크게 늘어나고 있다. 또한, 요즘과 같이 은행 예금금리가 낮은 상황에서는 안정적이면서도 높은 수익률의 현금흐름을 만들어내는 수익형 부동산만큼 매력적인 투자처를 찾기 힘들다. 수익형 부동산은 크게 '주거용'과 '상업·업무용', 그리고 '숙박용' 수익 부동산으로 분류할 수 있는데, 개별적으로 살펴보면서 본인에게 맞는 투자처가 어디인지 고민해 보기 바란다.

1. 주거용 수익 부동산

주거용 수익 부동산은 아파트, 다세대주택, 오피스텔, 다가구, 도시형생활주택 등 주거를 위해 만들어진 공간을 임대하여 수익을 얻는 부동산을 말한다. 같은 주거용 물건이라도 임대 수익을 얻기 위한 것인지 시세차익을 얻기 위한 것인지에 따라 접근 방법에 차이가 있는데, 대형 평형보다는 소형 물건에 대한 월세 임차 수요가 더 많고 수익률이 높으므로 임대 수익을 얻기에 적합한 주거용 부동산은 소형의 아파트나 다세대주택, 주거용 오피스텔, 그리고 도시형생활주택이라고 할 수 있다. 특히 요즘과 같이 대가족에서 소가족으로, 1인 가구로 세대구성이 바뀌는 추세에서는 소액 투자로 임대 수익을 올릴 수 있다는 장점이 더욱 주목받는다.

주거용 부동산은 입지가 아주 나쁘지만 않다면 기본 수요가 있으므로 투자하기에 안전하고 무난하지만, 그로 인해 경쟁률이 높은 만큼 좋은 수익을 낼 수 있는 물건을 낙찰 받으려면 남들보다 좀 더 많은 노력이 필요하다. 필자는 좋은 부동산을 찾으면 경매를 통해서 낙찰 받지 못하더라도 주변 시세 등의 조사를 철저히 해 두는데, 비슷한 조건의 물건이 공매나 신탁으로 진행되면 누구보다 한발 빠르게 가치를 알아보고 물건에 대한 정보에 다가갈 수 있었고 좋은 가격에 낙찰 받을 수 있었다. 이처럼 시세를 정확하게 파악하는 습관을 들여놓으면 경매나 공매뿐 아니라 급매로도 좋은 물건을 저렴한 가격에 매입할 수 있는 기회를 쉽게 찾을 수 있다.

주거용 수익 부동산 투자의 또 다른 장점은 오피스텔을 제외하고는 취득세가 다른 수익 부동산보다 낮고, 양도세도 다른 수익 부동산은 2년 이상 보유해야 일반 과세가 되지만 주거용은 1년만 보유하면 된다는 점이다. 필자는 투자 초반에 위와 같은 주거용 수익 부동산의 장점들을 잘 활용하여 소액 투자로도 꾸준한 수익을 올릴 수 있었다.

2. 상업 · 업무용 수익 부동산

상업 · 업무용 수익 부동산이라고 하면 주변에서 쉽게 접하는 상가를 가장 먼저 떠올리게 되는데, 이 밖에도 업무용 오피스텔, 아파트형 공장, 오피스 빌딩 등이 대표적이다. 초보 투자자 시절에는 아파트나 오피스텔과 같은 소액 주거용 부동산을 중심으로 낙찰 받고 임대를 놓았기 때문에 상업 · 업무용 부동산은 거리가 멀고 어렵게 느껴졌다. 하지만 주거용보다 위험성이 좀 더 높은 만큼 더 큰 수익을 기대할 수 있는 것도 사실이다. 그러므로 좀 더 신중한 접근과 판단이 필요하다.

업무용 부동산 중에서 '오피스텔'은 주거용으로 겸용할 수 있다는 장점 때문에 임대료가 조금 비싸고 교통이 좋은 곳에 위치하는 경우가 많다. 그리고 '아파트형 공장'은 흔히 생각하는 공장과는 조금 다른데, 일반적으로 산업단지 내에서 기업의 사무실로 사용되며 '지식산업센터'라고 불리기도 한다. 이 아파트형 공장은 오피스텔보다는 분양가나 임대료가 상대적으로 낮은 편이다.

상가와 같은 수익형 부동산은 월세 임대차계약이 어느 정도의 가격에 형성되어 있느냐에 따라 매매가에 직접적인 영향을 미친다.

임대료와 매매가의 상관관계
(수익률 연 6% 가정)

임대료	월 50만 원	월 60만 원	보증금 5천만 원 월 100만 원
매매가	50만 × 12 ÷ 0.06 = 1억 원	60만 × 12 ÷ 0.06 = 1억 2천만 원	보증금 5천만 원 + 월세 환산 2억 원 = 2억 5천만 원

매매가 = 월세 × 12 ÷ 0.06(연 수익률)
월세 = 매매가 × 0.06(연 수익률) ÷ 12

    가령 연 6%의 수익률에 맞춰서 매매가를 결정한다고 가정해 보자. 월 50만 원으로 임대 계약이 되어 있는 상가라면, 1년 동안의 임대 수익은 600만 원이다. 600만 원은 1억 원의 연 6%에 해당하므로 이 상가의 매매가는 1억 원이 된다. 만약 월 60만 원에 임대 중이라면 같은 수익률로 계산했을 때의 매매가는 1억 2천만 원이다. 월세 10만 원의 차이가 매매가로는 2천만 원의 차이를 발생시키는 것이다. 그리고 임대 계약이 보증금 5천만 원에 월 100만 원인 상가라면, 매매가는 2억 5천만 원(=보증금 5천만+월세 환산 2억)으로 계산해 볼 수 있다. 따라서 임대가격이 높은 상가를 잘 선택하여 투자한다면 현금흐름뿐 아니라 시세차익에서도 높은 수익을 얻을 수 있다.

    그렇다면 높은 임대가격을 기대할 수 있는 상업용 부동산은 어떻게 찾아야 할까? 최우선으로 살펴야 할 조건은 입지라고 할 수 있는데, 사람이 몰리고 영업이 잘 되는 곳은 임대가가 높고 당연히 시세도 높게 형성된다. 그러나 그만큼 경쟁이 치열한 시장이기도 하다. 그래서 필자가 선호하는 투자 대상은 아직은 상권이 무르익지 않았지만, 어느 정도 시간이 지나면 발전할 가능성이 높은 곳이다. 눈앞의 수익이 확실히 보이지 않는, 제대로 형성되지 않은 상권이지만 앞으로의 가치를 내다볼 수 있다면 남들과는 다른 수익을 맛볼 수 있는 것이다. 그러나 남들과 다른 안목을 가지기 위해서는 그만큼 더 열심히 공부하고 발품을 팔아야만 한다. 앞으로 소개할 또 다른 투자 사례인 '고시텔'이 바로 필자의 남다른 노력으로 얻어진 값진 결과라고 할 수 있다. 노력하면 할수록 점차 보는 눈이 달라지고, 보는 눈이 달라지면 수익의 단위도 달라지는 경험을 당신도 꼭 해 보기를 바란다.

3. 숙박용 수익 부동산

숙박시설은 고객이 잠을 자고 머무를 수 있도록 서비스를 제공하고 요금을 받는 곳인데, 대표적인 숙박용 수익 부동산으로는 펜션과 같은 리조트 그리고 여관, 모텔, 호텔 등이 있고 최근 각광받고 있는 게스트 하우스도 있다. 숙박용 부동산에 투자하기 위해서는 일단 주변지역 상권을 먼저 파악하는 것이 무엇보다도 중요하다. 경매로 나온 숙박시설 주변 경쟁 업소들의 영업 현황을 살펴보면서 수요를 파악하고, 해당 숙박시설의 영업 상태를 확인한다. 예를 들면 수도사업소에 방문하여 6개월 정도의 수도요금을 알아보거나 주차되어 있는 차량 대수를 살펴보는 등의 방법을 이용할 수 있다. 그리고 숙박시설을 이용하는 고객들은 깨끗한 신축건물을 선호하기 때문에 건물의 상태 역시 고려하여 조사한다.

숙박용 부동산의 수익은 다른 수익형 부동산과는 달리 임대 수익보다는 사업 수익에 더 가까우므로 개인 사업자 등록과 영업 허가에 관한 부분도 반드시 확인해 보아야 한다. 따라서 경매로 낙찰 받은 숙박용 부동산은 영업 허가권을 잘 승계할 수 있는지가 매우 중요하다. 승계가 되지 않으면 허가가 나오는 과정까지 최소 1개월 이상 소요되기 때문에 그동안 영업 이익 손실이 불가피하다. 특히 어떤 지역은 숙박시설에 대한 신규 허가가 나오지 않는 경우도 있으므로 주의해야 한다. 그리고 직접 영업을 유지하거나 수익률을 맞춰놓고 다시 매도하기 위해서는 미리 영업 전략을 세우고 사업 수익을 계산한 뒤에 입찰에 참여해야 위험성을 줄이고 더 높은 수익을 기대할 수 있다.

지금까지 수익형 부동산을 몇 가지로 분류하여 살펴보았는데, 각각의 특징과 장단점이 있고 법적인 규제나 세금 부과에서도 차이점이 있다. 같은 수익형 부동산으로서 통용되는 부분들도 있지만, 성격이 전혀 다른 부분도 있으므로 개별적인 투자 대상에 대한 꼼꼼한 조사와 신중하고 정확한 판단이 요구된다. 앞의 상가주택 사례는 주거용과 상업용 공간이 함께 있는 복합 형태인데, 각각의 장점을 살리면서 서로 시너지 효과를 낼 수 있도록 많은 고민을 하였다. 그러한 노력의 결과로 투자금 대비 월등한 임대 수익을 얻고 있다.

2

물건의 가치를 확 끌어올리는 리모델링의 마법

 부동산 투자에 관심을 갖기 전의 일이다. 직장 생활의 고단함으로 인해 퇴근 후나 주말에는 손가락 하나 까딱하지 않고 소파에 누워서 무의미하게 시간을 보내던 시절이 있었다. 그러던 어느 날, 밥도 안 먹고 하루 종일 잠만 자냐고 하는 아내의 잔소리 아닌 잔소리에 졸린 눈을 비비면서 일어나보니 다른 집에 와 있는 것 같은 느낌이 들었다. 얼마 동안 무언가 소란스럽고 부산한 느낌과 작은 변화들이 있었지만 귀찮은 일에 휘말리기 싫어서 애써 무시하고 지나왔는지도 모른다. 그런데 놀라운 광경이 눈앞에 펼쳐졌다.

 아내는 혼자서 '리모델링'을 했다고 말했다. 무언가를 붙이고, 바르고…. 정확히 어떠한 과정을 거쳤는지 당시에는 잘 알지 못했지만, 큰돈을 들이지 않고도 여자 혼자서 새집을 만들었다는 것이 정말 신기했다. 아내의 리모델링에 대한 관심과 경험, 그리고 훗날 나의 부동산 투자에 대한 열정이 만나 또 다른 기회를 만들게 될 줄 누가 알았겠는가!

숨어 있는 가치를 찾아내는 것이
부동산 투자의 핵심

경매는 공개경쟁을 원칙으로 하기 때문에 좋은 물건을 싸게 산다는 것이 생각보다 쉽지만은 않았다. 초보 투자자 시절에는 내가 좋다고 생각하는 물건에는 유독 많은 사람이 몰리고 결국 누군가가 내가 써낸 것보다 훨씬 높은 가격에 그 물건을 낙찰 받아 가는 일이 다반사였다. 어떤 날은 같은 법정에서 다섯 개의 경매 물건에 입찰을 했는데 거의 다 최하위로 패찰하기도 했다.

회사에서 어렵사리 휴가를 내고 경매 법정에 가는 날에는 이번에는 꼭 하나라도 낙찰 받고야 말겠다는 각오로 입찰을 시도해 보았지만, 법정을 나올 때는 괜히 왔다는 후회가 밀려오곤 했다. 평일에 입찰해야 하는 경매의 특성상, 대리 입찰을 이용한다고 하더라도 직접 참여해야만 하는 때도 많이 있었다. 1년 동안 쓸 수 있는 소중한 휴가가 별다른 성과를 거두지도 못하고 거의 없어질 무렵에는 몸과 마음이 정말 피폐해졌고 포기할까 생각하기도 했다.

하지만 정말 중요한 사실 하나를 놓치고 있었다. 경매가 공개경쟁 방식이라면 누구나 좋아하는 물건이 아니라 다른 사람들은 입찰하려 하지 않는 물건이지만 나만의 기준으로 장점이나 가치를 찾을 수 있는 투자 대상을 선택하면 된다는 것이었다. 그렇게 하면 좋은 물건을 싸게 낙찰 받을 수 있는 확률이 높아질 수밖에 없다. 이런 사실을 깨달은 순간부터는 남들과 다른 시선으로 물건을 보고 분석하는 습관을 들였고 시간이 지날수록 그 전에는 발견할 수 없었던 가치들이 보이기 시작했다.

그렇다면 숨어있는 가치들을 찾는 구체적인 방법은 어떤 것이 있을까? 먼저 권리 분석상의 하자가 해결하거나 극복할 수 있는 것인지에 대하여 끊임없는 공부가 필요하고, 결코 손해가 생기지 않으리라는 확신이 생길 때는 단호한 결단을 내려야만 한다. 그리고 정부 정책이나 지역 상황, 개발 계획 등의 흐름을 읽으며, 당장에는 선호되는 입지가 아니더라도 앞으로 전세가 역전될 가능성이 있는지를 조사해 보아야 한다. 또 한 가지는, 외형이나 구조상 오래되어 낡았거나 하자가 있어 누구나 꺼리는 부동산이지만, 눈에 보이는 그대로가 아닌 변화한 모습을 상상할 수 있어야 하며 그 변화를 실행에 옮김으로써 새로운 가치를 부여할 수 있어야 한다.

이런 방식으로 남들이 미처 생각하지 못하는 고유의 가치를 파악하게 된 후부터는 그렇게 많던 경쟁자들이 조금씩 줄어드는 것이 눈에 보였다. 두 번 입찰하면 한 번꼴로 낙찰을 받아오고 혼자 입찰해서 단독 낙찰 받는 경우도 종종 생겼다. 단독 낙찰을 받게 되면 주위에서 물건을 잘못 받은 게 아니냐는 등의 웅성거리는 소리와 걱정스러운 반응들이 느껴질 때가 많았지만, 절대 불안하거나 걱정되지 않았다. 철저히 분석하고, 조사하고, 확신을 가지고 입찰한 결과였기 때문이다. 그리고 실제로 주변의 우려를 뒤로하고 단독으로 낙찰 받았던 물건들이 지금 현재 아주 높은 수익을 나에게 안겨 주고 있음은 두말할 필요가 없다.

부동산 시장의 트렌드 변화 읽기
- 리모델링, 이제는 선택이 아닌 필수

최근 몇 년 사이 '먹방'(먹는 방송), '쿡방'(요리 방송)에 이어 '집방'까지 새로운 신조어들이 많이 등장하였다. 이는 소비 시장과 미디어 시장의 트렌드 변화와 범국민적인 관심사가 어느 방향으로 쏠리고 있는지를 보여주는 좋은 예이다. '집방'은 셀프 인테리어, 리모델링, 신축 등의 과정을 거쳐 집이라는 공간이 새롭게 탈바꿈하는 모습을 보여주는 방송인데, 이를 통해 사람들의 집에 대한 인식이 어떻게 변화하고 있는지를 알 수 있다. 과거에는 '집'을 단순하게 주거를 위한 공간 혹은 재테크의 수단으로 여겼다면 현재는 자신과 자신의 삶의 가치를 표현하고 실현하는 장(場)으로서의 의미로까지 확대되었다.

'리모델링'은 주택 등 건물의 기본 골조는 그대로 두고 새롭게 고치는 것으로, 페인팅, 도배, 장판 교체와 같은 간단한 시공에서부터 오래된 건물의 내부와 외부를 모두 완전히 새 건물처럼 보이도록 바꾸는 일도 포함한다. 골조 자체만 튼튼하다면 신축보다는 훨씬 적은 비용으로 신축에 가까운 효과를 낼 수 있기 때문에 실수요의 목적이든 투자 목적이든 리모델링에 대한 관심은 앞으로도 계속될 것으로 보인다.

경매는 일단 낮은 가격으로 낙찰 받는 순간 수익을 얻는 것은 거의 확실하다고 볼 수 있는데 중요한 것은 얼마만큼의 수익을 얻는가이다. 만약 주변 시세가 9천만 원이고 같은 입지에 비슷한 평수와 상태(조금은 낡은)인 집을 경매의 특성상 시세보다 낮은 8천만 원에 낙찰 받았다면, 세금과 같은 비용을 배제했을 때 1천만 원의 시세차익은 바로 확정이 된다. 그런데 만약 500만 원을 들여 리모델링해서 내부를 새로 지은 집처럼 깨끗하게 만들어 매물로 내놓는다면 어떻게 될까? 주변 시세가 이미 정해져 있으니 내부를 수리했다고 해도 시세 이상을 기대하기 힘들까? 아니면 들인 비용만큼만 더 추가한 9,500만 원 수준에 거래가 될까?

만약 앞의 두 경우라면 리모델링을 할 이유가 전혀 없을 것이다. 그런데 지금까지의 경험으로 보면 해당 물건은 1억 1~2천만 원 이상으로도 매도할 수 있었다. 깨끗하고 예쁘게 꾸며진 집을 싫어하는 사람은 없다. 그러나 셀프 인테리어가 대세인 요즘이지만 막상 실제로 본인이 직접 리모델링을 하기에는 실력이나 비용적인 측면에서 자신이 없는 경우가 많다. 따라서 한눈에 시선을 사로잡을 수 있도록 리모델링이 잘 되어 있는 집이라면 시세보다 비싼 것을 감수하고라도 매수하게 되는 사람들의 심리를 투자에 적용하여 수익을 높일 수 있는 것이다. 이처럼 리모델링으로 매도 차익을 증가시킬 수도 있지만, 임대할 때도 수리비 이상의 추가적인 현금흐름을 발생시킬 수 있다. 그뿐 아니라 리모델링은 빠른 거래가 이루어지는 데 큰 역할을 하기도 한다.

리모델링의 범위를 조금 더 넓혀보면, 원룸이나 상가주택, 업무용 건물 등을 입지 여건에 따라 다른 용도나 업종으로 전환하는 것도 가능하게 만든다. 예를 들어, 고시촌, 대학가 주변의 낡은 여관이나 사무실을 원룸 혹은 고시텔로 바꾸어서 임대하게 되면 수요가 증가하고 수익도 자연적으로 늘어날 것이다. 최근에는 신림동 '고시원'들이 리모델링을 통해서 '셰어하우스'로 탈바꿈 하고 있는 모습을 자주 볼 수 있는데, 고시생 수가 급감하고 삶의 질을 중요시하는 1인 가구가 늘어나는 추세에 따라 변화하는 수요에 민감하게 대응하는 것도 투자자에게 요구되는 중요한 요건이라고 할 수 있다.

고시원을 셰어하우스로 리모델링한 전과 후 [출처: 선랩건축사사무소]

 숨어 있는 부동산의 가치를 찾는 방법 중 하나인 리모델링은 폭넓은 영역에서 다양한 방식으로 활용되고 있다. 점차 경쟁이 치열해져 가는 경매시장에서 과도한 경쟁을 피하고 수익을 극대화하기 위하여, 리모델링은 소수만의 전유물도 선택 사항도 아닌 필수적인 요소가 되고 있다.

주택 리모델링의 과정과
놀라운 효과

지금은 부동산 투자나 리모델링에 대하여 이렇게 자신 있게 말할 수 있게 되었지만, 리모델링이라는 발상의 전환을 부동산 투자에 접목할 수 있는 계기를 마련해 준 것은 아내였다. 주택을 낙찰 받아 수리 및 인테리어 공사를 할 때는 아내의 도움을 꾸준히 받고 있는데, 이 영역에서만큼은 나보다 아내가 더 전문가라고 할 수 있을 것 같다. 다음은 반지하 빌라의 리모델링 전과 후 예시 사진인데, 비교하여 살펴보면 재미있고 신기할 것이다.

창문

화장실

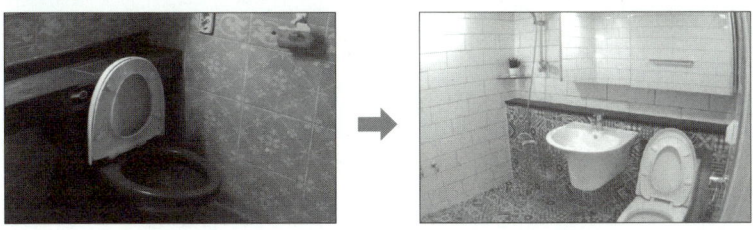

리모델링 전   리모델링 후

큰방

현관

리모델링 전   리모델링 후

　빌라는 아파트보다 선호도가 떨어지는데, 특히 반지하 빌라라면 거주용으로도 투자 목적으로도 사람들이 많이 꺼리게 된다. 그러나 그만큼 경쟁이 덜하기 때문에 싸게 낙찰 받을 가능성이 높아지고, 싸게 받은 만큼 리모델링에 더 많이 신경 쓸 수 있다. '아무리 수리해봤자 반지하가 별수 있나.'라는 생각이 들 수도 있지만, 실제로 별 기대 없이 내부에 들어서는 순간 아파트 모델하우스 같은 멋진 인테리어가 눈앞에 펼쳐진다면 반전의 매력에 더 이끌릴 수밖에 없다. 매도나 임대가 빠른 시간에 되기 때문에 공실을 걱정할 필요가 줄고, 신혼부부와 같은 우량 임차인을 만날 확률이 높다.
　여기서 한 가지 팁을 더 이야기하자면, 주거용 물건의 경우에는 주방과 화장실 인테리어에 좀 더 신경을 쓰면 효과가 좋다. 집을 사거나 세를 구할 때는 남성보다는 여성이 더 큰 영향력을 발휘하는 경우가 많은데, 여성들은 주방과 화장실이 편리하고 예쁘게 마련되어 있는 것을 매우 중요하게 여기기 때문이다. 다른 부분의 리모델링에 비해 비용을 가장 많이 차지하는 부분 중 하나이지만 들인 비용 이상의 결과를 기대할 수 있으므로 돈에 너무 겁내지 말고 신중하게 고려하여 진행하기 바란다.

부동산을 매입해서 가장 먼저 할 일은 결로나 누수와 같은 하자가 있는지를 살피는 것이다. 물론 이런 하자 부분은 매입 전에 파악할 수 있으면 좋겠지만, 일반 매매가 아닌 경매나 공매를 통한 경우라면 미리 알기가 쉽지 않다. 따라서 외관의 상태 확인이나 주변 탐문을 통하여 최대한 조사를 하되, 예기치 않은 상황이 발생할 수도 있음을 염두에 두고 낙찰을 받는다면 뒤늦게 후회하거나 손해를 보는 일은 없을 것이다.

주거용 부동산의 내부 리모델링은 많은 전문 지식이 없어도 큰 어려움 없이 공사할 수 있다. 하자를 확인하여 해결하는 것이 가장 중요하고, 물건의 상태에 따라 꼭 수리가 필요한 부분들을 정하고 일정을 계획하여 순서대로 진행한다. 물건과 상황에 따라 차이가 있겠지만 대체로 주거용 부동산 내부를 전체적으로 리모델링하는 과정은 다음과 같다.

📋 주거용 부동산 내부 리모델링 과정

물건 매입 또는 낙찰
→ 결로, 누수 등 하자 확인 및 해결
→ 싱크대, 화장실 등 철거 작업
→ 타일 작업 및 화장실 공사
→ 페인팅, 도배, 바닥재 교체
→ 싱크대 설치 및 조명 설치
→ 자잘한 액세서리 교체, 소품 비치
→ 임대 또는 매매

리모델링의 진행 방식은 크게 두 가지로 나뉜다. 공정 전체를 인테리어 업체에 한 번에 맡기는 방식과 본인이 직접 전체를 관리하고 감독하면서 각각의 공정별로 기술자를 섭외하여 공사를 진행하는 방식이다. 전자는 편한 대신 더 많은 비용이 들고, 후자는 비용을 절약할 수는 있으나 어느 정도의 지식과 시간적인 여유가 있어야 하므로 상황에 따라 적합하고 효율적인 방식을 이용하면 된다.

3
성공적인 투자를 위한 협상의 기술

　세계적인 협상가 허브 코헨은 저서 〈협상의 법칙〉에서 다음과 같은 말을 했다. 세상의 8할은 '협상'이라고. 다른 사람과 어떤 문제를 해결하기 위해 협의하거나 서로의 의견 조정을 위해 논의하는 협상은 비즈니스나 정치와 같은 특별한 무대에서만 그 빛을 발하는 것은 아니다. 사람과 사람이 부대끼고 살아가는 사회에서 협상이란 우리가 들이마셔야 하는 공기처럼 당연히 받아들여야 하는 것인지도 모른다. 직장에서 연봉을 협상하거나 차를 구매하기 위해 딜러와 가격을 조정하는 것부터 아내와 용돈을 협상하거나 외식 메뉴를 선정하는 일에 이르기까지 협상은 우리의 삶 곳곳에 녹아있다.

　경매 투자에서도 협상의 기술은 매우 중요하다. 낙찰 받은 후 점유자를 내보내는 명도의 과정에서, 리모델링 업체와 공사비를 협의하면서, 임대 혹은 매도를 하기 위해서 등 우리는 많은 협상의 과정을 거쳐야만 투자의 한 사이클을 마무리할 수 있다. 명도 과정에서 점유자와의 원만한 협의를 이끌어내지 못하여 많은 시간을 지체하고 마음을 다쳐 다시는 경매를 하지 않겠다며 떠나가는 사람들도 간혹 보게 되는데 안타까움과 함께 협상의 중요성을 다시 한 번 느끼게 된다. 말 한마디에 천 냥 빚도 갚는다는 말이 있듯이 협상을 얼마나 잘하느냐에 따라 투자의 성패가 갈리므로, 앞으로 성공적인 투자를 하기 위해서는 협상의 법칙과 기술에 대하여 꾸준히 관심을 가지고 체화하여 투자에 적극적으로 활용하기를 바란다.

협상이 필요한 이유

차를 바꾸기로 마음을 먹은 한 남자 A가 있다. 새 차를 사기에는 부담이 되어 중고차를 구매하기로 결정한 뒤, 중고차 시세에 대하여 조사하였고 1,000만 원이라는 예산을 가지고 물건을 찾기 시작했다. 그러던 어느 날, 한 중고차 시장에서 마음에 드는 차를 발견했다. A는 혹시라도 1,000만 원이 넘으면 어떻게든 말을 잘해서 가격을 1,000만 원에 맞춰야겠다는 생각을 하면서 가격을 물었다. 그런데 중고차 주인 B는 급하게 팔아야 한다면서 850만 원을 불렀다. A는 그 가격을 듣자마자 바로 현금을 입금하고 차를 구매했다. 여기까지 읽어보면 거래가 아주 잘 성사된 것으로 보인다. 서로 원하던 가격에, 가격 실랑이를 하지 않고 쉽게 거래가 되었기 때문이다.

그런데 A는 차를 싸게 잘 샀다는 만족감을 금세 잊어버렸고 싼 만큼 무슨 문제가 있는 차가 아닌지 고민하기 시작했다. 좋은 것을 그대로 받아들이지 못하고 반대로 의심하는 청개구리와 같은 심리가 A의 마음을 뒤흔들고 있었던 것이다. 마찬가지로 B도 거래가 모두 끝난 후에 불만족스러운 마음이 생겼다. 급하게 돈이 필요해서 조금 싸게 내놓기는 했지만, 상상대방이 조금의 흥정도 없이 바로 사버릴 줄은 예상하지 못했던 것이다. 시간이 지날수록 처음부터 좀 더 가격을 올려서 팔았으면 좋았을 거라며 후회가 되기 시작했다.

왜 A와 B 모두 거래가 성사된 후 불만족스러웠을까? 그것은 둘 사이의 거래에 협상의 과정이 없었기 때문이다. 만약 차 주인 B가 처음에 실제로 받고 싶은 가격보다 더 높은 1,100만 원을 제시했다면 결과는 어땠을까? 그랬다면 A는 자신이 생각하고 있던 금액인 1,000만 원으로 구입하기 위해서 협상을 시작할 것이다. B도 처음부터 흥정을 고려하여 제시한 금액이기 때문에 그 협상을 받아들여 1,000만 원에 최종적으로 거래가 성사될 것인데, 이러한 협상의 과정을 거쳐 이루어진 매매는 서로에게 만족감을 가져다준다. A는 비싼 차를 자기가 원하는 가격에 사서 기쁠 것이고, B 역시 가격을 할인하긴 했지만 원래 자기가 받고 싶었던 가격보다 높은 가격에 팔아서 만족할 것이다.

우리는 수많은 거래에 노출되어 있다. 거래를 통해 얻고 싶은 것은 단순히 물질적인 것만이 아니다. 사람들은 거래를 함으로써 무언가 이익을 얻었다는 '만족감'을 느끼고 싶어 한다. 서로가 의심 없이 만족감을 느끼기 위해서는 '협상'의 과정이 매우 중요하다. 우리는 부동산 투자를 하면서 맞닥뜨리게 될 많은 거래에서 상대방을 만족시키면서도 자신이 원하는 조건과 결과를 이끌어내야 한다. 그러기 위해서는 다음에 이어지는 협상의 법칙 몇 가지들이 도움이 될 것이다.

서로를 만족하게 하는
협상의 법칙

협상의 결과는 '서로가 만족하는 협상', '모두 불만족스러운 협상', 그리고 '어느 한 쪽만 만족하는 협상', 이렇게 세 가지로 나누어볼 수 있다. 이 중에서 가장 좋은 협상은 바로 서로가 만족하는 결과가 나오는 경우일 것이다.

협상에서 가장 우선하여 해야 할 일은 상대방이 제시하는 조건, 그 이면에 숨어있는 의도를 파악하는 것이다. 상대방이 진짜 원하는 것이 무엇인지를 알아야 협상을 하게 되었을 때 서로가 원하는 입장을 조율하여 최선의 결과를 이끌어낼 수 있기 때문이다. 상대방의 의도를 파악하기 위해서는 자신의 생각을 주장하기보다 상대방이 먼저 자신의 생각을 말하도록 '질문'으로 유도한다.

그리고 협상 과정에서 자주 쓰이는 방법 중 하나가 바로 '반반의 법칙'이다. 예를 들어, 시장에서 물건을 골라 가격을 물었을 때 상인이 1만 원이라고 대답한다면 8천 원을 제시해 본다. 그런데 상인이 그건 힘들다고 고개를 흔든다면, 다시 1만 원과 8천 원의 평균 금액인 9천 원을 이야기해서 거래를 성사시킨다. 이 방법은 협상에서 서로의 의견의 중간지점, 즉 접점을 찾기 위한 것으로, 천 원씩 서로 양보해서 모두 만족할 수 있는 가격에 거래를 마무리하는 결과를 가져온다. 여기에서도 중요한 것은 처음에 상대방에게 가격을 먼저 물어보고 그가 진짜 원하는, 만족할 수 있는 금액을 파악해야 한다는 것이다.

또 한 가지 도움이 되는 협상의 법칙은 '시간의 흐름을 이용해서 하나씩' 질문하거나 의견을 제시하는 방법이다. 쉽게 얘기해서 협상 카드를 절대 한 번에 내놓지 말라는 것이다. 일반적으로 사람들은 협상하기를 두려워하고 막상 시작했더라도 빨리 끝내버리려고 한다. 조급한 마음으로 협상할 사안들을 한 번에 쏟아내 버리고는 타이밍을 놓쳐 상대방에게 휘둘리다 협상에서 손해를 보게 되는 경우가 많은데, 이러한 조급한 마음과 성급한 태도는 협상에서 절대 금물이다. 처음에는 일단 한 가지 사안만을 제시하고 그에 대해서만 이야기한다면 상대방은 그 사안이 가장 중요한 것으로 여기게 되고 적극적으로 협상에 임하게 된다. 그렇게 한 가지 요구사항을 관철시키고 그런 다음 다른 사안을 끄집어내어 다시 협상하는 방식으로 하나씩 원하는 것들을 얻는다.

협상과 관련한 내용이나 정보들에 대해서는 상대방보다 더 많은 것을 알고 있어야 협상에서 우위를 점하는 데 도움이 된다. 여기에서 주의할 점은 상대방보다 더 많이 알고 유리한 위치에 있다고 하더라도 항상 예의를 지키고 존중하는 태도를 유지해야 한다는 것이다. 상대방을 만족시킬 때 진정으로 내가 원하는 것을 얻을 수 있다는 협상의 기본을 잊지 말기 바란다.

부동산 거래를
성공적으로 이끄는 협상

협상에 관한 서적들은 시중에 많이 나와 있으므로 그 책들을 통해 좀 더 깊은 내용을 찾아볼 수 있을 것이다. 하지만 필자는 위의 내용 정도만을 부동산 투자 과정에서 활용하고도 좋은 결과들을 얻을 수 있었으므로 협상에 대해 너무 큰 부담은 가질 필요가 없다고 말할 수 있다. 처음에는 어색하고 실수할 때도 있겠지만, 경험이 쌓이다보면 자연스럽게 협상을 주도하여 이끌고 있는 자신을 발견할 수 있을 것이다. 다음은 부동산 투자의 한 사이클 중 마지막 단계인 임대를 놓는 과정에서 협상의 법칙들을 잘 활용하여 원하는 수익을 얻을 수 있었던 사례이다.

공매로 주거용 부동산을 8,700만 원에 낙찰 받았는데, 물건이 있는 지역의 전세 시세가 8,000만 원으로 형성되어 있으며 전세 물량이 거의 없다는 것을 알게 되었다. 전세 물건이 없다는 것은 가격을 좀 더 높여도 수요자를 찾기 어렵지 않다는 의미이므로 실제로는 8,500만 원에 임대하기로 마음먹었고 9,000만 원에 전세를 내놓았다.

그다음 날 바로 임차하기를 원하는 사람의 연락을 받고 물건지에서 만났다. 그 사람은 예상대로 전세 시세가 8,000만 원이니 그 가격으로 조정해주면 안 되겠냐고 하소연하기 시작했다. 그리고 그는 나름대로 협상을 하기 위해서 물건의 상태를 평가 절하하는 방법을 추가로 구사하였다. 그 순간 내 전화 벨 소리가 울리기 시작했다. 항상 그렇듯 절묘한 타이밍이다!

"여보세요? 아~ 어제 집을 보고 가신 분들이군요. 계약하고 싶으시다구요? 어제도 말씀드렸지만 8,300만 원에는 전세 계약이 어렵습니다. 지금 다른 분이 집을 보고 계시는데요. 조금 이따가 다시 전화 드리겠습니다."

전화를 끊고 나서부터 상대방이 처한 입장은 이것저것 트집을 잡아서 임대료를 낮출 수 있는지를 따지는 상황이 아니라 오로지 계약을 할 수 있느냐, 없느냐는 상황으로 바뀌어 버렸다. 그리고 8,300만 원에는 계약할 수 없다는 말을 간접적으로 들었기 때문에, 그 금액 이상으로 임차보증금을 지불할 수밖에 없다고 생각했을 것이다. 이때 나는 '반반의 방식'을 사용해서 9,000만 원을 꼭 받고 싶지만, 사정을 고려해서 8,500만 원을 생각해 보겠다고 말했다. '경쟁'을 유발한 뒤에 전세금을 500만 원 내려서 부르니, 상대방도 고마워하면서 계약을 하겠다고 했다.

그때 나는 하나의 요구사항을 추가로 관철시켰다. 500만 원을 낮춰서 계약하는 대신, 도배와 바닥재 교체는 해줄 수 없다고 말했고 상대방도 받아들여 계약이 성사되었다. 결국, 나는 계획했던 보증금으로 계약함과 동시에 수리비 또한 아낄 수 있었다. 상대방 역시 500만 원이나 낮은 가격으로 협상했고, 또 운 좋게 다른 경쟁자를 제치고 계약했다는 사실에 매우 만족했을 것이다. 이처럼 부동산 거래를 할 때, 경쟁의식을 유발하면서 반반의 법칙과 시간의 흐름을 이용하여 하나씩 요구 조건을 제시하는 방식을 이용하여 서로가 만족하는 성공적인 협상을 이끌어낼 수 있었다.

Column

수익률 계산으로 현명한 투자를 하라

경매로 부동산을 낙찰 받아 임대수익을 올리는 재미에 물건을 하나씩 늘려가다 보면 아무리 소액 부동산이라고 하더라도 점점 투자금이 고갈되는 느낌이 드는 순간이 찾아올 수 있다. 적은 종잣돈을 손에 쥐고 시작한 월급쟁이라면 그 시기가 빨리 다가와 투자다운 투자를 하지도 못하고 투자를 포기해야 하나라는 생각이 들 수 있다. 성공적인 투자를 꾸준하게 이어나가기 위해서는 본인만의 '투자 기준'을 마련해야 한다. 이 투자의 기준은 투자금(투입)이 될 수도 있고, 수익(산출) 또는 수익률(투입 대비 산출)이 될 수도 있다. 투자금은 적게 들수록 좋고, 수익이나 수익률은 높을수록 유리하다는 것은 당연한 이치이다. 그러나 직면한 현실이 각자 다르고, 또 앞으로의 상황이 어떻게 변화될지 알 수 없기 때문에 어느 기준에 더 비중을 두고 투자할 것인가를 결정하는 일은 본인의 몫이다.

1. 투자금을 산정하는 방법

부동산 투자를 처음 시작할 때 가장 먼저 들었던 생각은 '얼마의 돈이 있어야 투자할 수 있을까?'라는 것이었다. 아무것도 모를 때는 여윳돈이 3천만 원이 있으면 내가 투자할 수 있는 금액 역시 3천만 원이 전부라고 한정하였다. 하지만 대출을 통한 레버리지 효과를 알게 된 이후부터는 생각이 달라졌다. 필자의 경우에는 당장 활용할 수 있는 여유자금과 월급에서 이용할 수 있는 금액을 역으로 계산해서 투자금을 예측하고 그 범위 내에서 물건을 찾아 안전하게 투자할 수 있었다.

예를 들어, 종잣돈 3천만 원과 월급에서 매월 30만 원씩 이용할 수 있다면 운용할 수 있는 투자금액은 얼마가 될까? 은행담보대출이율을 3.2%로 가정하고 30만 원을 은행이자로 하여 대출가능금액을 역산출하면 1억 1,250만 원(=30만×12÷0.032)이 된다. 그러면 초기 보유금 3천만 원에 1억 1,250만 원을 합한 1억 4,250만 원을 투자 가능한 금액으로 예상할 수 있다.

투자금 계산식
투자금 = 보유금액 + (월별 운용가능금액 × 12 ÷ 대출이율)

이처럼 투자금을 역으로 계산하여 보면 본인의 상황을 직시할 수 있으므로 여건에 맞는 효율적이고 안전한 투자를 할 수 있다. 그리고 보증금으로 투입된 자금 중 일부를 회수하여 위와 같이 투자금을 다시 계산하고 다른 부동산에 재투자하는 방식으로 투자를 이어나갈 수 있다.

2. 수익률 분석의 필요성과 계산 방법

투자는 어디까지나 수익을 내는 것이 목적이므로 투자금이 적게 들어간다고 해서 무턱대고 투자할 것이 아니라, 최대의 수익을 올릴 수 있도록 해야 한다. 투자금만이 투자의 기준이 되어서는 안 되는 것이다. 그렇다면 투자금과 수익에 따라 어떤 선택이 최선이 될 수 있는지 예를 들어 살펴보도록 하자.

여기 세 가지 투자 대상이 있다. 첫 번째는 3천만 원을 투자하여 월 현금 흐름 100만 원을 얻을 수 있고, 두 번째는 5천만 원을 투자해서 200만 원을, 마지막 물건으로는 1억 원을 투자하여 300만 원을 벌 수 있다. 절대적인 수익 그 자체만을 고려한다면 마지막 투자 물건(C)을 선택할 것이다. 그러나 만약 활용할 수 있는 최대 투자금이 5천만 원 미만이라면 선택의 여지없이 첫 번째 물건(A)에 투자할 수밖에 없을 것이다. 그러면 투자금의 제약이 크지 않은 상황에서 가장 효율적인 투자를 하려면 무엇을 선택해야 할까? 이때 필요한 것이 바로 투입 대비 산출, 투자금 대비 수익의 정도를 나타내는 '수익률'이 될 것이다.

투자 대상	A	B	C
실투자금	3천만 원	5천만 원	1억 원
순수익(월/년)	50만/600만 원	100만/1,200만 원	150만/1,800만 원
수익률(년)	20%	24%	18%

수익률 기본 계산식

$$수익률 = \frac{순수익(년)}{실투입자금} \times 100$$

낙찰 부동산 월세 수익률 계산식

$$수익률 = \frac{(월세 - 월\ 이자) \times 12}{낙찰금액 + 기타경비 - 대출금 - 보증금} \times 100$$

* 기타경비 = 취득세+법무비+수리비+명도비+중개비 등

세 가지 투자 대상에 대한 수익률을 계산해 보면 두 번째 물건(B)의 수익률이 가장 높다. 이것은 같은 돈을 투자했을 때 얻을 수 있는 수익이 가장 많다는 것을 뜻하므로 투자 대상을 선정하는 데 의미 있는 기준이 될 수 있다.

이와 같은 수익률 계산과 분석이 필수적으로 요구되는 부동산이 바로 상가인데, 투자 수익률은 상가의 가치를 평가하는 중요한 잣대가 된다. 매입하고자 하는 상가와 비슷한 조건을 가진 물건의 임대료 시세를 파악하고 수익률을 바탕으로 적정 임대료를 산정해 보는 것은 임대 수입을 주목적으로 하는 수익형 부동산 투자에 반드시 필요한 작업이다. 그리고 상가와 같은 수익형 부동산은 정해진 시세가 있다기보다는 수익률에 따라 매매 거래 가격이 결정되므로 매도할 때 더 큰 시세차익을 얻기 위해서도 중요한 기준이 된다.

3. 수익률의 함정을 조심하라

수익률 계산식에서 보면, 순수익이 많거나 실 투입자금이 적으면 수익률은 높아진다. 그런데 일반적으로 수익보다는 투입자금에서 변동성이 크게 나타나는데, 그 이유는 대출금과 보증금이 실투자금(=낙찰가+기타경비-대출금-보증금)에 영향을 미치는 비중이 크기 때문이다. 쉽게 말해서 대출과 보증금을 최대한으로 하면 실투자금은 0에 가까워지거나 마이너스가 될 수도 있다는 것인데, 투자금이 0에 가까워지면 수익률은 (무한대)로 갈 수밖에 없다. 그렇다면 수익도 무한대에 가까워질까? 물론 그렇지 않기 때문에 수익률의 함정을 조심해야 한다. 다음은 필자가 6,172만 원에 낙찰 받은 오피스텔을 80%와 90%의 대출을 받을 때를 가정하여 비교한 수익률 계산표이다.

대출에 따른 수익률 비교

	대출 80%	대출 90%
시세	8,500	8,500
낙찰가	6,172	6,172
보증금	500	500
월세	45	45
취득세+법무비+도배	260+110+30	260+110+30
대출	4,937	5,554
실투자금	1,135	518
월 이자	14	15
순수익(월/년)	31/372	30/360
수익률	32.8%	69.5%

(단위: 만 원)

극단적인 예를 들지 않고 우리가 일반적으로 받을 수 있는 대출 한도를 가지고 비교하더라도 수익률은 크게 차이가 난다는 것을 알 수 있다. 수익률은 거의 두 배 가까이 늘어났지만, 실제 순수익은 오히려 감소하였는데, 대출금이 늘어나면 받을 수 있는 월세가 조금 줄어들 수 있다는 점까지 고려한다면 수익은 더 줄어들 것이다. 대출이라는 레버리지 효과를 이용하여 500만 원의 투자금을 더 회수할 수는 있지만, 현금흐름을 조금이라도 더 늘리는 데 목적이 있다면 수익률 자체에 혹해서는 안 될 것이다.

'하이 리스크 = 하이 리턴' 공식과 같이 수익률을 높이기 위해 대출금액을 과도하게 늘리면 금리 상승에 따른 위험부담이 더 커질 수 있다. 특히나 수익형 부동산의 분양업체에서는 이러한 수익률의 마술을 교묘하게 이용하여 홍보하는 경우가 많으므로 수익률에 눈이 가려 다른 중요한 부분들을 놓치지 않도록 주의해야 한다.

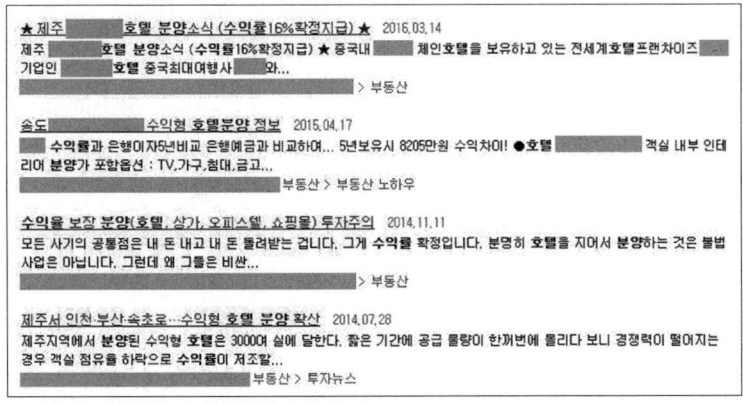

수익률로 홍보하는 분양 호텔

투자금, 수익, 그리고 수익률 분석이 투자의 기준을 정하는 데 있어서 중요하다는 것은 반론할 수 없다. 단지 한 가지 기준에 치우쳐 더 나은 선택의 기회를 놓쳐서는 안 된다는 것을 말하고 싶다. 종잣돈이 부족해서 투자의 문턱이 너무 높게 여겨지는 경우라면 대출금과 보증금의 레버리지를 최대한 활용하여 수익률이 높은 투자를 통해 현금흐름과 종잣돈을 불려가면 된다. 요즘과 같은 저금리 시대에는 유효한 투자 방법이 될 수 있다. 그리고 어느 정도 투자금의 제한에서 자유로워진다면 수익률보다는 순수익을 더 많이 거둬들일 수 있는 방식으로 투자 방향을 바꿀 수도 있다.

부동산 투자에서 무엇보다 중요한 것은 가치 있는 물건을 싼 가격에 매입하는 것이다. 가치가 있거나 아니면 가치를 끌어올릴 수 있는 물건이라면 월세나 시세차익과 같은 수익을 더 많이 얻을 수 있고, 싸게 산다면 그만큼 투자금이 적게 드는 것은 당연하다. 수익률 계산식에서 분자는 크게, 분모는 작게 만들어서 수익률을 높일 수 있는 방법은 대출만이 전부가 아니다. 대출과 같이 수익률을 크게 변화시킬 수 있는 것은 아니지만 단순한 숫자놀음이 아닌 진정한 수익률을 높일 수 있는 방법이 무엇인지에 대한 고민이 필요하다.

> 💬 정말 궁금해요!

Q4 〉〉〉 왕초보가 경매 고수가 되는 노하우를 가르쳐 주세요!

멋진 인생님! 안녕하세요. 저는 이제 막 경매를 시작한 왕초보입니다. 갈 길이 멀다는 것을 알지만, 멋진 인생님처럼 빨리 경매를 잘하고 싶고, 부자도 되고 싶습니다. 어떻게 하면 멋진 인생님과 같은 경매 고수가 될 수 있을까요? 성공한 분의 조언을 통해 시행착오를 줄여 좀 더 빨리 고수가 되고 싶은 마음에 이렇게 실례를 무릅쓰고 질문을 드립니다.

A4 〉〉〉

안녕하세요. 이제 경매 투자를 시작하시는 단계군요. 저 역시 경매를 처음 시작했던 초보의 단계를 거쳐 지금 이 자리에 있습니다. 투자 초기에는 많이 막막했지만 여러 시행착오를 거치며 정말 많이 노력했습니다.

저도 질문하신 분과 마찬가지로 빨리 경매 고수가 되어서 부자도 되고 다른 사람을 도와줄 수 있는 사람이 되고 싶었습니다. 하지만 단순히 '되고 싶다.'라고만 생각하지 않았습니다. '고수가 되고 싶기는 한데, 경매 투자의 영역에서 어떤 사람이 진정한 고수일까?'라는 의문을 함께 가졌습니다. 그리고 이 의문에 대한 수많은 고민 끝에 나름대로 해답을 얻을 수 있었습니다.

대부분의 경매 책에서 그려지는 고수들은 권리 분석상 문제가 있는 물건들을 아무 두려움 없이 해결하고 그런 해결 과정과 방법들을 당당하게 남들에게 보여줍니다. 하지만 그런 당당한 모습 뒤로 정작 투자에서 제일 중요한 수익에 대해서는 살며시 감춰진 책들이 많이 있습니다. 질문하신 분은 어떤 생각이 드시나요? 권리관계가 복잡하고 어려운 물건들을 찾아서 처리하는 사람들이 고수일까요?

　제 생각은 조금 다릅니다. 어려운 물건, 쉬운 물건을 떠나 결국에는 수익을 잘 내는 사람이 진정한 고수라고 생각합니다. 어차피 같은 결과를 낸다면 굳이 어렵고 험한 길을 택할 필요가 있을까요? 어렵지 않고 안전한 물건에서도 진정한 가치를 알아보고 수익의 가능성이 있는 물건을 찾을 수 있고, 실제로 그런 물건들을 통해서 수익을 내는 사람이 바로 고수입니다.

　그리고 고수는 결과를 만들기 위한 과정 곳곳에서 얻어지는 경험과 지식, 그리고 성취감을 중요시합니다. 초보들은 고수들이 내는 수익 그 자체에만 관심을 가지고 부러워할 것이 아니라, 그 수익을 얻기 위해 어떠한 과정을 거쳤는지 의문을 갖고 고민해 보고 자신의 상황에 맞게 고수들의 투자 방법들을 적용하거나 응용하면서 실제 투자로 경험을 쌓아나가야 합니다. 고수들의 노하우를 자신의 것으로 체화하는 과정이 쌓이다 보면 어느 순간 고수가, 부자가 되어 있는 자신을 발견하게 되실 거라고 믿습니다.

　지치지 말고, 그리고 포기하지 말고 꾸준히 나아가시기 바랍니다. 파이팅입니다!

Chapter 4

부동산 투자에
사업 접목하기

1
한 달에 월세 1,000만 원 받는 고시텔 사장이 되다

'12월 24일'은 나에게 특별한 의미가 있는 날짜이다. 과거의 유난히도 추웠던 겨울, 고시원에 들어간 첫날을 아직도 잊을 수가 없다. 그곳은 아무것도 가진 것이 없었던 내가 그나마 독립된 생활을 할 수 있는 유일한 공간이었다. 겨우 2평 남짓한, 10만 원짜리 그 방은 나에게는 정말 큰 의미가 있었다. 이유는 그 전까지 다섯 식구가 방 두 칸짜리 월세방에서 생활했었기 때문이었다. 부모님이 계시는 방을 제외한 하나의 방에서 삼 형제가 함께 생활해야만 했는데, 어릴 때는 그나마 지낼 만 했지만 성인이 되어 몸집이 커갈수록 서로가 힘들었다. 그래서 장남인 내가 먼저 독립하게 되었고 여건상 어쩔 수 없이 고시원을 선택할 수밖에 없었다. 하지만 고시원에 들어간 첫날은 정말 행복했다. 아마 처음으로 나 혼자만의 공간이 생겼다는 것에 대한 기쁨이 가장 컸을 것이다.

그러나 그 기쁨은 밤마다 제대로 잠을 잘 수 없는 고통을 겪게 되면서부터 점차 사라졌다. 고시원에 들어오기 전에도 동생들과 한방에서 생활했었기 때문에 코골이 등 웬만한 소음에 익숙했지만, 고시원에서의 소음은 거의 살인적이었다. 그리고 제대로 관리가 안 되고 있는 화장실을 함께 쓰다 보니, 가끔 방으로 악취가 흘러들어오기도 했다. 그렇게 절대로 익숙해지지 않을 것만 같았던 두 평짜리 고시원 생활은 내 생활의 일부분이 되어가고 있었는데, 그런 나를 더욱더 슬프게 만든 것은 내가 이 생활을 평생 해야 할지도 모른다는 불안감이었다. 그만큼 고달픈 현실에서 벗어날 수 있을 거라는 희망을 품기 힘든 시기였다.

하지만 인생을 쉽게 포기하기에는 아직 젊었고 하고 싶은 것도 많았다. 가장 먼저 이루고 싶은 목표는 바로 고시원에서 벗어나는 것이었다. 그곳을 탈출하기 위해서는 일단, 내 삶에 대해서 직시해야만 했고 왜 이런 생활을 할 수밖에 없나를 진지하게 고민하고 해결 방법을 하나씩 모색해 나아가야만 했다. 그런 노력들은 나를 조금씩 변화하게 하였고, 스스로가 변하는 만큼 나의 인생도 달라져가는 것을 느낄 수 있었다.

처음에는 소박하게 고시원에서 벗어나는 생활을 꿈꾸었지만, 시간이 지날수록 나의 바람은 점점 커져갔고 지금의 나를 있게 한 새로운 꿈을 그리게 되었다. 초라한 고시원생이었던 내가 가슴 한편에 묻어 둔 꿈은 바로 언젠가는 고시원을 운영하는 사장이 되겠다는 것이었다. 힘들고 고달픈 삶을 살아가는 20대였던 당시의 나를 본다면 너무 허무맹랑한 바람이 아니냐고 말할 수도 있었겠지만, 나는 나의 꿈에 당당했고 그만큼 노력해왔다. 그리고 십수 년이 흐른 지금, 그 꿈을 이루었다.

초라한 고시원생에서
고시텔 사장으로

안정적인 직장 생활을 시작하고 단란한 가정을 꾸리며 지금까지 열심히 살아왔지만, 직장 생활만으로 고시원 사장이 되기는 쉽지 않았고 그 꿈은 조금씩 잊혀져가고 있었다. 그런데 월세라는 현금흐름을 만들기 위해 시작했던 경매 투자는 그동안 잊어버리고 살았던 꿈을 다시 일깨워 주었다. 비록 초라한 고시원생이나 직장인이기만 했을 때는 멀게 느껴지는 꿈이었지만, 경매를 통해서 다시 떠올리게 된 그 꿈은 분명 실현 가능한 것이었다. 그래서 상가에 대해 꾸준히 공부하고 고시원 물건이 나오면 열심히 조사하며 조금씩 그 꿈에 다가가고 있었다.

그러던 어느 날, 거주지에서 멀지 않은 서산이라는 곳에서 고시텔이 경매로 진행되는 것을 검색하게 되었다. 고시텔은 고시원보다 조금 고급화된 것으로 개인 취사는 불가능하지만 화장실을 독립해서 쓸 수 있는 구조 정도로 알고 있으면 된다. 고시원, 고시텔, 원룸텔 등을 구분하는 것은 큰 의미가 없다.

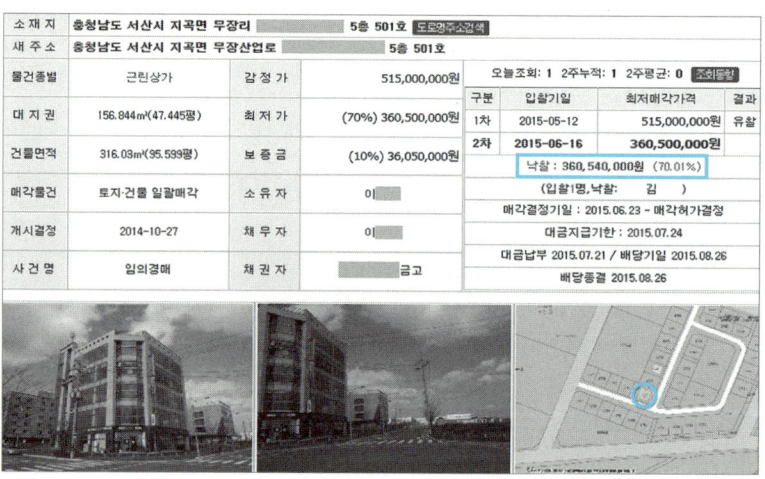

사진	건물등기	감정평가서	현황조사서	매각물건명세서	부동산표시목록	기일내역
문건송달내역	사건내역	전자지도	전자지적도	로드뷰	온나라지도+	

▶ 매각물건현황(감정원 : 대전감정평가 / 가격시점 : 2014.11.10 / 보존등기일 : 2013.08.14)

목록	구분	사용승인	면적	이용상태	감정가격	기타
건물	5층중 5층	13.07.26	316.03㎡ (95.6평)	고시원(29개호실)	381,100,000원	*전기판넬 난방
토지	대지권		753.4㎡ 중 156.8439㎡		133,900,000원	

고시텔이 위치한 서산은 거주지나 직장과 가까운 곳이어서 지역적으로 어떻게 변해가고 있는지에 대해 잘 알고 있었다. 10년 전부터 우리나라는 중국과 인도 등으로 수출을 하기 위해 서해안 주변 지역에 개발과 투자를 많이 해왔는데, 서산 또한 그 투자 대상지 중 한 곳이었다. 고시텔이 있는 곳은 오토밸리라는 산업단지 내에 있었고 입지가 굉장히 마음에 들었다. 산업단지 안에 있기 때문에 주변의 직장인들을 상대로 고시텔을 운영한다면 수요가 탄탄하게 뒷받침되어 공실을 걱정하지 않아도 될 것이라는 성공의 확신이 들었다.

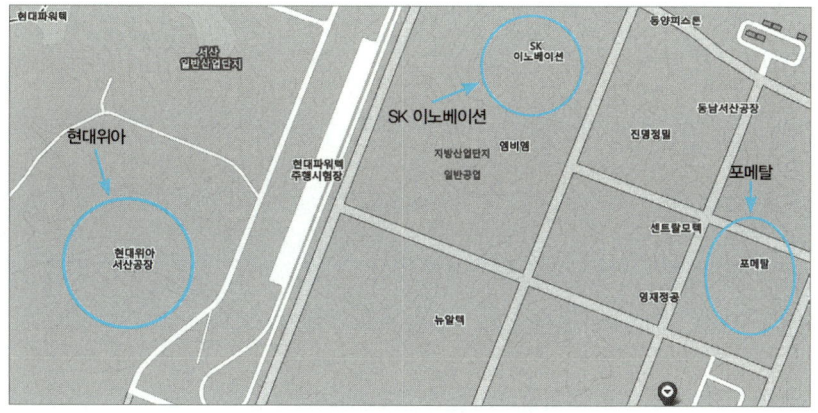

산업단지 내에 자리 잡은 고시텔

지도에 표시되어 있는 고시텔 주위에 SK이노베이션 등이 입주해 있고 지금도 기업들이 꾸준히 들어오는 중이다. 산업단지는 물류회사 차들의 이동 때문에 고속도로 인터체인지와 가까운 곳에 있어야 한다. 2017년까지 4차선 도로가 준공될 예정인데, 도로가 뚫리게 되면 서산 IC에서 산업단지까지 차로 운행하는 시간이 매우 단축된다. 그렇게 되면 더 많은 기업들이 산업단지로 입주하게 될 것이고, 고시텔 주변은 더욱더 발전할 것이라 예상했다.

또 다른 위치적인 호재는 서산 지역의 고시원은 서산 시내에 밖에 없었기 때문에 산업단지에서 가까운 고시원은 이곳이 유일하다는 것이었다. 게다가 산업단지 내에는 주거용 단지가 두 군데 있는데, 한 곳은 더 이상 건물이 올라가기 어려울 정도로 개발되었고 나머지 한 곳도 개발 중이었다. 따라서 주위에 더 이상 고시원을 지을 수 있는 공간이 없다는 것도 큰 장점이었다.

이 물건은 앞에서 살펴본 바와 같이 입지적으로 아주 좋은 조건을 가지고 있었지만, 단독으로 낙찰 받을 것이라는 확신을 가지고 입찰했다. 그 첫 번째 이유는, '인터넷 임장과 현장 임장으로 본 모습에 차이'가 있었다는 점이다. 물건을 검색하면서 관심이 생기는 물건이 있으면 일단 현장에 가기 전에 먼저 인터넷을 통해 조사하게 된다. 온라인 임장을 할 때 법원 사진이나 정보지의 사진 이외에 실제 물건지 주변의 느낌을 살피기 위해 사람들이 가장 많이 이용하는 것이 바로 '로드뷰'인데, 다음 사진은 당시 로드뷰로 보였던 이미지이다.

고시텔 상가 건물만 보이고 주변이 휑한 로드뷰 이미지

　이 사진을 보고 드는 생각은 무엇인가? 2013년 후반에 촬영된 로드뷰 이미지로는 고시텔이 있는 해당 건물밖에 볼 수 없었는데, 글을 쓰는 이 시점까지도 업데이트되지 않은 상태이다. 주변이 허허벌판으로 보이는 곳에 존재하는 고시텔을 보면서 더이상 관심물건에 담아두지 않은 사람들이 많을 것이다. 그러나 필자는 물건지와 멀지 않은 곳에서 거주했기 때문에 이 산업단지가 어떻게 변해가고 있는지를 알고 있었다. 그래서 로드뷰 이미지에 오판하지 않고 오히려 이를 기회라고 생각하며 현장에 직접 찾아가 실제 모습을 확인하였고, 앞으로의 발전 가능성에 확신을 가지게 되었다.
　다음 사진이 바로 현장을 방문했을 때의 물건지 주변 모습이다. 확연하게 다르지 않은가! 이처럼 인터넷 임장도 중요하고 일차적인 부분이기는 하지만 조금이라도 의심쩍은 부분이 있다면 더 부지런하게 움직여 반드시 현장을 확인하는 습관을 들여야 한다. 이러한 노력을 통해 남들이 쉽게 놓칠 수 있는 부분을 포착하여 수익을 얻을 수 있다는 것을 잊지 말기

현장 방문으로 확인한 고시텔 주변의 실제 모습

를 바란다.

단독 낙찰을 확신했던 두 번째 이유는 '최저금액의 함정' 때문이다. 주거용이나 참고 자료가 많은 쉬운 물건들은 한 번 유찰된 뒤, 그리고 자료가 부족하고 조금 어려운 물건들은 두 번 유찰되었을 때 현장조사를 시작하는 경우가 많다. 이 물건은 분석할 자료가 많지 않은 물건이었기 때문에 한 번 보고 넘겼을 확률이 컸고, 관심을 가지는 경우에도 2차 유찰 이후에 현장조사를 할 가능성이 크다고 생각했다. 많은 사람들이 현장조사를 하게 되면 오히려 1차에 유찰된 가격보다 높은 가격으로 낙찰될 수 있으므로 경쟁자들이 몰리기 전에 1차로 유찰된 후 최저가에서 4만 원만 더 올려서 단독 낙찰을 받았다.

그리고 감정가의 70%로 단독 낙찰을 받을 수 있었던 세 번째 이유는 '감정평가서의 함정' 때문이다. 많은 사람들이 감정평가서를 일단 신뢰하고 자세히 읽지 않는데, 필자는 감정평가서도 제대로 감정되어 있지 않을 수 있다는 가능성을 열어두고 아주 꼼꼼하게 읽는 편이다. 특히 이 물건의 경우에는 산업단지 내에서 유일한 상업용 건물로 비교 가능한 대상이 없었고 시세가 정해져 있지 않았기 때문에 감정을 하기에 까다로운 물건이었다. 그래서 다른 때보다 더 자세히 감정평가서를 분석하였는데 아주 재미있는 부분을 발견했다.

구분	단지외부요인	단지내부요인	호별요인	기타요인	합계
대상/사례 (기호 1)	1.0	1.0	1.35	1.0	1.350
	대상은 사례 대비 호별요인이 우세함.				

6. 비준가격

기호	거래(감정평가) 사례(원)	사정 보정	시점 수정	가치형성 요인비교	면적비교 (㎡)	시산가격	비준가격 (원)
1	396,000,000	1	1.00046	1.350	316.03/327.94	515,421,586	515,000,000

고시텔 건축비가 반영되지 않아 저평가된 감정가

고시텔이 있는 5층을 감정할 때 단지 호별요인만 적용하여 다른 층 물건의 감정가격에 1.35를 곱해서 평가했다. 그런데 고시텔에 대하여 많이 조사했다면 고시텔 건축비를 알고 있을 것이다. 최근에는 소방법이 강화되어서 기준에 맞게 고시텔 공사를 하는데 평당 250~300만 원 정도가 소요된다. 약 100평인 해당 물건을 고시텔로 공사하려면 2억 5천만 원에서 3억 원 정도의 비용이 든다는 것을 계산할 수 있다. 감정가가 실제 가치보다 낮게 평가된 데다가 그 감정가의 70%에 낙찰을 받았으니 얼마나 싼 가격에 고시텔을 소유하게 되었는지 가늠이 될 것이다.

  경매 시장이 과열되면서 좋은 물건을 싸게 낙찰 받기는 힘들다는 이야기들을 많이 한다. 하지만 기본에 충실하되, 다른 사람들과는 조금 다르게 생각하고, 조금 다르게 움직인다면 좋은 물건을 싼 가격에 살 수 있는 기회는 얼마든지 많이 있다. 경매를 하다 보면 가장 가까운 곳, 자신이 가장 잘 아는 곳부터 공략하라는 말들을 자주 듣는다. 필자 역시도 그러한 이점을 잘 살려서 현장 조사를 했고, 감정평가서를 꼼꼼하게 읽으며 다른 사람들이 놓칠 수 있는 부분들을 기회로 삼았다. 그 결과 내 월급 두 배 이상의 현금흐름을 만들었고 10년 치 연봉에 가까운 매매차익을 예상하고 있다.

멋진 인생의 투자 보고서 (서산 고시텔)

감정가	51,500	시세	100,000
낙찰가	36,054	월세	960
매입경비	4,600	대출이자	약 95
대출	30,650	순수익	9,180(12개월)
운영비	100	매도차익(예상)	약 59,000
물건의 특징	• 물건의 위치는 좋았고, 산업단지 내라서 월세 수요가 풍부함 • 이전 건물주가 너무 빨리 상가를 짓고 분양했음 그로인해 분양이 안 되었고 건물 전체가 경매로 진행됨 • 근처 30km 반경에 고시원이 없어서 경쟁력이 있음 • 원룸은 많이 짓지만, 고시원은 더 이상 지을 곳이 없음 • 집에서 차로 20분 거리라서 관리하기가 수월함 • 직장인들이 주로 입실하므로 관리가 편함		
물건의 리스크	• 사업이므로 세금 부분에서 조금 복잡함 • 상가라 취득세가 4.6% 적용됨		
교훈	• 고시원은 무조건 월세 수요가 많은 곳에 위치해야 한다. • 주변에 원룸이 있지만, 고시원 수요와는 다르다. • 직장인들은 학생들보다 관리하는 것이 더 수월하다. • 집과 가까운 곳의 고시원은 충분히 관리가 가능하다.		

(단위: 만 원)

〈취득세〉 4.6% 〈대출〉 3.75% (단위수협)
〈매입경비〉 = 취득세 + 가구 및 가전제품
〈운영비〉 = 전기 + 수도 + 인터넷 비용
〈순수익〉 = (월세 − 대출이자 − 운영비) × 12
〈매도차익(예상)〉 = 시세 − (낙찰가 + 매입경비)

🗝 Tip
고시텔 입찰 시 주의할 점

고시원(고시텔)은 일반 주거용 부동산보다 훨씬 더 큰 수익을 낼 수도 있지만 그만큼 리스크도 크다고 봐야 한다. 주거용 부동산과는 달리 사업의 허가나 운영 등 주의해야 할 부분들이 많으므로 여러 방면으로 준비해야 하고 매우 꼼꼼하게 체크해야 한다. 모든 부동산 투자에서 기본적으로 확인해야 하는 사항인 '수요와 입지' 분석은 고시원의 수익성을 판단하는 중요한 기준이고, 고시원의 경우에는 특별히 '소방시설', '용도 변경', '불법건축물 여부' 등을 반드시 추가로 살펴보아야 한다.

1. 수요와 입지

수요는 어떤 부동산이라도 우선적으로 따져보아야 하는 조건이다. 일반 주거용 부동산도 수요가 임대가나 매매가에 큰 영향을 미치지만, 단기 거주로 계속해서 입실자가 바뀌는 고시원의 경우에는 수요가 영업 수익과 직결되므로 가장 중요하게 고려해야 할 요소 중 하나이다. 수요를 조사할 때 주로 학생이나 직장인의 수요가 많은 곳이 좋은데, 그중에서도 직장인들의 수요가 많은 곳이 고시원의 영업에 유리하다. 학생들은 방학이 있기 때문에 거주 기간이 더 짧은 편이며 불편 사항에 대한 불만을 표시하는 빈도가 더 높은 편이다. 반면 직장인의 경우에는 거주 기간이 상대적으로 더 길고, 작은 불편 사항들은 본인이 해결하는 편이며, 학생에 비해 월세가 밀리는 경우가 더 적다.

수요는 입지에 따라 달라진다. 수도권이라면 지하철역, 그것도 환승역이 가까운 곳에 위치하는 것이 좋은데, 특히 2호선 라인은 직장인과 학생이 많이 이용하기 때문에 고시원을 운영하기에 적합하다. 그리고 주의해야 할 점은 물건 주변에 경쟁이 될 만한 고시원이 얼마나 많은지 확인해야 한다는 것이다. 고시원뿐 아니라 원룸이나 오피스텔 역시 고시원의 수요에 영향을 미치는데, 보증금을 받지 않는 원룸과 오피스텔은 고시원보다 선호되기 때문에 수요가 이동할 가능성이 있으므로 주의해야 한다. 이처럼 부동산의 종류에 따라 수요층이 다르고 적합한 입지 역시 차이가 있으므로 해당 물건에 최적화된 입지가 어디인지를 항상 관심을 가지고 지켜보아야 할 것이다.

2. 소방시설 확인

고시원을 운영하기 위해서 세무서에 사업자 등록을 하려면 반드시 소방완비증이 있어야 한다. 여러 사람이 함께 숙식하는 고시원의 경우에는 화재에 매우 민감하므로 소방완비증을 발급받기 쉽지 않은 경우도 많다. 일단 쿨러가 설치되어 있고, 2010년 이후에 발급받은 소방완비증명서에 '쿨러 적합'이라는 내용이 있으면 완비증을 재발급받는데 문제가 없다. 그런데 2010년 이전에 발급받은 완비증명서이고 쿨러가 설치되어 있지 않다면, 쿨러만 설치하고 완비증을 재발급받을 수도 있고, 다른 소방 설비도 갖추어야 하는 경우도 있다. 이러한 부분을 정확하게 확인하기 위해서는 가능하다면 입찰 전에 소방업체를 불러 완비증 재발급이 되는지 점검을 받는 것이 가장 안전하다.

'쿨러 적합'으로 완비증 재발급 가능

3. 용도 변경

2010년 이전에 건축한 고시원은 건축물대장상에 고시원으로 용도가 되어있지 않아도 사업자를 못 내거나 소방완비를 못 받는 경우는 드물다. 하지만 2010년 허가제로 바뀐 이후의 신설 고시원은 사전에 용도를 고시원으로 변경해야 한다. 그러므로 2010년 이후 신설된 고시원에 입찰할 때에는 건축물대상상에 무엇으로 표기되어 있는지를 살펴보고, 만약 고시원이 아닌 근린생활시설로 표기되어 있다면 고시원으로 용도 변경이 가능한지 먼저 확인해야 한다. 만약 용도 변경이 되는 조건에 부합되지 않는다면 소방완비증을 받을 수 없고 결국 사업자 등록도 할 수 없게 된다.

4. 불법건축물 여부

고시원은 화장실과 샤워시설은 각방에 설치할 수 있지만, 원룸과는 달리 취사시설은 금지되어 있다. 주차공간이 확보되지 않아서 외부적으로는 고시원이나 고시텔로 광고하지만 불법으로 방마다 취사시설을 구비해 놓고 원룸과 같은 수준의 보증금과 월세를 받는 경우가 있는데, 이런 물건은 낙찰 받은 후 소방완비증을 재발급 받을 때 문제가 될 소지가 있다. 취사시설을 모두 철거해야만 하는 상황이 될 수도 있으므로 확실하게 알아보고 입찰해야 한다.

이러한 주의사항들을 덧붙인 것은, 고시원뿐 아니라 사업을 영위하는 부동산의 경우에는 물건마다 '법적으로 갖추어야 할 조건들'이 제각각 달라서 관련 사항들을 반드시 개별적으로 조사해야 하기 때문에 고시원을 하나의 사례로 설명한 것이다.

고시텔 광고의 노하우

산업단지 내에 위치하였고 주변에 원룸은 있지만 고시텔은 없었기 때문에 수요가 탄탄하게 뒷받침될 것이라는 확신을 가지고 낙찰을 받았지만, 처음에는 공실이었고 사람들에게 잘 알려지지 않은 상태였다. 특히 해당 상가건물은 밖에서 보았을 때 고시텔의 존재가 눈에 띄지 않았기 때문에 광고가 급선무였는데, 사업이나 영업과 관련된 일에는 경험이 없었으므로 고시텔에 고객을 유치하기 위해서 무엇을 해야 할 것인지 많이 막막했다. 그때까지 투자해 왔던 다른 부동산 물건처럼 공인중개사무소에 중개를 의뢰하기에는 6개월 이하의 단기 손님들이 많은 고시텔의 특성상 중개 수수료가 너무 부담스러웠다.

 고시텔을 광고하고 운영하기 위한 방법을 알기 위해 고시원 관련 카페에 가입하여 정보를 찾기도 하고, 잘 운영되고 있는 고시원 몇 곳을 직접 방문해서 원장님들과 이야기도 나누었다. 그런 노력 끝에 고시텔을 효과적으로 광고하는 노하우들을 배우게 되었고, 즉시 그 방법들을 활용해 열심히 발로 뛰며 낙찰 받은 고시텔을 광고하기 시작했다. 그리고 얼마 지나지 않아 고시텔의 모든 방이 꽉 찼고 현재도 만실로 운영되고 있다.

 직접 운영을 해 보니, 광고를 통해 고객을 유치하는 것만큼 한 번 입실한 고객이 쉽게 떠나지 않도록 고시텔을 잘 관리하고 운영하는 것 또한 중요하다는 것을 느끼고 있다. 단순한 부동산 투자가 아니라 사업과 접목하여 새로운 수익을 창출시키는 고시텔 운영을 통해 사업이란 어떠한 것인지, 사업체를 홍보하고 운영하는 효과적인 방법은 무엇인지 많은 것을 배우게 되었다. 여기에서는 다른 부동산 투자에도 유효하게 이용될 수 있는 고시텔의 광고 노하우를 온라인과 오프라인으로 나누어 몇 가지 설명하려고 한다. 사실 주거용 부동산이나 일반 상가와 같은 물건들에는 소개하는 모든 방법을 다 적용할 필요가 없다. 상황에 맞게 한두 가지만 잘 활용하여도 물건을 쉽게 임대 혹은 매도할 수 있을 것이다.

1. 온라인 광고 방법

고시텔 광고의 기본은 '홈페이지'를 통한 홍보이다. 스마트폰이 대중화된 요즘에는 집을 구할 때, 컴퓨터에 앉아서 찾기보다는 이동하는 동안에도 편하게 검색할 수 있는 스마트폰을 더 많이 이용한다. 웹용 홈페이지를 스마트폰에서 열면 화면이 제대로 구현되지 않으므로 컴퓨터와 모바일 홈페이지를 함께 제작하는 곳에 의뢰했다. 같은 홈페이지 주소를 등록해도 컴퓨터로 접속하면 컴퓨터 홈페이지로, 스마트폰으로 접속하면 모바일 홈페이지로 이동하게 만들어 이용에 편의성을 높였다.

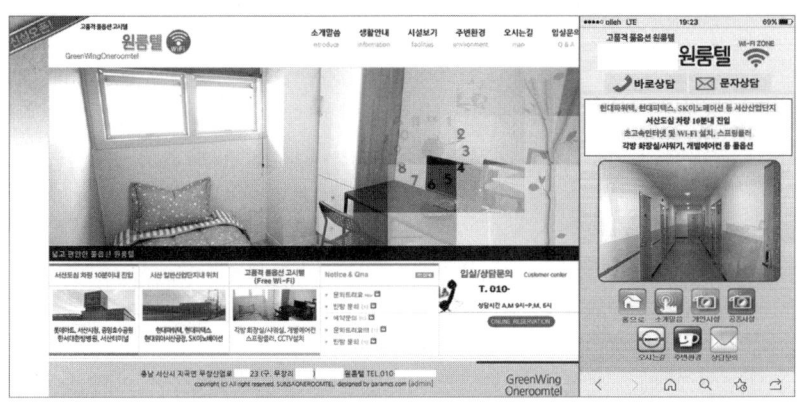

컴퓨터 홈페이지와 모바일 홈페이지를 함께 제작

홈페이지를 제작했으면 고객들이 검색하여 방문할 수 있는 통로를 만들어야 한다. 검색을 통한 광고효과를 최대한 낼 수 있는 포털사이트는 네이버이다. '네이버를 통해 홈페이지를 노출'하는 여러 방법 중 가장 효과가 좋은 것은 '클릭초이스(파워링크) 〉 위치검색시스템 〉 블로그 〉 지식in'

의 순서였다. '클릭초이스'는 링크를 한 번 클릭할 때마다 70원에서 1,000원 이상까지 결제되는 시스템이라 수수료가 부담되지만, 효과는 매우 좋았다. '위치검색시스템'은 무료이므로 처음에는 눈에 띄는 위치에 노출되기 어렵지만, 검색을 많이 할수록 상위에 노출된다. 고시텔에 입실하여 만족한 고객들이 시스템에 좋은 평가를 많이 해준 덕분에 현재는 상위에서 검색된다. '블로그'도 홈페이지와 함께 꾸준히 관리하고 있는데 고시텔 운영자와 입실 고객들이 커뮤니티를 형성하여 여러 정보를 공유하고 생생한 경험담을 전할 수 있어 홍보에 효과적으로 활용된다.

네이버를 통해 홈페이지를 노출하는 광고 방법

파워링크

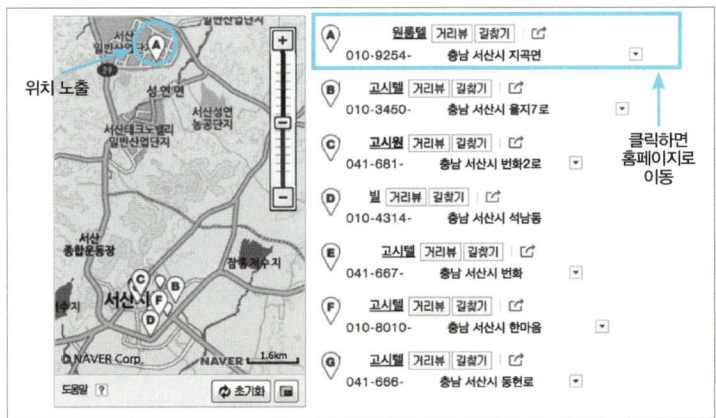

위치검색시스템

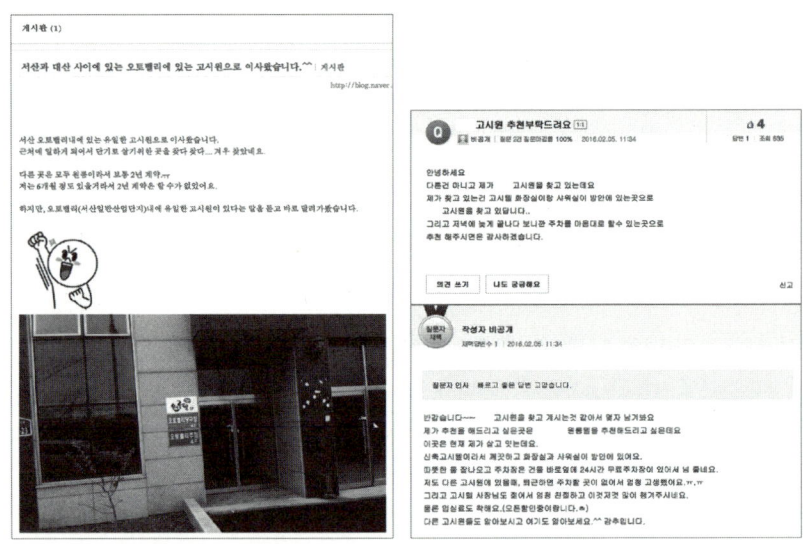

고시텔 블로그의 게시글   지식인을 통한 고시텔 홍보

'피터팬의 좋은 방 구하기'와 '레몬테라스'는 중개를 통하지 않고 직접

매물을 내놓거나 구하는 사람들이 많이 이용하는 대표적인 '온라인 카페'이다. 전자는 직접 방을 소개할 수 있는데, 한 가지 주의할 점은 하루에 여러 번 게시글을 올리게 되면 사업자로 간주되어 제재 대상이 된다. 따라서 하루에 한 번만 올려야 한다. 그리고 후자는 셀프 인테리어와 관련한 카페로 지역에 대한 여러 가지 정보들을 공유하고 있는데, 고시텔이 있는 지역 커뮤니티에 정보를 공유하면서 자연스럽게 홍보로 이어지도록 하고 있다.

```
사이트
피터팬의 좋은방구하기   네이버 카페
부동산 직거래 정보, 원룸, 투룸, 오피스텔, 고시원, 단기임대, 지역별 월세 정보, 네이버 카페,
cafe.naver.com/kig   비즈니스, 쇼핑 > 부동산 > 임대, 매물

레몬테라스   http://cafe.naver.com/remonterrace/
인테리어소품, 리폼, DIY, 요리, 육아, 결혼정보 제공, 네이버 카페.
```

부동산 직거래가 가능한 온라인 커뮤니티

2. 오프라인 광고 방법

고시텔 근처 현장에서 일하는 직장인들은 오프라인 광고를 통해 입실한 경우가 많았다. 교차로와 같은 '지역 광고 신문'의 광고 효과는 갈수록 적어지고 있지만, 일용직이나 외국인 노동자의 경우에는 신문을 보고 문의하기도 했다.

오프라인 광고 중 '현수막'을 통한 홍보 효과가 매우 좋았는데, 최대한 노출이 잘 되는 곳에 현수막을 설치해서 지나다니는 사람들의 눈에 띌 수 있도록 했다. 현수막을 걸 수 있는 장소가 한정되어 있고 유료인 곳이 많은데, 지정되지 않은 곳에 설치하면 시에서 수거해 가므로 주의하여 홍보해야 한다. '문어발 전단지'는 전단지 하단에 전화번호를 떼기 쉽게 문어발

형식으로 만들어 놓은 것이다. 관심이 있으면 전화번호를 떼어서 가지고 있다가 연락을 하므로 광고 즉시에도 효과가 있지만, 시간이 어느 정도 지난 뒤에도 그 전단지를 통해 입실하는 경우가 있다. 문어발 전단지는 아무 곳에나 붙이면 시에서 과태료를 부과하므로 사람들이 많이 이용하는 고시텔 근처 식당 입구나 회사 경비실 등에 양해를 구하고 비치하여 홍보했다.

고시텔 홍보 현수막

고시텔 홍보 문어발 전단지

나누어 주기 쉽고 받기 쉬운 홍보 수단이 무엇일까 생각하다가 '명함'을 고시텔 광고에 활용했는데, 명함에는 고시텔을 홍보하는 문구와 월세 입금 계좌번호, 전화번호 등을 넣어 제작했다. 이 명함을 가지고 수요자가 많을 것으로 예상되는 회사나 음식점 앞으로 가서 전해주었는데 받아가기 부담스럽지 않은 크기라서 홍보에 많은 도움이 되었다.

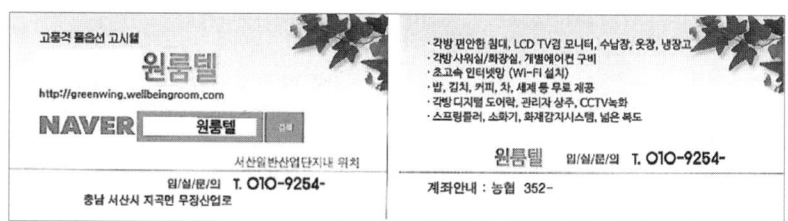

고시텔 명함을 전단지처럼 배포하여 홍보

그리고 '광고 팸플릿'을 제작해서, 고시텔 근처에 있는 회사의 직원 숙소를 담당하는 사람들에게 미리 전화로 양해를 구한 후 직접 방문하여 설명과 함께 나누어주었다. 열 곳 중 두 곳 정도에서 흥미를 보였는데, 잘 활용한다면 직원 숙소로 제공하여 쉽게 고객을 유치할 수 있는 방법이 될 것이다.

무엇보다 대표적이고 기본적인 오프라인 광고 방법은 '간판'이다. 상가 건물 5층에 있는 고시텔이 쉽게 눈에 띌 수 있게 하려고 간판을 제작하는 일에 노력을 기울였다. 고객들은 고시텔이 이곳에 있는지가 중요하지, 고시텔의 이름이 무엇인지를 크게 신경 쓰지 않는다. 따라서 고시텔 앞의 이름보다는 '고시텔'이라는 단어가 눈에 확 들어올 수 있도록 색상과 크기에 신경을 썼다.

'원룸텔'을 강조한 건물 외부 간판

　이렇게 온라인과 오프라인으로 광고에 많은 노력을 기울인 만큼 만실로 잘 운영되고 있다. 평범한 월급쟁이가 고시텔을 운영하면서 거의 30명에 가까운 사람들을 상대하는 일이 처음에는 무척 힘들었다. 하지만 선배 고시텔 운영자들과 친분을 맺고 이야기를 나누며 배우게 된 운영 방법들을 직접 활용하고 응용하면서 나만의 운영 노하우도 점점 쌓여갔다. 진심과 노력을 다하여 운영을 잘하게 되니, '기존 입실자의 추천'으로 찾아오는 고객들이 점점 많아졌다. 고시텔 운영의 초기에는 사람들에게 널리 알리는 광고가 중요했지만, 시간이 지날수록 운영을 잘하는 것이 최고의 광고라는 깨달음을 얻을 수 있었다. '사람의 마음을 얻는 것'은 어떤 일에서든 성공으로 가는 가장 확실한 지름길이다.

부동산 투자 + 사업
= 시너지 효과를 내는 수익 모델

처음 회사에 입사했을 때, 10년 차 직장 선배들과 함께 회식자리에 참석한 적이 있었다. 어려운 취업난을 뚫고 취직을 했기 때문에 그 당시의 나는 모든 것을 다 가진 기분이었다. 한창 분위기가 무르익어 가는 도중에 한 선배가 문득 '3, 1, 3, 5'라는 숫자의 의미를 아느냐고 이야기했다. 평소에 항상 진지하게 업무에 매진하는 선배의 질문이었기 때문에 회식자리 내내 곰곰이 생각해 보았지만 알 수 없었다. 다음 날 너무나 궁금한 나머지 그 숫자들에 대한 의미를 직접 물어보았다. 그 선배는 본인뿐 아니라 주위 동료들 대부분이 처음 입사하고 3개월, 1년, 3년 그리고 5년째에 회사를 그만두고 싶다는 고민을 진지하게 했었다고 대답했다. 처음에는 그 말이 잘 이해가 되지 않았지만 입사한 지 10년이 지난 지금 과거를 돌이켜보면, 나 역시도 그 시기에 같은 생각과 고민을 하며 고비를 넘겼던 것 같다.

회사를 그만두고 싶다는 생각이 들 때마다 어김없이 드는 생각은 '무슨 일을 해서 먹고 살아야 하나?'라는 막연한 두려움이었다. 모아둔 얼마 되지도 않는 돈과 퇴직금으로 남들이 많이 하는 통닭 사업이라도 해야 할까라는 생각도 들었다. 그리고 회사에서 정년까지 채우고 퇴직을 한다고 해도 남은 인생을 어떻게 살아가야 할지를 생각하면 막막하기만 했었다. 그렇게 퇴직 이후에 대한 막연한 불안감과 걱정은 사업이라는 새로운 분야에 대해서 많은 생각과 공부를 하게 하는 계기를 만들어 주었다.

지금 생각해 보면 당시의 사업계획은 상당히 추상적이고 현실성이 없었지만, 경매 투자를 하면서 과거에 했던 사업에 대한 구상이나 공부가 많은 도움이 되고 있다. 현재 경매로 낙찰 받은 고시텔에서 월세로 1,000만 원 가까운 수익이 발생하는데 이것은 상가 자체의 임대수익과는 비교할 수 없을 정도로 매우 크다. 만약 고시텔을 직접 운영하지 않고 다른 사람에게 임대를 주었다면 월 250만 원 정도의 임대수익밖에 올릴 수 없었을 것이다. 이처럼 좋은 부동산을 경매로 싸게 낙찰 받고 직·간접적으로 사업과 연계하여 운영한다면 굉장히 큰 수익을 창출할 수 있다.

낙찰 받아 운영 중인 고시텔 내부

경매와 사업을 연계시키는 투자 방식은 공실 기간을 최소화할 수 있다는 장점이 있다. 예를 들면 꽃꽂이를 잘하는 배우자가 있고 다른 사업이 잘 안 되는 장례식장 근처의 상가가 경매로 나왔다고 생각해 보자. 장례식장은 혐오시설 중 하나이므로 주변의 물건은 경매로 싸게 낙찰 받을 가능성이 높다. 그곳을 배우자가 꽃집을 운영할 수 있도록 한다면 어떻게 될까? 공실 기간을 최소화할 수 있는 것은 물론이고 배우자는 사업 운영으로 일반 직장인 이상의 연봉을 벌게 될 수도 있다.

실제로 필자 주위에는 부동산 투자와 사업의 연계로 굉장한 시너지 효과를 일으키는 사람들이 있다. 내 죽마고우 중 한 명은 경매로 상가를 싸게 낙찰 받아서 직접 학원을 운영하고 있다. 현재 두 개의 학원을 운영하고 있는데, 그곳에서 월 3,000만 원 정도의 순수익을 얻고 있다. 이 친구는 결혼할 때 혼인신고만 먼저 하고 결혼식은 몇 년 뒤에 할 정도로 형편이 좋지 않았다. 공무원 시험을 준비하다가 잘 안 되어 개인 과외를 시작했는데 본인이 학생들을 잘 가르치는 능력이 있다는 것을 깨달았다고 한다. 학생들이 늘면서 개인 과외에서 그룹 과외로, 그리고 공부방으로 영역을 확장했고 결국에는 학원까지 차리게 되었다.

낙찰 받은 상가를 임대하지 않고 직접 학원을 운영하는 사례

보통은 상가를 임차해서 학원을 운영하려고 생각하지만, 이 친구는 경매로 상가를 싸게 낙찰 받고 그곳을 리모델링해서 학원으로 탈바꿈시켰다. 이렇게 본인의 사업 능력과 경매로 부동산을 싸게 사는 방법을 활용해서 매월 큰 수익을 올리고 있을 뿐 아니라 경매로 매입한 상가의 시세 역시 두 배 이상 올라서 상당한 시세차익을 기대하고 있다. 만약에 그 친구가 경매를 모르고 상가를 임차해서 학원을 운영하고 있다면 매월 임차료를 지불함으로써 수익은 줄어들 것이고 시세차익과 같은 보너스는 기대하기 힘들 것이다.

그리고 또 하나의 성공적인 사례가 있다. 지하상가는 다른 층의 상가들과는 다르게 운영할 수 있는 사업 아이템이 매우 제한적이다. 그런 이유로 지하상가는 거의 30%대 이하에서 낙찰되는 경우가 많은데, 보통 지하상가에 입점할 수 있는 사업으로 식당이나 마트를 떠올리기 쉽다. 지인이 낙찰 받은 지하상가는 키즈카페로 이용되고 있었는데, 운영이 잘 안 되는 상황이었기 때문에 매우 낮은 가격에 낙찰 받을 수 있었다.

지하상가의 수익성에 대하여 많은 고민을 한 끝에, 수영이 초등학교 정규교과과정에 있고 부모들의 소득이 높다는 지역적인 이점(利點)에서 아이디어를 얻어 고급화된 어린이 전용 수영장으로 지하상가를 탈바꿈시켰다. 그리고 직·간접적으로 수영장을 운영하면서 지하상가의 임대 수익과는 비교가 되지 않는 수익을 창출하였고, 지금은 같은 방식으로 어린이 전용 수영장 네 곳을 운영하며 일반 직장인들의 연봉의 몇 배에 해당하는 금액을 월 수익으로 얻고 있다. 이 지인은 경매계에서 최고로 손꼽힐 뿐 아니라 경매와 다양한 사업을 연계하여 성공적인 투자를 이어나가며 많은 사람들의 존경과 찬사를 받고 있는데, 필자에게 있어서는 경매 투자의 멘토일 뿐 아니라 인생의 스승님이다.

활용도가 떨어지는 지하상가를 저렴하게 낙찰 받아
차별화된 어린이 수영장을 운영하여 고수익 창출

많은 사람이 경매라고 하면 단순히 부동산을 낙찰 받아서 임대나 매매로 수익을 내고 마무리하는 정도로만 생각한다. 하지만 필자는 멘토를 통해서 부동산 투자와 사업이 만나면서 얼마나 큰 시너지 효과를 내는지를 알게 되었다. 사업으로 인한 영업 이익 그 자체만으로도 상당한 수익을 얻을 수 있지만, 성공적인 사업 운영은 부동산의 가치를 상승시켜 매우 큰 시세차익까지 얻을 수 있도록 해준다.

그래서 지금은 사업가의 입장에서 부동산을 바라보는 습관을 기르고 있다. 사업을 직접 운영하지 않더라도 그 부동산을 실제로 사용하는 사람의 입장이 되어보는 것은 큰 의미가 있다. 단순히 부동산 투자자로서 투자 물건을 검색하고 수익성을 검토할 때보다 투자의 영역이나 수익의 가능성의 폭이 훨씬 더 넓어지고 있음을 느끼고 있다. **특별한 사람만이 할 수 있는 일이 아니다. 필자는 평범한 직장인에서 경매 투자를 병행하기 시작한 지 2년 정도밖에 되지 않았지만 좋은 성과를 올리고 있고, 당신도 충분히 가능한 일이다.**

💬 정말 궁금해요!

Q5 >>> 경매에 대한 막연한 두려움을 이겨내고 싶어요!

멋진 인생님! 한 가지 고민이 있어 이렇게 갑자기 메일을 보내드리게 되었어요. 저는 경매를 시작한 지 몇 달 되었는데, 갑자기 알 수 없는 두려움이 찾아왔어요. 그 두려움의 실체를 알 수가 없어서 더 불안하고 밥맛도 없고 잠도 잘 못 자고 있어요. 멋진 인생님도 저와 같은 경험을 해 보신 적이 있나요? 저에게 힘 좀 주세요.

A5 >>>

반갑습니다. 멋진 인생입니다.

사실 저도 경매를 시작할 때 가끔씩 두려움과 불안감에 휩싸였었고, 왜 불안한 것인지 이유도 알 수 없었던 때가 있었습니다. 그래서인지 질문하신 분의 마음을 누구보다도 잘 이해할 수 있습니다. 저는 두려움과 불안감을 회피하지 않고 그 정체를 밝혀야겠다는 생각에 제 마음을 유심히 살펴보다가 드디어 그 이유가 무엇인지 알 수 있었습니다. 막연한 두려움의 원인은 '지금까지 하고 있던 익숙한 일이 아닌, 경매라는 새로운 분야에 대한 도전' 때문이었습니다.

두려움에 대한 실체를 파악하고 나서 어떻게 이런 마음을 이겨내야 할까를 고민했었는데요. 경매 투자를 하면서 벌어질 수 있는 미래의 변수들을 제거함으로써 두려움과 불안한 마음을 어느 정도 없앨 수 있을 것 같았습니다. 불확실성에 기인한 변수를 최대한 줄일 수 있으려면 경매에 대해 제대로 알아야 한다고 생각했는데, 그 생각대로 경매에 대한 지식과 경험이 쌓이면 쌓일수록 두려움은 점점 사라져 갔습니다. 제 생각에는 질문하신 분께서 올바른 방향으로 잘 나아가고 있는 것 같습니다. 사실 두려움을 인정하고 벗어나려는 의지가 있어야 그 마음을 이겨낼 수 있는데, 그런 마음을 인정하시고 이겨내시기 위해 저에게 메일을 주셨으니 앞으로 충분히 두려움과 불안감에서 벗어나실 거라 믿습니다.

경매에 대한 두려움은 대부분의 경매 책에서 나오는 약간은 과장된 이야기들 때문인 것 같기도 합니다. 경매에 대해 잘 모르는 상태에서, 명도를 할 때 깡패를 만났다거나 권리 분석을 잘못해서 보증금을 날렸다는 등의 극단적인 예를 접하게 되면 자신에게도 그런 상황이 닥칠 수도 있다는 두려움이 생길 수 있습니다. 경매를 하다 보면 낙찰자만 두려움을 느끼는 것이 아니고 경매에 관련된 모든 사람들이 두려움과 불안감을 가지고 있습니다. 두려움을 이기려면 상대방보다 조금 더 많은 지식과 경험이 필요합니다. 그리고 이러한 두려움을 이겨나가면서 조금씩 더 발전해 나아가게 되는 것입니다.

성공한 사람들은 두려움을 삶의 일부로 여기고 이를 이겨내기 위해 최선을 다해 노력하고 있습니다. 경매라는 새로운 분야에 도전하셨으니 열심히 노력하시면서 두려움과 불안함을 이겨내시고 앞으로 나아가시기 바랍니다. 좋은 결과 있기를 응원하겠습니다.

보유 물건의 수가 늘어날수록 효율적인 관리가 필요하다

언제 들어도 반가운 입금 알림 벨 소리가 들려왔다. 아직 월급날이 멀었는데 어디서 입금한 걸까라는 생각을 잠시 하다가 곧 첫 월세 입금일이라는 것이 생각났다. 큰돈은 아니었지만 일을 하지 않아도(물론 임대하기까지는 여러 과정이 필요하지만) 매달 일정한 날에 일정한 금액의 돈이 들어온다는 사실이 참 신기했다. 그렇게 2년여가 흐른 지금은 크고 작은 수익형 부동산으로부터 들어오는 한 달 임대료가 약 2천만 원 정도로 늘어났다.

시세차익을 위한 부동산은 매도하고 세금까지 내면 모든 과정이 마무리되지만, 수익형 부동산은 임대 후에도 최종적으로 매도하기 전까지는 신경을 써야 할 부분들이 남아 있다. 이를 크게 임대 관리, 명의 관리, 시간 관리, 투자금 관리 정도로 나누어 볼 수 있다. 직장 생활을 하면서 여러 물건에 투자하고 수많은 임차인으로부터 임대료를 받고 있다는 것을 알고 있는 주변 사람들은 어떻게 다 관리하느냐며 신기해하기도 한다. 필자의 수익형 부동산 관리의 노하우를 여기서 공개하겠다.

임대 관리의 노하우

일반 직장인들은 월세가 꼬박꼬박 들어오는 것을 꿈꾸면서도 임대 관리에 대한 막연한 두려움을 가지고 있는데, 그 두려움 때문에 수익형 부동산에 대한 투자를 망설이는 경우를 많이 보았다. 필자 역시 투자 초반까지만 해도 두려움이 컸었지만 지금은 수십 명의 임차인들을 잘 관리하고 있다. 임차인을 무시해서도 안 되지만 그들을 막연히 두려워할 필요도 없다. 그 두려움은 보통 임차인이 집을 엉망으로 만든다거나 월세를 제때 내지 않으면 어떻게 하나라는 생각에서 비롯되는데, 그런 경우는 흔하지 않다. 월세가 밀리는 대부분은 임차인이 깜빡 잊고 있어서일 때가 많은데 이런 때는 월세 입금 확인을 부탁한다는 간단하면서도 정중한 문자나 전화 통화로 거의 해결이 된다. 간혹 형편상의 문제로 입금이 지연되는 경우에는 임차인의 마음을 헤아리며 서로 합의점을 찾으면 된다.

그리고 중요한 것은 임차인이 고마운 마음이 들도록 만드는 것이다. 임대는 일종의 사업이라고 볼 수도 있는데 임차인은 중요한 고객이다. 고객을 만족하게 하는 것은 사업의 기본이다. 임차인의 입장에서 그들이 원하는 것이 무엇인지 파악하여 제공한다면 당장에는 손해인 것처럼 느껴질 수도 있지만 결국에는 더 큰 수익으로 돌아온다. 임차인이 임대인에게 고마운 마음을 가지게 되면 특별한 사정이 없는 한 월세 입금이 거의 밀리지 않고 임차한 부동산도 더 신경 써서 관리하며 사용하게 된다.

임차인을 배려하고 만족시키는 것도 중요하지만 그렇다고 모든 것을 임차인에게 맞출 필요는 없다. 임대인의 권리를 임차인이 확실하게 인지할 수 있도록 하는 것도 중요하므로 이를 위해서는 계약서를 잘 작성해야 한다. 일반적으로 공인중개사무소에서 써주는 대로 계약을 진행하는 경우가 많은데, 애완동물에 대한 문제라던가 월세 입금 지연에 대한 조처 방법, 수리의 책임 여부 등 꼭 지켜졌으면 하는 부분들은 특약사항에 꼼꼼하게 기입하는 것이 좋다. 일이 원하지 않는 방향으로 진행된 후에는 말로 따져봤자 감정싸움만 될 뿐이지만, 특약사항을 문서로 만들어 두면 심리적 제약으로 작동하여 서로가 조심하게 되므로 문제를 미연에 방지할 수 있다.

임대 관리의 시스템적인 부분에 대해서 조언을 하자면, 먼저 전화번호 등록을 잘해야 한다. 한두 명의 임차인이 있는 경우에는 이름만 저장해도 지장이 없지만, 수십 명으로 늘어나게 되면 누가 누구인지 도저히 확인할 수 없다. 그래서 필자는 임차인의 전화번호를 저장할 때, 처음 계약하는 날짜와 이름 그리고 주소지까지 함께 등록해 놓는다. 예를 들어 2016년 2월 2일에 A고시텔 501호를 임차인 홍길동과 계약했다면, 그 임차인의 번호를 '60202홍길동A고시텔501'이라고 저장한다. 그러면 언제, 누가, 어느 부동산에 임차하고 있는지 전화번호 목록만 보고도 한눈에 알 수 있고 연락이 왔을 때 바로 응대할 수 있다. 그리고 계약이 끝나면 바로 전화번호를 지워서 혼동되지 않도록 한다.

또한, 매월 일자별로 월세 입금일을 달력에 표시하여 두고, 은행의 입출금 알림 문자 서비스를 이용하여 월세가 입금되는 즉시 바로 확인하면 시간이 절약되고 번거롭지 않다. 요즘에는 부동산 월세 임대 관리와 관련한 앱들이 많이 나와 있는데 이러한 도구들을 적극적으로 활용하면 효과적인 임대 관리가 가능하다.

위와 같은 방법들을 잘 이용한다면 임차인이 한 명이든 열 명이든 상관이 없다. 이러한 원칙들을 잘 지키되, 혹시라도 원칙으로 통하지 않는 진상 임차인을 만나게 된다면 언제든 법적으로 해결할 수 있다는 마음을 먹고 접근해 보면 임대 관리는 어렵지 않다. 그러니 임대 관리에 대한 근거 없는 두려움을 던져 버리고 수익형 부동산 투자에 도전하여 수시로 월세 입금 문자 수신음이 울리는 즐거움을 맛보기 바란다.

명의 관리의 노하우

투자하면 할수록 부동산의 수가 점점 늘어나고, 그만큼 수익이 늘어나는 것은 당연한 일이라고 생각할 수도 있다. 그러나 개인마다 투자금에 한계가 있고, 설령 투자금이 많다고 해도 수익률을 높이기 위해서는 '명의' 관리가 필수적이다. 쉽게 말해서 한 사람의 명의로 계속 투자하는 것은 무리가 있고 비효율적이라는 것이다. 명의와 밀접한 관련이 있는 부분은 대출과 세금의 영역 등이 있는데, 왜 명의 관리가 필요한지, 어떻게 하면 효율적으로 관리할 수 있는지 살펴보자.

일반적으로 경매 투자는 부동산 담보대출의 하나인 '경락잔금대출'을 이용해 보통 낙찰 금액의 70% 이상을 대출받아서 투자금이 최소한으로 투입되도록 하여 남은 투자금을 재투자하는 방식으로 투자의 횟수를 늘려가게 된다. 하지만 보유하는 부동산의 수가 많아질수록 대출에 대한 제약이 뒤따른다.

은행에서는 경락잔금대출을 실행할 때, 소액임차보증금에 대한 부분을 차감하고 대출을 해준다. 대출액이 적어져서 투자금이 많이 묶이게 되면 그만큼 다른 부동산에 투자할 수 있는 기회가 줄어들기 때문에 이율이 수익률에 비해 많이 부담되는 상황이 아니라면 대출액을 최대한 높이려고 하는 것이 투자자에게는 일반적이다. 소액의 투자금을 운용하는 투자자라면 더더욱 그러하다. 이럴 때 MCI를 이용하게 되는데, MCI는 모기지 신용보험으로 은행이 주택담보대출을 실행할 때 사용자의 동의를 받아 보증보험에 가입한다. 은행이 소액임차보증금을 제하지 않고 대출해 줌으로써 발생할 수 있는 위험부담을 보증보험이 지게 되므로, 대출 이용자는 더 많은 대출을 받을 수 있게 되는 것이다. 그런데 MCI는 한 명당 두 번까지만 쓸 수 있으므로 그보다 많은 부동산에 대하여 최대한의 대출을 받고 보유하고자 한다면 명의를 분산할 필요가 있다. 예를 들어, 배우자의 명의로 부동산을 낙찰 받고 MCI를 적용하여 대출을 받는다면 본인의 명의로 두 번, 배우자의 명의로 두 번, 총 네 번의 MCI를 이용할 수 있다.

효율적인 명의 관리는 절세에도 많은 도움이 된다. 필자가 투자한 상가주택의 경우에는 공동 명의를 통해서 양도세를 많이 아낄 수 있게 되었다. '상가면적<주택면적'인 상가주택을 1가구 1주택으로 2년 보유하면 매매가 9억 원까지는 양도세 비과세 혜택을 얻을 수 있지만, 9억 원이 넘어가면 초과분에 대해서 양도세가 발생한다. 양도세는 과세 표준에 따라 세율이 차등 부과되는데, 만약 매매가가 9억 원을 초과하고 과세 표준이 1억 원이라면 35%를 세금으로 내야 한다. 그러나 이 상가주택은 공동 명의를 이용했기 때문에 과세 표준이 개인당 5천만 원으로 나누어지고 그에 따라 각각 과세 표준의 24%에 해당하는 세금을 내면 된다. 그리고 장기보유특별공제까지 적용하게 되면 양도세를 더 절약할 수 있다. 세금에 대해서는

뒤에서 좀 더 자세히 다루도록 하겠다.

공동 명의(2인)에 따른 양도세 절세 효과

명의	과세 표준	양도세율	양도세	합계
단독 명의	10,000	35%	3,500	3,500
공동 명의	10,000÷2 = 5,000	24%	1,200	2,400
	10,000÷2 = 5,000	24%	1,200	

* 장기보유특별공제 등을 배제하여 단순화한 세액 계산임. (단위: 만 원)

　명의 관리는 겸업할 수 없는 직장에 종사하는 사람의 경우에도 필요하다. 필자가 낙찰 받은 고시텔은 이를 운영하기 위해서 사업자 등록을 해야 한다. 그런데 만약 사업자 등록을 할 수 없는 경우라면, 고시텔 운영에 따른 매우 큰 수익을 예상하면서도 무조건 투자를 포기할 것인가? 아니면 남에게 상가 자체를 임대하여 임대료를 받는 것으로만 만족할 것인가? 필자의 경우에는 어머니의 명의로 사업자 등록을 하고 실제로도 어머니께 고시텔 운영을 부탁드렸다. 그리고 현재 만실로 운영하면서 임대료와는 비교할 수 없는 영업이익을 얻고 있음은 물론이다. 이처럼 효율적인 명의 관리는 여러 방면으로 투자를 꾸준하게 이어나갈 수 있도록 해 줄 뿐 아니라 수익을 극대화 시켜준다. 군건한 신뢰나 철저한 계약을 바탕으로 한 효율적인 명의 분산을 통해 성공적인 투자에 한 걸음 더 다가설 수 있을 것이다.

시간 관리의
노하우

직장인으로, 경매 투자자로, 한 가정의 가장으로… 어느 하나의 역할도 소홀히 하지 않으려고 노력해 왔고, 요즘에는 "어떻게 그렇게 많은 일을 다 잘할 수 있나요?"라는 질문을 종종 받기도 한다. 그러나 처음부터 쉬웠던 것은 아니었다. 나 역시도 평일에는 아침 일찍 출근해서 늦은 밤까지 야근에 회식이 이어지는 여느 직장인과 같은 반복적인 삶을 살았고, 토요일에도 종종 회사에 불려 나가고, 일요일에는 밀린 잠을 자거나 지친 몸을 이끌고 아이들과 놀아주어야만 했다.

그러나 경매 투자를 통해 내가 원하는 삶을 살 수 있다는 희망을 갖게 되면서, 시간이 없다는 핑계로 새로운 삶을 포기하고 싶지 않았다. 퇴근 후의 시간을 확보하지 못하면 출근 전에라도 시간을 만들어야겠다는 생각이 들어서 새벽 5시에 일어나 경매 물건을 검색하고 출근하기를 시작했다. 그런데 전날 과음이라도 하게 되면 도저히 5시에 일어날 수가 없었고, 시간이 지날수록 점점 더 기상 시간이 늦춰졌다. 이래서는 안 되겠다는 생각에 당시 플래너를 쓰기 위해 가입했던 온라인 카페에서 진행하는 '모닝콜 스터디'에 참여하게 되었다. 혼자서는 의지가 점점 약해졌지만, 이 스터디는 타인과의 약속이었기 때문에 반강제적으로 아침 일찍 일어나기를 반복했고 지금은 결국 습관이 되었다.

이렇게 경매 물건을 검색할 수 있는 출근 전 시간을 확보했지만, 경매 공부를 하면 할수록 더 많은 시간이 필요했다. 그래서 최대한 회사에 있는 시간을 줄이기 위해 일을 효율적으로 처리해야겠다고 생각했다. 효율적으로

36830	5시 기상 ★연행일치 15년 12월 31일 (목) [2]	멋진 인생	15.12.31
36829	♬ 열정을 깨우는 사람들 3시40분 기상팀 《모닝콜》 12월 31일 (목)팀 원4명 모집 [4]	charlie	15.12.31
36828	5시 기상 ★연행일치 15년 12월 30일 (수) [2]	멋진 인생	15.12.30
36827	♬ 열정을 깨우는 사람들 3시40분 기상팀 《모닝콜》 12월 30일 (수)팀 원4명 모집 [1]	charlie	15.12.30
36826	★ 5시 기상팀 《아침형인간》 12월 30일 수요일 [4]	휴크리	15.12.29
36825	★ 5시 기상팀 《아침형인간》 12월 29일 화요일 [4]	휴크리	15.12.29
36824	5시 기상 ★연행일치 15년 12월 29일 (화)	멋진 인생	15.12.29
36823	♬ 열정을 깨우는 사람들 3시40분 기상팀 《모닝콜》 12월 29일 (화)팀 원4명 모집 [1]	charlie	15.12.29
36822	□ ★ 5시 기상팀 《아침형인간》 12월 28일 월요일 [3]	휴크리	15.12.28
36821	5시 기상 ★연행일치 15년 12월 28일 (월) [3]	멋진 인생	15.12.28
36820	♬ 열정을 깨우는 사람들 3시40분 기상팀 《모닝콜》 12월 28일 (월)팀 원4명 모집 [1]	charlie	15.12.28
36819	★ 5시 기상팀 《아침형인간》 12월 27일 일요일 [4]	휴크리	15.12.27
36818	♬ 열정을 깨우는 사람들 3시40분 기상팀 《모닝콜》 12월 27일 (일)팀 원4명 모집 [1]	charlie	15.12.27
36817	5시 기상 ★연행일치 15년 12월 26일 (토) [2]	멋진 인생	15.12.26

일찍 기상하는 습관을 갖게 한 모닝콜 스터디 참여

일하려면 계획을 잘 세우는 것이 매우 중요하다. 나는 아침에 일어나 씻으면서 머릿속으로 그 날 할 일을 생각하며 계획을 세웠고, 씻고 나와 그 계획들을 종이에 옮겨 적었다. 계획을 정리할 때는 나름의 규칙이 있었다. '급하고 중요한 일', '급한 일', '중요한 일', '급하지 않고 중요하지도 않은 일'과 같이 분류하여 종이 전체를 사분하여 나누어 적었다. 1번 급하고 중요한 일은 무조건 최우선적으로, 2번 급한 일과 3번 중요한 일은 시간 안배에 따라서 처리했다. 그리고 4번 급하지도 중요하지도 않은 일은 시간이 되면 하고 아니면 그냥 남겨놓기도 했다. 그리고 처리한 일은 바로 지워서 남아있는 다른 일정을 쉽게 확인할 수 있도록 구별했다.

1. 급하고 중요한 일	3. 중요한 일
2. 급한 일	4. 급하지도 중요하지도 않은 일

종이에 하루 일과를 크게 4가지로 구분하여 정리

하루의 일정을 정리하여 가지고 다니면서 수시로 확인하고 실행에 옮기는 이런 방법이 처음에는 번거롭고 일이 더 늘어나는 것처럼 느껴질 수도 있다. 하지만 시간이 지나 습관이 되면 하루 종일 허둥거리다가 중요한 일을 놓쳐버리는 실수를 하지 않게 되고, 남들과 같은 시간 동안 훨씬 더 능률적으로 일들을 처리할 수 있다. 처음에는 직장 업무에 활용함으로써 퇴근 시간을 조금 앞당겨 개인의 시간을 좀 더 확보할 수 있었고, 점차 영역을 확대해 하루 24시간을 모두 효율적으로 관리하게 되었다. 예전에는 직장 일과 가장으로서의 책임을 지는 일만으로도 버거웠는데, 시간을 관리하고 나서부터는 경매 투자라는 한 가지 일을 더 추가하고도 훨씬 여유롭고 효율적인 삶을 살아가게 되었다.

그리고 또 한 가지 시간에 관하여 이야기하고 싶은 점은 너무 욕심을 부리지 말라는 것이다. 시간은 한정적이므로 모든 일을 혼자서 책임지고 직접 하는 것은 무리가 있다. 어떤 일을 그에 능통한 사람에게 맡겨 처리했을 때의 효용 가치가 비용보다 더 크다면 과감하게 결단을 내리고 소중한 나의 시간을 아껴서 좀 더 가치 있는 일에 투자해야 한다. 시간은 누구에게나 공평하게 주어지지만, 그 시간을 어떻게 사용하느냐에 따라 결과는 공평하지 않다. 시간에 휘둘리지 말고, 시간을 지배해야 한다. 당신의 삶이 어떤 결과를 낼 수 있을지는 오직 당신에게 달려 있다.

투자금 관리의 노하우

 직장 생활과 경매 투자를 함께 한지 그리 많은 시간이 지나지 않은 어느 순간부터 부동산 투자를 통해 들어오는 현금흐름이 월급을 초과하기 시작했다. 처음 경매를 시작할 때에는 월급 통장만으로 모든 투자금을 관리했다. 그러나 보유하는 부동산의 수가 늘어나 투자 수익이 월급보다 더 많아진 시점부터는 월급 통장 하나만으로 관리하기가 어려워졌다. 더욱이 개인적인 투자, 공동 투자, 매매 수익, 임대 수익 등 돈의 흐름의 경로가 다양해지면서 용도나 목적별로 통장을 구분할 필요가 있었다. 돈을 잘 벌려면 돈이 어디에서 들어오고 어디로 나가는지를 잘 파악하고 있어야 한다.

 임대하는 부동산이 늘어나면서 월세를 관리할 필요가 시급해졌기 때문에 가장 먼저 '임대 수익을 관리하는 통장'을 따로 만들었다. 한두 군데의 부동산에서 나오는 월세는 임차인이 누구이고, 입금일이 언제인지 기억하기 어렵지 않지만, 그 이상으로 점점 늘어나게 되면 월세를 받는 날짜도

겹치고 임차인이 누가 누구인지도 헷갈리게 된다. 특히 월세를 제때 내지 않고 밀리는 일이 발생하면 그 사실을 바로 파악하기도 힘들고, 임대차 계약이 완료된 후 따로 찾아 정산해야 하는 번거로움이 생기게 된다. 그러므로 월세를 받는 통장을 꼭 따로 만들어서 임대 수익을 관리하는 것이 좋다.

그리고 '공동 투자에 따른 수익과 지출을 관리하는 통장'도 별도로 만들었다. 공동 투자자와의 협의에 의해서 공동 투자한 부동산에서 나오는 수익과 부동산을 관리할 때 발생하는 지출을 하나의 통장으로 함께 관리했다. 특히 공동 투자의 경우에는 서로가 생각하는 수익과 지출 금액이 다르면 오해하거나 감정이 상하기 쉬우므로 좀 더 꼼꼼한 관리가 필요하다. 공동 투자에서는 서로에 대한 신뢰가 아주 중요한 만큼 그 믿음이 깨지지 않도록 서로가 노력을 기울여야 한다. '공동 명의 예금 통장' 개설도 가능하므로 필요하다면 이용할 수 있을 것이다.

필자는 '매매 수익을 관리하는 통장'도 따로 개설했는데, 매도로 인한 수익이 발생하면 다시 투자금으로 활용하기 위해 이 통장에 입금했다. 입찰 전용 통장으로도 사용하게 되면 혹시나 입찰 금액이 부족한 상황이 발생했을 때를 대비하기 위한 마이너스 대출 기능도 필요하다고 판단했다. 필자의 경우에는 회사와 연계된 은행에서 좋은 조건으로 마이너스 통장을 만들 수 있었고, 이 통장을 매매 수익과 입찰할 투자금을 관리하는 통장으로 활용하였다. 그리고 가끔씩 이 통장의 돈으로 우리 가족의 여행 경비를 충당하는 등 투자 수익을 올린 것에 대한 보상을 누릴 수 있도록 하고 있다.

초기 자본금이 많지 않은 여건에서 경매를 시작하여 투자 횟수를 늘려가다 보면 투자금의 씨가 마르는 것 같은 느낌을 받을 수 있다. 투자를 한

두 번 하고 말 것이 아니라면 투자금의 관리는 필수적이다. 현금흐름과 시세차익 투자의 비중이나 벌어들이는 수익 중 재투자에 이용하는 비율 등 투자 방식과 돈의 쓰임을 철저하게 계획하고 적절하게 분배하여야만 지속적이고 효율적인 투자가 가능하다.

> **Tip**
>
> **빨리, 원하는 가격에 매도/임대하는 방법**
>
> 처음 경매를 시작할 때, 가장 어렵고 중요하다고 생각했던 부분이 낙찰 받은 부동산에서 사람을 내보내는 '명도'였다. 남에게 싫은 소리 한 번 제대로 해 보지 않은 평범한 월급쟁이였던 나는 법적으로 아무리 떳떳하고 정당한 소유권의 행사라고 할지라도 거주하거나 영업하고 있던 사람을 나가라고 하기가 정말 쉽지 않았다. 그래서 초보 시절에는 부동산을 낙찰 받고 명도를 하는 데 온 힘을 다해서 집중했었고, 명도가 끝나고 나면 진이 빠져 기운이 하나도 없었다.
>
> 한번은 명도를 다 끝낸 부동산을 몇 달 동안 그냥 방치한 적도 있었는데, 아내가 그런 나를 보면서 "경매를 하면서 이렇게 고생만 하고 힘들다면 차라리 그만두는 것은 어떨까?"라고 말했다. 그 말을 듣고 정신이 번쩍 들었다. 고생고생해서 명도까지 끝내놓고도 정작 돈을 벌어들이는 과정을 하지 않고 있었으니 아내가 보기에는 얼마나 한심스러웠을까? 경매 투자의 목적은 명도가 아니라 임대나 매도로 '수익'을 내는 것이라는 점을 잠시 망각했던 내가 참 부끄러웠다.
>
> 그런데 내가 했던 실수를 똑같이 반복하는 사람들을, 경매의 다른 과정에서 힘을 다 빼고 정작 제일 중요한 임대나 매매 단계에서 능력을 발휘하지 못하고 제대로 된 수익을 내지 못하는 경우를 지금도 종종 보게 된다. 특히 경매로 낙찰 받은 부동산은 일반 물건보다 불리한 조건으로 거래하도록 유도하는 중개인들이 있는데, 그런 분위기에 휘둘려서는 안 된다. 물건의 진짜 가치를 제대로 평가받고 그에 맞는 수익을 낼 수 있도록 끝까지 최선을 다해야 한다. 그렇다면 임대나 매도로 최대한의 수익을 얻기 위한 방법은 무엇이 있을까?

나는 먼저 '임대'에 초점을 맞추어 일을 진행한다. 직접 임대를 목적으로 하는 경우는 물론이고, 매도하는 경우에도 임대가격을 맞추는 일을 중요하게 생각한다. 주거용 물건을 월세로 임대하기 위해서는 우선 월세 수요자의 마음을 사로잡을 수 있도록 물건의 상태를 좋게 해야 한다. 월세 수요자는 월세가 조금 높더라도 깨끗하고 예쁘게 수리된 집을 선호한다. 앞에서 설명했던 것처럼 월세를 높여 받아서 수익률을 더 높일 수 있다면 리모델링 공사비를 너무 아까워할 필요가 없다. 보기 좋은 부동산은 임대도 수월하게 나간다는 진리를 잊지 말자.

'갭 투자'는 매매가격과 전세가격 사이의 갭을 이용하여 최소한의 돈으로 부동산을 취득하고 시세가 상승할 때 매도하는 투자인데, 이 경우 전세를 쉽게 놓는 방법 중 하나는 '대출'을 이용하는 것이다. 보통 전세로 임차하려고 하는 경우에 대출이 있는 집은 피하려고 하는데, 대출 금액이 많지 않고 전세가격이 시세보다 많이 저렴하다면 임차하려는 입장에서도 관심을 가질 수 있다. 실제로 대출을 낀 전세 임대 계약이 쉽게 성사되는 경우가 많다. 예를 들어 전세 시세가 1억 5천만 원인 집을 2억 원에 매입해서 임대하려는 상황이라고 해 보자. 만약 대출 없이 시세대로 임대한다면 5천만 원을 투자해야 한다. 그런데 대출 4천만 원을 받고 1억 3천만 원에 전세 임대를 한다면 투자금은 3천만 원으로 줄어든다. 대출 이자 부담이 있긴 하지만 투자금을 회수해 다른 투자 기회를 찾을 수 있다면 고려해볼 만한 방법이다. 시세 하락 등의 요인으로 위험성이 높은 경우가 아니고 무리하지 않는다면 임대인과 임차인 모두에게 이득이 될 수 있다.

필자가 매물로 내놓은 부동산을 매입하려고 하는 사람들은 보통 실거주를 목적으로 하거나 아니면 월세를 받기 위해 수익률이 높은 물건을 찾는 경우가 많았다. 현금흐름을 위한 투자 목적으로 매입하려고 하는 사람들은 물건 가격 자체가 싸거나 임대가격이 높게 맞추어진 물건을 위주로 찾는다. 경매로 물건을 싸게 매입해서 시세보다 낮게 매도하여 큰 수고로움 없이 빠르게 마무리할 수도 있고, 물건의 가치를 끌어올려 임대가격을 최대로 맞추고 수익성을 높여 수익형 부동산을 찾는 수요자에게 매도할 수도 있다.

은행의 예금 금리가 낮은 요즘과 같은 상황에서는 소액을 투자하여 월세를 받고자 하는 사람들이 많으므로 필자는 이러한 수요자들에게 매도하는 방법을 이용하여 많은 수익을 남기고 있다. 수익형 부동산을 찾는 수요자에게 매도하기 위해서는 특히 대출을 받을 때 신경을 많이 쓴다. 대출 금액이 많고 이율이 낮으면 부동산을 매입하면서 대출을 승계할 때 실제 투자 금액이 많지 않으므로 수요자에게 아주 매력적인 투자 대상이 된다. 거기에다 임대가격 또한 높게 맞춰놓은 상황이라면 매도가 아주 쉽게 이루어질 수 있다. 다음의 표는 필자가 아파트를 경매로 낙찰 받아 경락잔금대출을 받은 후 임대를 놓고, 투자 목적으로 부동산을 찾는 사람에게 매도한 사례이다. 월세와 대출을 일반 물건에 비해 좋은 조건으로 세팅해 놓았기 때문에 빨리, 그리고 시세보다 높은 가격으로 매도할 수 있었다.

매도하기 전의 임대 수익률

시세	16,500	대출	11,200
낙찰가	13,744	실투자금	794
보증금	2,000	월 이자	29
월세	55	순수익(월/년)	26/312
취득세+법무비+도배	250	수익률	39%

(단위: 만 원)

임대 수익률을 맞추고 매도한 후의 수익률

매매가	16,700	대출	11,200
낙찰가	13,744	실투자금	794
보증금	2,000	시세차익	2,956
월세	55	순수익(세후)*	2,621
양도세	85	수익률	330%

*임대 기간의 이자와 월세 수익은 고려하지 않은 순수익임 (단위: 만 원)

언뜻 보기에는 매도한 사람에게만 유리하다고 생각될 수도 있겠지만, 실제로는 사는 사람의 입장에서도 좋은 거래가 되었다. 매입한 사람은 1억 6,700만 원에 샀지만, 실투자금은 대출과 보증금을 빼면 3,500만 원 정도이다. 그리고 부동산 전망이 좋은 곳에 자리 잡고 있어서 월세를 꼬박꼬박 받다가 시세차익까지 얻을 수 있는 물건이었다.

이처럼 임대나 매도를 할 때, 수요자가 원하는 것이 무엇인지를 파악하여 그에 맞는 물건을 공급할 수 있다면 수익률을 높일 수 있을 뿐 아니라 빠른 거래가 가능하게 된다.

3
세금! 무서워 말고 공부하면 수익률이 극대화된다

얼마 전, 친구에게 부동산 경매 투자를 권했는데 내 예상과는 다르게 그 친구는 고개를 절레절레 흔들었다. 이유를 물었더니, 경매로 돈을 번다고 해도 어차피 세금으로 내야 할 돈이 많을 것 같아서 투자하기 두렵다고 말했다. 그리고 직장에서 내고 있는 세금만으로도 머리가 복잡하고 억울하다고 덧붙였다. 부동산 투자를 하여 수익을 내는 것 자체에 대해서 이렇다 저렇다 이야기하는 것이 아니라, 앞으로 내야 할 세금을 걱정하면서 투자를 하지 않겠다니 '구더기 무서워 장 못 담글까'라는 속담이 절로 생각이 났다. 하도 어이가 없어 이 친구의 이야기를 지나가는 말로 아내에게 했더니, "당신도 처음에 그랬던 것 같은데?"라는 대답이 돌아왔다.

그랬다. 필자 역시도 본격적인 경매 투자를 하기 전까지는 연말정산을 하는데도 끙끙거렸고, 첫 낙찰 물건으로 작은 수익을 거둔 후에도 세금에 대해서 많은 고민을 했었던 것이 그때야 기억났다. 이제 조금 투자 경험이 쌓이고 세금에 대해서 공부해 보았다고 친구의 세금에 대한 두려움과 부정적인 반응을 잠시나마 이해하지 못했던 자신의 모습에 웃음이 나왔다.

대부분 세금에 대한 막연한 두려움을 가지고 있다. 반대로 세금은 나중의 문제라고 생각하고 무턱대고 투자하는 사람도 간혹 있는데, 미리 겁먹을 필요도 없지만 그렇다고 세금에 대해 아무 계획이나 대비도 없이 투자한다면 수익보다 더 큰 세금을 내야 할 수도 있으므로 주의해야 한다. 세금을 떼어놓고는 부동산 투자를 이야기할 수 없을 만큼 중요하다. 세금을 무시하는 것도, 두려워하는 마음도 모두 무지에서 비롯된 것이다. 세금에 대해 많이 아는 만큼 두려움은 점점 줄어들고 수익은 증가할 것이다.

부동산 투자에서 부과되는 세금의 종류

1. 취득 단계에서의 세금

부동산을 취득하면 가장 먼저 '취득세'를 내야 한다. 예전에는 취득세와 등록세를 함께 내야 했지만, 지금은 취득세라는 지방세를 납부하면 된다. 이 취득세에는 '농어촌특별세'와 '지방교육세'가 부가적으로 부과되는데, 취득세와 부가적으로 붙는 세금을 함께 더해서 계산해 놓으면 편리하다.

가격이 6억 원 이하이고, $85m^2$ 이하인 주택의 경우 취득세는 취득가액의 1%이고 추가로 부과되는 세금은 0.1%이므로 함께 더해서 1.1%로 계산한다. 부동산의 종류에 따라서, 면적이나 가격에 따라서 취득세의 세율은 달라지므로 다음의 표를 참고하기 바란다.

취득세 세율표
(농어촌특별세 · 지방교육세 포함)

부동산 종류	과세 표준	세율		
주택	취득가(낙찰가)	주택가격	85㎡ 이하	85㎡ 초과
		6억 이하	1.1%	1.3%
		6~9억 이하	2.2%	2.4%
		9억 초과	3.3%	3.5%
상가	취득가(낙찰가)	4.6%		
토지	취득가(낙찰가)	4.6% (농지 3.4%)		

경매를 통해 부동산을 취득했을 때의 과세 표준은 낙찰가를 기준으로 한다. 이때 대항력을 갖춘 임차인의 전세보증금을 인수한 경우 그 금액도 과세 표준에 포함된다. 이를 누락하여 신고하면 과소 신고가산세(10%)가 부과될 수 있으므로 주의해야 한다.

취득세 이외에도 85m^2를 초과하는 주택이나 상가, 오피스텔을 매입할 때는 건물 공급가액의 10%에 해당하는 '부가가치세'가 부과되는데, 경매나 공매 낙찰로 인한 취득일 경우에는 면제된다.

2. 보유/임대 단계에서의 세금

부동산을 보유하게 되면 보유하는 동안 '재산세'(지방세)가 부과된다. 그리고 보유하고 있는 부동산을 종합적으로 합산하여 일정 금액을 초과하게 되면 주소지 관할 세무서에서 '종합부동산세'를 부과한다. 줄여서 종부세라고도 하는데, 매년 6월 1일 현재 소유하고 있는 부동산을 기준으로 과세대상 여부를 판정한다. 이때 일반 상가는 종부세 대상이 아니다.

임대로 인해 소득이 발생할 때 부과되는 세금인 '임대 소득세'는 주택과 상가에서 다르게 적용이 된다. 주택은 2주택 이상 보유자의 임대 소득을 다른 소득에 합산하여 과세하는데, 2천만 원 이하인 소액주택임대 소득에 대해서는 2016년까지 한시적으로 비과세를 적용했고, 이는 2018년까지 연장되었다. 2018년 이후부터는 임대 소득이 2천만 원 이하일 때는 14%를 분리과세(종합 소득과 합산하지 않음)하고, 2천만 원을 초과할 때는 종합과세를 원칙으로 한다. 상가는 소득세(종합과세)가 무조건 부과된다.

종합 소득세율
(2018년 귀속)

과세 표준	세율	누진공제
1,200만 원 이하	6%	–
1,200~4,600만 원 이하	15%	108만 원
4,600~8,800만 원 이하	24%	522만 원
8,800~1.5억 원 이하	35%	1,490만 원
1.5~3억 원 이하	38%	1,940만 원
3~5억 원 이하	40%	2,540만 원
5억 원 초과	42%	3,540만 원

예) 과세 표준이 5천만 원인 경우: 5천만 × 0.24 − 522만 = 678만 원

3. 양도 소득세

'양도 소득세'는 줄여서 양도세라고도 하는데, 부동산 등 자산을 양도함으로써 발생하는 소득에 과세되는 세금이다. 양도 소득세 납세의무자는 양

도일이 속하는 달의 말일부터 2개월 이내에 주소지 관할세무서에 양도 소득세를 예정신고·납부하여야 한다. 일반적으로 부동산에 대한 세금 중 가장 큰 두려움의 대상이 되는 것이 바로 양도세인데, 양도세를 어떻게 줄이느냐에 따라 수익에 크게 영향을 미친다.

주택은 1가구 1주택(일시적 2주택 포함)에 해당하면 비과세이고, 비과세와 감면이 적용되지 않으면 과세가 되는 것이 원칙이다. 상가는 양도세가 무조건 과세된다. 특히 임대 중인 상가를 양도하면 부가가치세가 부과되므로 주의해야 한다. 토지는 대부분 양도세가 과세되는데, 8년 재촌·자경한 농지에 대해서는 감면 혜택을 받는다. 그리고 비사업용 토지의 경우에는 사업용 토지보다 10%의 양도세 중과가 적용되므로 확인할 필요가 있다.

양도 소득세율

주택 (조합원 입주권 포함)		주택 외 (분양권, 토지, 상가)	
1년 미만	40%	1년 미만	50%
1년 이상	6~42%	1년 이상~2년 미만	40% (단, 조정대상지역 내 분양권은 50%)
		2년 이상	6~42%

* 6~42%: 과세 표준에 따라 차등 적용

4. 상속세와 증여세

일반 직장인들에게는 먼 나라 이야기처럼 느껴질 수도 있는 세금이지만 상속세와 증여세를 잘 알아두면 절세에 많은 도움이 된다. '상속세'는 배우자가 살아 있는 경우에는 10억 원, 배우자가 사망한 경우에는 5억 원을 넘으면 과세된다. 그리고 '증여세'는 배우자에게 6억 원, 미성년 자녀에게는 10년 단위로 2천만 원씩, 성년인 자녀에게는 5천만 원을 넘어야 과세된다. 양도세와 관련하여 절세할 수 있는 구체적인 방법은 뒤에서 다시 다루도록 하겠다.

세금 정책의 변화를 유심히 살펴라

정부는 경기 상황이나 정치적 판단에 따라 정책을 통해 부동산 시장에 끊임없이 개입해 왔다. 정부의 부동산 정책은 부동산 시장의 과열 및 투기를 억제하고 가격을 안정시키기 위한 '규제정책'과 침체된 부동산 시장을 살리고 경기를 회복시키기 위한 '규제완화정책', 그리고 '서민주거안정대책'과 같이 크게 세 가지 방향으로 분류해 볼 수 있다.

예를 들면, 노무현 정부는 치솟는 부동산 가격을 억제하기 위해 종합부동산세를 신설하고 비사업용 토지에 중과세를 부과하는 정책을 폈고, 이명박 정부는 반대로 부동산 시장을 살리기 위해 취득세를 포함하여 각종 부동산에 부과된 세금을 인하하는 방향으로 정책을 펼쳤다. 국민들은 부동산과 관련한 정책, 특히 세금과 관련한 정책에 민감하게 반응할 수밖에 없다. 자신이 보유하고 있는 자산의 가치에 큰 영향을 미치기 때문이다. 수시로 변하는 부동산 세금 정책들을 잘 알아두고 경매 투자에 활용한다면 예상하지 못했던 수익을 얻을 수도 있다.

정부는 2013년 4월부터 12월까지 한시적으로 취득가액이 6억 원 이하인 주택을 매수하는 사람에 대해서 양도세를 비과세하는 정책을 만들었다. 단, 매수하는 시점에 주택의 기존 소유자(매도자)가 1가구 1주택에 해당해야 한다는 조건이 붙었는데, 매도자의 1가구 1주택 확인서를 받아두었다가 매수자가 향후 매도하는 시점에 제출하면 비과세 혜택을 받을 수 있었다. 이는 2013년 불황인 부동산 경기를 살리기 위한 정책이었는데, 이 정책을 통해 경매 투자자 중 상당수가 큰 수익을 남겼다.

그리고 생애 최초로 전용 $40m^2$ 이하 국민주택을 1억 원 미만에 구입한 경우 취득세 비과세 혜택을 주는 정책이 2015년까지 한시적으로 시행되었다. 양도세 비과세 정책보다는 효과가 크지 않았지만, 이 정책의 혜택을 볼 수 있도록 주변 지인들에게 조건에 부합하는 물건을 많이 추천해 주었다. 그들 모두 취득세 비과세 혜택으로 더 많은 수익을 남길 수 있었음은 물론이다.

세금 정책을 활용하여 수익률을 극대화할 수 있는 방법은 언제나 존재한다. 2016년에는 비사업용 토지에 대한 양도세 중과세를 60%에서 일반 과세에 10%를 더하여 부과하는 방식으로 바꾸는 내용이 포함되었다. 비사업용 토지에는 없었던 장기보유특별공제 혜택을 주었고, 상속세 신고 시 영농상속공제 한도를 5억 원에서 15억 원으로 상향 조정해주기도 했다. 참고로, 2018년 개정 세법에서는 규제가 더욱 엄격해졌지만 그 안에서도 물론 기회는 존재한다.

이러한 정책들이 어렵다고 느끼거나 본인과는 상관없는 것으로 생각하는 사람도 있을 것이고, 직접적인 혜택을 받는 사람도 있을 것이다. 중요한 것은 앞으로도 부동산, 그리고 세금과 관련한 정책들이 수시로 바뀔 것이라는 점이고, 이러한 변화에 기민하고 유연하게 반응하면서 본인의 투자에 활용하여 수익을 남길 수 있는 방법이 무엇인지를 고민하고 실천하는 사람만이 좋은 기회를 잡을 수 있다는 것이다.

양도 소득세
절세 비법

부동산과 관련한 세금 중에서 가장 부담이 되는 것이 양도 소득세이다. 따라서 이 양도세를 어떻게 줄이느냐가 수익을 결정짓는 데 아주 중요한 역할을 한다. 세금을 통해 수익을 극대화할 수 있는 방법은 바로 양도세 비과세 혜택을 받는 것인데, 비과세를 누릴 수 있는 요건이 무엇인지, 이를 어떻게 활용할 수 있는지를 살펴보도록 하자. 그리고 과세가 되더라도 세율을 줄여 절세함으로써 투자 수익을 최대한 남길 수 있는 방법을 알아보자.

1. 1가구 1주택 양도세 비과세 활용법

1가구 1주택 양도세 비과세 혜택을 받기 위한 기본적인 요건은 '2년 이상 보유하거나 거주'해야 한다는 것이다. 거주요건이 해당되는 지역은 투기과열지구, 투기지역, 조정대상지역이며, 그 외 지역에서는 보유만 해도 비과세 혜택을 받을 수 있다. 단, 비과세 요건을 갖추었다 하더라도 매도가격이 9억 원을 초과하면 그 초과 부분에 대해서는 별도로 양도세가 부과된다. 그런데 예외적으로 주택 구입일로부터 매도일까지 최소 1년 이상 거주하고 취학(초·중·고등교육법에 의한 학교 취학), 근무(직장의 변경이나 전근), 질병(1년 이상의 요양을 필요로 하는 질병) 등의 부득이한 사유로 세대 전원이 다른 시·군으로 이사하는 경우에는 2년 이상 보유 조건을 갖추지 못하였더라도 비과세 혜택을 받을 수 있다.

그리고 해외이주법에 의해 이주를 하거나 취학 또는 근무 등의 사유로 1년 이상 계속해서 국외거주를 해야 하는 경우에는 출국 2년 이내 매도하면 비과세가 된다. 또한, 공공용지로 협의 매수되거나 수용되는 경우, 5년 이상 거주한 임대아파트를 매도하는 경우 등도 양도세 비과세 혜택이 적용된다.

 1가구 1주택 비과세가 원칙이지만 2주택이 되었을 때도 특별하게 비과세 혜택을 주는 경우가 있는데, 새로운 주택을 종전 주택 취득일로부터 1년 이후에 매수하여 일시적으로 2주택이 되었을 때 신규 주택 취득일로부터 3년 이내에 예전 주택을 먼저 매도하게 되면 비과세가 된다. 이 '일시적 2주택 비과세 혜택'을 잘 활용하면 약 1년 단위로 부동산을 사고팔면서 양도세를 내지 않고 양도차익에 의한 수익을 그대로 남길 수 있다. 좀 더 쉬운 이해를 위해 다음의 표를 참고해 보자.

일시적 2주택 비과세 혜택 활용 방법

2016년	2017년	2018년		2019년		2020년
주택 A	주택 B	주택 A	주택 C	주택 B	주택 D	주택 C
매수	매수	매도	매수	매도	매수	매도

 이외에 집을 상속받아 2주택이 된 후 상속받기 전 주택을 처분할 때, 양도 소득세가 없는 주택을 매도하였는데 매수자가 등기를 이전하지 않아 2주택이 된 경우, 한 울타리 안에 포함된 2주택을 모두 주거용으로 이용하다가 한 번에 처분할 때, 각각 1주택을 보유한 두 사람이 결혼으로 인해 2주택이 된 경우, 농어촌 주택을 포함하여 2주택이 되었을 때, 노부모 봉양을 위해 세대 합가를 하여 2주택이 된 경우에도 일시적 2주택 비과세 요건이 되므로 해당 사항에 부합하는지 개별적으로 확인하기 바란다.

앞에 상가주택 사례를 다루면서 언급한 바와 같이, 주택 부분이 상가보다 클 경우 상가주택 전체가 1주택으로 간주되어 양도세 비과세 혜택을 받을 수 있다는 것을 알고 있었던 필자는 용도 변경을 통해 주택 부분 면적의 비율을 의도적으로 더 증가시켰다. 양도 소득세 부과 기준에서는 부동산을 실제로 어떤 용도로 사용했는지가 중요하다. 따라서 건축물대장에 주택보다 상가가 더 크게 나와 있어도 실제로 주거로 사용한 면적이 더 넓다는 입증서류를 만들어서 제출하면 비과세 혜택을 받을 수 있으므로 상가주택 투자에 참고하면 도움이 될 것이다.

이처럼 비과세 혜택의 다양한 요건들을 잘 알고 적극적으로 활용한다면 열심히 노력하여 얻은 투자 수익을 온전히 본인의 것으로 만들 수 있다. 그러니 세금이 무서워 투자를 못 하겠다는 변명을 하기 전에 세금에 대해 좀 더 공부하고 이를 활용할 수 있도록 노력해야 할 것이다.

2. 공동 명의와 증여를 이용한 양도세 절세

1억 원에 매입한 주택이 2억 원으로 상승했다고 가정해 보자. 1년 이상 보유한 후 매도하게 되면 양도차익(과세 표준)에 따라 세율은 6~38%까지 차등 부과되는데, 양도차익이 1억 원이므로 세율은 35%가 적용된다. 그런데 이 부동산을 배우자와 '공동 명의'로 취득하였다면 총 양도차익은 1억 원이지만 개인 당 5천만 원씩 차익이 발생한 것으로 보고 이에 대한 양도세를 각각 내면 된다. 양도차익이 5천만 원인 경우에는 24%의 세율이 적용되므로 총 양도차익 1억 원에 대하여 11%에 해당하는 1,100만 원의 세금을 절세할 수 있다.(단, 이해를 돕기 위해 기본공제 및 누진공제액은 산출에서 제외)

만약 위의 부동산을 부부 공동 명의가 아닌 남편 한 사람의 명의로 취득하였다면 전자의 경우처럼 35%의 세금을 모두 내야만 할까? 이때 활용할 수 있는 것이 바로 '증여'이다. 증여세는 무상으로 재산을 취득하는, 증여를 받는 자가 신고하고 납부하는 세금인데, 부부 간의 증여는 10년을 기준으로 6억 원까지 비과세가 된다. 따라서 남편이 취득한 부동산의 절반에 해당하는 지분을 부인에게 증여하고 그 부동산을 함께 매도하면 공동 명의로 취득해서 매도하는 것과 같이 24%의 세율이 적용된다.

증여세 공제 한도
(10년간 누계 한도액)

증여자	배우자	직계존속	직계비속	기타친족
공제한도액	6억 원	5천만 원 (미성년자 2천만 원)	5천만 원	1천만 원

양도차익이 큰 경우에는 증여를 다른 방법으로 활용해 볼 수도 있다. 남편 명의로 1억 원에 매입한 아파트가 6억 원이 되었다고 가정하면, 파는 시점에서는 5억 원이라는 차익에 대해 양도세를 내야 한다. 이처럼 취득가액이 낮고 추후 부동산 가격의 상승으로 양도차익이 매우 크다면 배우자에게 이 부동산 전부를 증여하면 된다. 증여 후 5년 이내에 매도하게 되면 증여한 남편이 처음 매입한 가격 1억 원이 취득가액이 되므로 증여로 인한 양도세 절세 효과가 전혀 없지만, 증여하고 나서 5년 후에 매도하게 되면 증여시점의 부동산 가격이 취득가액이 된다. 따라서 남편이 1억 원에 매입한 아

파트를 부인에게 증여하고(증여한 시점의 아파트 가격이 6억 원으로 증여세 비과세에 해당), 5년 뒤에 이 아파트를 6억 원에 매도한다면 양도차익이 없으므로 양도세를 전혀 부담하지 않아도 되는 것이다.

부동산 투자를 하면서 물건의 개수가 하나씩 늘어나다 보면 1가구 1주택 비과세 혜택을 적용받기 위해 부모님 명의로 집을 사는 경우가 많이 있다. 부모님 명의로 사두었던 부동산의 가격이 많이 올랐을 때 합법적인 절세가 필요한데 이때에도 증여가 유용하게 활용된다. 부모가 성인인 자녀에게 증여할 때는 10년 이내에 5천만 원까지 비과세가 된다.

예를 들어, 부모님 명의로 1억 원에 매입한 부동산을 1가구 1주택 비과세 혜택을 받고 4억 원에 양도했다고 해 보자. 그런데 이 4억 원이라는 돈을 다시 본인이 돌려받는 과정에서 증여세가 부담될 것이다. 4억 원을 한 자녀에게 증여하게 되면 20%의 세율이 적용되기 때문이다. 그런데 4억 원을 네 명의 자녀에게 1억 원씩 나누어 증여하면 10%의 세율이 적용되고 5천만 원의 공제도 각각 적용되므로 절세의 효과가 매우 크다. 이렇게 절세로 얻게 된 추가 수익 중 일부분을 형제·자매와 나눈다면 서로에게 득이 되므로 우애도 더 돈독해 질 수 있다. 증여 방법에 따라 증여세가 얼마나 차이가 나는지는 다음 표를 참고하기 바란다.

증여 방법	계산식	증여세(만 원)
4억 원을 한 명에게	(4억−5천만)×0.2	7,000
1억 원씩 네 명에게	(1억−5천만)×0.1×4	2,000

증여세 세율표

과세 표준	1억 원 이하	5억 원 이하	10억 원 이하	30억 원 이하	30억 원 초과
세율	10%	20%	30%	40%	50%
누진공제액	없음	1천만 원	6천만 원	1억 6천만 원	4억 6천만 원

 이와 같이 1가구 1주택 양도세 비과세 요건, 공동 명의나 증여 등에 대해 잘 알아두면 양도세뿐 아니라 여러모로 절세에 유용하게 활용할 수 있다. 무언가를 시작하기 전에 겁부터 내지 말고 적극적으로 공부하고 실천하려는 마음과 자세를 가져야 한다. 부동산 투자는 어느 분야보다 아는 만큼, 그리고 실천하는 만큼의 결과를 되돌려 받을 수 있기 때문이다.

🗝 Tip
임대 · 매매 · 법인 사업자를 활용하라

매도 횟수가 많지 않아서 앞에서 설명한 양도세 비과세나 절세 혜택만으로도 수익을 내는 데 지장이 없고, 임대 주택의 수가 적다면 이번 글에 크게 관심이 생기지는 않을 것이다. 하지만 부동산 투자자로서 계속해서 수익을 내기 위해서는 부동산의 보유수를 점점 늘려나갈 수밖에 없고, 그렇게 되면 또 다른 관점과 방법으로 세금을 관리할 필요성을 느끼게 된다. 그때 고려하게 되는 것이 바로 '사업자 등록'이다. 부동산과 관련한 사업자는 크게 '주택 임대 사업자', '부동산 매매 사업자', '법인 사업자'로 나누어 볼 수 있는데, 사업자 등록을 함으로써 얻을 수 있는 혜택은 무엇이고, 또 단점은 무엇인지를 각각 살펴보고, 본인의 투자 방식에 맞는 사업자를 선택해 잘 활용한다면 더 많은 투자 수익을 얻을 수 있다.

1. 주택 임대 사업자

주택 임대 사업자는 매입 임대 주택이 1채 이상만 있어도 등록이 가능하며, 여러 주택이 있는 경우에는 보유한 주택 중 선별해서 등록할 수도 있다. **임대 사업자의 등록 여부는 주택 소유자의 의사에 달려있는데, 등록하게 되면 세제 혜택을 주는 대신에 4년 동안 임대 주택을 계속 임대하여야 하고 그 기간이 지나기 전에 해당 주택을 양도하면 과태료가 부과되므로 주의해야 한다.**(다른 임대 사업자와 포괄 양도·양수 계약 가능) 주택 임대 사업자가 임대 목적으로 공동주택을 건축하거나 공동주택 또는 오피스텔을 최초 분양받은 경우에는 취득세와 재산세에서 큰 혜택을 받게 되는데 다음의 표를 참고하기 바란다.

면적	40㎡ 이하	40~60㎡ 이하	60~85㎡ 이하
취득세	면제	면제	50% 감면 (20호 이상)
재산세	50% 감면	50% 감면	25% 감면

그런데 2016년 1월 1일부터 최소납부세제 제도가 적용되어 취득세 200만 원, 재산세 50만 원 이상인 경우 원래 납부할 세액에서 15%의 세금을 납부하여야 한다. 예를 들어, 1억 원인 오피스텔은 460만 원(=1억×0.046)의 취득세를 내야 하는데, 주택 임대 사업자인 경우 69만 원(=460×0.15)만 납부하면 된다.

이 밖에도 주택 임대 사업자로 등록하게 되면 **본인 거주 주택에 비과세 혜택이 적용되고, 필요경비의 범위가 확대**되어 더 많은 공제를 받을 수 있으며, 종합부동산세 부과 대상에서 제외될 뿐 아니라 대출을 받는 것도 유리하다는 장점이 있다. 그러나 반대로 4년 내 매도가 힘들고, 임대료를 5%까지밖에 올리지 못하며, 4대 보험을 추가로 부담하여야 하고, 종합 소득 과세이기 때문에 다른 소득이 많은 경우에는 세율이 커질 수 있다는 단점 또한 있다.

2. 부동산 매매 사업자

부동산 매매 사업자는 등록하지 않더라도 1과세기간(6개월) 동안 1회 이상 부동산을 취득하고 2회 이상 양도하는 경우, 반복적인 매매를 사업 목적의 매매로 간주하고 매매 사업자로 추정하게 된다. 이 사업자는 단기에 많은 부동산을 사고팔 때 유용한데, **보통 1년 미만 단기 매도 시에는 40%의 양도세가 부과되지만 매매 사업자를 등록하면 1년 이내에 매도하는 경우에도 6~42%의 일반 과세를 적용받는다.** 부동산 매매 사업자 역시 임대 사업자와 마찬가지로 본인 거주주택은 비과세가 가능하고, 필요경비의 범위가 확대되며, 대출을 받을 때 유리하다.

그러나 사업소득이나 근로소득 등과 합산이 되어 종합 소득 과세가 되므로 다른 소득이 많다면 불리할 수 있고, 4대 보험을 추가로 부담해야 한다. 매매 사업자의 경우 또 한 가지 단점은 상가나 업무용 오피스텔, 국민주택 범위를 초과하는 주택의 경우에는 부가가치세 부담이 있을 수 있다는 것이다. 그리고 임대 사업자와는 달리 매매 사업자는 일반 사업자와 같아서 겸업을 금지하는 직장에 종사하는 경우 매매 사업자 등록이 불가능하거나 불이익을 당할 수도 있으므로 주의해야 한다.

3. 법인 사업자

부동산 임대 등으로 인한 소득이 1억이 넘어간다면 법인을 통한 절세를 고려해볼 수 있다. 부동산 투자 수익이 일정 금액 이상이 되면 개인 사업자의 경우에는 종합 소득세에 대한 누진세가 가파르게 상승하지만, 법인의 경우에는 누진세가 덜 가파르다.

법인세율

과세 표준	세율	누진 공제
2억 원 이하	10%	–
2~200억 원 이하	20%	2,000만 원
200~3,000억 원 이하	22%	42,000만 원
3,000억 원 초과	25%	942,000만 원

 법인 사업자는 개인 사업자가 부담하는 종합 소득세(6~42%)보다 더 낮은 세율(10~25%)이 적용된다. 단기매매도 가능하고, 개인 사업자보다 사무실 임대료나 인건비, 법인카드 사용 금액 등 필요경비로 공제받을 수 있는 범위가 더 넓다. 또한, 국민연금이나 건강보험료 등도 직장인에 준해서 납부하면 되므로 개인 사업자보다 유리하다.

 그러나 수익이 일정 금액 이하이면 세금 부담이 더 커질 수 있으며 회계가 개인 사업자보다 복잡하다. 그리고 부가가치세 납부 의무가 있고, 비과세 감면 혜택이 없으며 대출이 어렵다는 단점도 있다. 또한, 법인 명의의 통장에 있는 자금을 마음대로 인출하여 사용하면 횡령 등으로 간주될 수 있으므로 주의해야 한다.

 지금까지 살펴본 부동산 관련 사업자와 비교하여 '비사업자'인 경우를 간단히 정리해 보면, 사업자와 달리 필요경비의 범위가 제한적이고 단기 매도를 할 경우 세금의 부담이 크다는 단점이 있다. 그러나 양도세는 분류 과세로 다른 소득과 합산이 되지 않고 비과세나 감면 혜택을 활용할 수 있다. 그리고 부가가치세를 납부할 필요가 없으며 세무 조사의 가능성이 사업자보다 상대적으로 낮다는 장점이 있다.

 비사업자나 임대/매매/법인 사업자를 두고 단순히 우열을 가리기는 힘들다. 각자의 투자 방향이나 상황에 따라 어느 것이 유리한 지를 개별적으로 판단해야 한다. 필요하다면 중복으로 사업자를 낼 수도 있으며 또한 더 이상 득이 되지 않는다고 판단될 경우 사업자 폐업 신청을 하여 비사업자로서의 혜택을 다시 누릴 수도 있다. 흔히 사업자라고 하면 전문적인 투자자만의 영역이라고 짐작하기도 하는데, 투자 규모가 크거나 횟수가 많지 않더라도 사업자 등록을 통해 절세가 가능한 경우가 있으므로 적극적으로 활용해 보자.

Column

월급쟁이도 부자가 될 수 있다

나는 젊었을 때, 정말 열심히 일했습니다. 그 결과 실력을 인정받았고 존경받았습니다. 그 덕에 63세 때, 당당한 은퇴를 할 수 있었죠. 그런데 지금 아흔다섯 번째 생일에 얼마나 후회의 눈물을 흘렸는지 모릅니다. 내 65년의 생에는 자랑스럽고 떳떳했지만 이후 30년의 삶은 부끄럽고 후회되고 비통한 삶이었습니다.

나는 퇴직 후 '이제 다 살았다. 남은 인생은 그냥 덤이다.'라는 생각으로 그저 고통 없이 죽기만을 기다렸습니다. 30년의 세월은 지금 내 나이 95세로 보면 3분의 1에 해당하는 기나긴 시간입니다. 그때 나 스스로가 늙었다고, 뭔가를 시작하기엔 늦었다고 생각했던 것이 큰 잘못이었습니다.

이제 나는 하고 싶었던 어학 공부를 시작하려고 합니다. 그 이유는 단 한 가지….
10년 후 맞이하게 될 105번째 생일에 95세 때 왜 아무것도 시작하지 않았는지 후회하지 않기 위해서입니다.

〈어느 95세 노인의 수기〉 중에서 – 고 강석규 박사

이 글을 읽고 있는 많은 직장인은 사실 누구보다도 열심히 살아왔고 지금도 치열하게 살고 있을 것이다. 필자 또한 그렇게 살아왔다. 그러나 위 노인의 이야기처럼 평범한 월급쟁이로 살다가 퇴직을 하고 의미 없는 노후를 보낸 후 삶을 마감하기에는 내 인생이 너무 아까웠다. 앞으로 10년 후, 그리고 그다음 10년 후에도 후회하지 않을 삶을 살아야겠다는 생각이 들었다. 그래서 내가 진정으로 원하는 삶이 무엇인지를 진지하게 고민해

보았고, 나와 부모님, 아내, 그리고 아이들이 여유롭고 행복한 삶을 살 수 있도록 경제적 자유를 이루는 삶을 목표로 하게 되었다.

부자가 되는 길, 경제적 자유를 누리는 삶은 생각보다 멀리 있지 않았다. 진정한 부자인 멘토를 만나고 같은 목표를 가지고 나아가는 사람들과 함께 노력하며 부자가 되었고, 이제는 내가 주변 사람들에게 멘토의 역할을 하며 부자의 길로 안내하고 있다. 아직 늦지 않았다. 더 나이 들어서 후회하는 삶을 살지 않으려면 지금부터라도 '월급쟁이도 부자가 될 수 있다!'는 믿음을 가지고, 준비하고, 시작해야 한다. 경제적 자유를 누릴 기회를 잡을 수 있도록….

1. 기회는 준비된 자에게 포착된다

우리는 끊임없이 '기회'를 기다린다. 그러나 아무 노력 없이 무작정 기다리기만 하는 사람은 막상 기회가 찾아와도 제대로 알아보지도 못하고 흘려버리거나, 잡아보려고 뒤늦게 애를 써보아도 쉽게 잡을 수가 없다. 우리는 기회주의자가 되어서는 안 된다. 진정으로 기회를 잡길 원한다면 끊임없이 준비하며 실력과 자격을 갖추어야 한다. 그렇다면 부자가 될 수 있는 기회를 잡기 위해서 어떤 준비를 해야 할 것인가?

가장 먼저, 기회를 잡을 수 있는 '마인드의 전환'이 필요하다. 필자가 경제적 자유를 이룰 수 있었던 방법인 경매를 부자가 되고 싶어 하는 동료 직원들에게 권했을 때, 두 가지 반응을 볼 수 있었다. 한 유형은 "경매는 나쁜 것이다.", "경매로 넘어간 부동산을 사는 것은 부담스럽다.", "살던 사람들을 강제로 내보낼 자신이 없다."라며 경매에 대해 부정적으로 인식하고 있거나, "직장 다니면서 하기에는 힘들어서 절대 못 해."라는 식으로 스스로 노력하고자 하는 의지가 약한 사람들이었다. 이들은 부자가 되고 싶기는 하지만 그에 따르는 노력과 변화되는 삶에 대한 마음의 준비가 되어 있지 않았고, 아직도 어디에선가 뚝 떨어질 기회만을 기다리고 있다. 반면, 몇몇 동료들은 내가 평소에 경매 투자로 부를 쌓아나가는 모습을 지켜보고, 내가 하는 말에 귀 기울이면서 변화될 삶과 새로운 기회를 받아들일 마음의 준비를 하고 있었다. 그랬기 때문에 필자의 권유와 조언에 물 만난 고기처럼 신속하고 과감하게 경매 투자에 뛰어들었고, 그들은 경제적 자유를 위한 기반을 잡아가고 있다.

기회를 잡으려면 평소 '끊임없이 공부하는 자세' 또한 가져야 한다. 보통 대학을 졸업하고 취업을 하고 나면 공부가 모두 끝난 것으로 생각하고 책을 멀리하기 시작한다. 취업 후에는 먹고사는 일만 중대한 것으로 여기고 자기 계발을 하는 일에는 소극적인 삶을 살아가는 사람들이 많다. 그러나 기회가 저절로 찾아오기를 기다리지 않고 자기를 계발하고 다듬으며 기회를 받아들일 준비가 되어 있는 사람들만이 부자가 될 수 있는 기회를 끌어당길 수 있다. 성공한 사람들을 마냥 부러워하지 말고 그 사람들의 강연이나 글을 통해 어떻게 성공에 이를 수 있었는지를 배우고, 투자와 관련된 전문 서적과 강의, 스터디 등을 통해 적극적으로 공부하기를 바란다.

2. 기회가 오면 과감하게 잡아라

나는 눈이 보이지 않아 누구에게나 다가가며, 나의 앞머리가 무성한 이유는 사람들로 하여금 내가 누구인지 금방 알아차리지 못하게 함과 동시에 만일 나를 발견하였다면 누구든 나를 쉽게 붙잡을 수 있도록 하기 위함이며, 뒷머리가 대머리인 이유는 내가 한 번 지나가고 나면 다시는 나를 붙잡지 못하게 하기 위해서이다.

기회의 신 '카이로스'

내 어깨와 발에 날개가 달린 이유는 최대한 빨리 사라지기 위해서이고 왼손의 저울은 일의 옳고 그름을 정확히 판단하라는 것이며, 오른손에 칼이 주어진 이유는 칼날로 자르듯이 빠른 결단을 내리라는 것이다.

나의 이름은 바로 '기회'이다.

기회는 누구에게나 다가올 수 있지만 쉽게 알아차리기 힘들고 한 번 놓쳐버리면 다시 잡기 힘들다. 그러므로 기회를 포착하기 위해서는 준비하고 있어야 하고, 결정적인 기회가 왔을 때 과감하게 잡아야 한다. 많은 사람들이 결정적인 단 한 번의 기회를 기다리면서 눈앞의 작은 기회들은 제대로 잡지 못한다. 그리고 작은 기회를 잡으려 하다가 다음에 올 큰 기회를 놓쳐버릴 수도 있다는 생각에 일부러 흘려버리기도 한다. 그러나 그 소소하고 대단하지 않을 것 같은 기회들이 결정적인 기회를 잡기 위한 초석인 경우가 많다.

필자의 경우에도 경제적 자유에 이르도록 한 결정적인 기회는 몇 안 된다. 그러나 그 이전의 많은 작은 기회들을 소홀히 하지 않고 하나씩 내 것으로 만들었다. 경매 지식을 쌓기 위해 '행복재테크'에 가입해서 강의를 들으며 진정한 멘토를 만나는 기회를 얻었고, 적극적으로 노력해서 진짜 고수인 경매 투자자들과 스터디를 할 수 있는 기회를 잡았다. 그리고 거창하게 큰 수익을 낼 수 있는 물건은 아니지만, 내 형편과 상황에 맞는 작지만 실속 있는 물건들을 낙찰 받아 경험하면서 실력을 쌓을 수 있는 기회들을 스스로 만들어 나갔다. 이런 작은 기회들이 모여 더 큰 기회를 받아들일 준비가 되었고 비로소 결정적인 기회를 잡아 경제적 자유를 이룰 수 있었다.

지금도 '대박'을 꿈꾸고만 있는가? 결정적인 기회를 한 방에 잡아 인생역전을 하기를 바라는가? 작은 기회들을 꾸준히 잡는 습관을 들여야만 인생을 바꿀 수 있는 큰 기회 또한 잡을 수 있다. 지금 읽고 있는 이 책이 독자들에게는 작은 기회 중 하나일 수도 있다. 그리고 이 기회를 잡을 것인지는 오로지 당신에게 달려 있다.

3. 자신만의 부의 지도, 포트폴리오를 구성하라

어린 시절, 보물섬을 주제로 한 영화를 보면 보물섬을 찾아 부자가 되기 위해 가장 먼저 쟁취하려고 하는 것이 바로 '보물섬으로 가는 지도'였다. 목적지에 안전하고 빠르게 이르기 위해서는 나아갈 방향을 알려주는 지도가 필요하다. 월급쟁이들은 월급을 받아서 식비 몇 %, 교육비 몇 %, 저축 몇 % 등 소득을 분배할 줄만 알지 부를 어떻게 쌓고 불려 나갈 것인지 방향을 잡는 일에는 익숙하지 않다. 그러나 지금까지 많은 글을 통해 이야기했던 것처럼 직장인도 충분히 경매 투자를 통해 부자가 될 수 있다. 그리고 그 부자에 이르는 길을 가는데 길잡이 역할을 해줄 지도가 바로 '투자 포트폴리오'이다.

필자는 경매를 처음 시작할 때부터, 투자에서 일어날 변수를 줄이고 안전하게 고수익을 추구하기 위해 부동산 포트폴리오를 만들었다. 경매 투자 초기에는 월세가 나오는 소액 부동산을 80% 이상으로 목표를 잡고 나머지 20%는 시세차익을 위한 부동산으로 채우려고 했다. 그러나 물건이 쌓이고 경험이 쌓이면서 자연스럽게 나만의 부동산 포트폴리오도 새롭게 바뀌고 정립되었다.

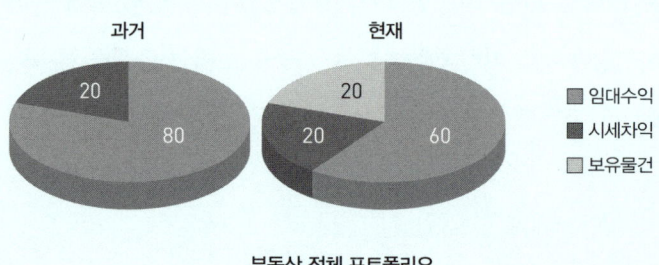

부동산 전체 포트폴리오

　현재는 임대수익 물건 60%, 시세차익 물건 20%, 보유 물건 20%로 나누었는데, 새롭게 생긴 보유 물건은 안정성에 기반을 두고 만든 것으로 비록 환금성은 떨어지지만 미래가치를 기대하면서 보유하고 있는 물건을 말한다. 필자는 개발 가능성이 많은 지역 주위의 토지를 경매로 싸게 매입해서 10년 이상 보유할 계획이다. 이렇게 보유하고 있던 물건 중 일부를 매도하여 시세차익으로 수익이 나면 그 수익의 절반을 다시 다른 토지를 매입하는 데 이용할 것이다.

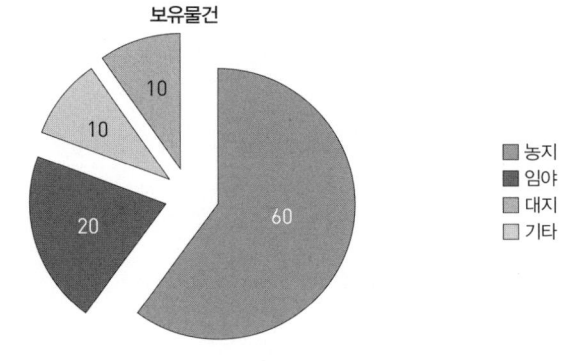

보유 물건 포트폴리오

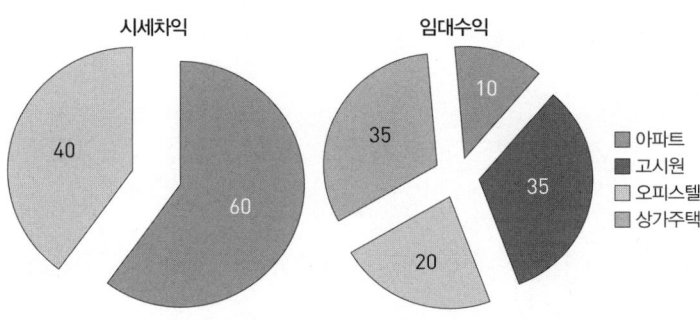

시세차익/임대수익 물건 포트폴리오

보유 물건의 경우 농지, 임야, 대지, 기타로 세부적으로 분류하였고, 임대수익 물건은 아파트, 고시원, 오피스텔, 상가주택으로, 시세차익 물건은 아파트와 오피스텔로 각각 나누었다.

위의 포트폴리오는 하나의 예시로 참고만 하기를 바란다. 포트폴리오를 분류하는 기준이나 세부적인 항목과 비율은 정답이 따로 정해져 있지 않다. 그리고 한 번 정해졌다고 해서 변함없이 계속 그 포트폴리오만을 따라갈 필요도 없다. 경제적 자유라는 목적지는 정해져 있지만 각자의 상황이나 때에 따라 가는 길은 유동적으로 변화할 수 있는 것이다. 정답이 따로 없고 유동적이라고 할지라도, 방향성을 잃지 않고 꾸준히 나아가도록 해준다는 의미에서 포트폴리오는 매우 중요하다. 그리고 목적지에 다다르기 위해 조금씩 고쳐나가는 과정에서도 많은 것을 얻을 수 있다. 그러므로 자신만의 부의 지도, 포트폴리오를 반드시 구성하고 투자를 시작해 보자.

Chapter

5

부동산 투자로
부자의 길에
들어선 사람들

부동산 투자로 부자의 길에 들어선 사람들

"꿈을 꾸는 것은 자유"라고 했던가. 우리는 저마다의 꿈을 갖고 살아가지만, 꿈을 품고만 있는 사람도 있고 원하던 꿈을 실현해 내는 사람도 있다. 전자와 후자의 차이점은 대체 무엇일까?

부동산 경매 투자의 영역에도 부푼 희망을 품고 많은 사람들이 끊임없이 진입하고 있다. 처음에는 누구나 경제적·시간적으로 조금 더 여유롭고 자유로운 삶을 살 수 있을 거라는 생각에 열정적으로 공부하고, 현장 조사를 하며, 입찰까지 한다. 그러나 그들 중 대부분은 투자의 진정한 의미나 가치를 느끼기도 전에 쉽사리 포기해 버린다. 아마도 그렇게 돌아선 이들은 쉽게 이룰 줄 알았던 경매의 벽이 너무 높다는 것을 실감했다거나 소문난 잔치에 먹을 것이 없다고 평계를 댈 것이다.

하지만 이렇게 중도에 포기하는 사람이 있는 반면, 자신에게 주어진 여건에 맞추어 공부할 수 있는 시간을 만들고, 긍정의 마인드로 무장하여 부자의 길로 들어서는 사람도 있다. 사실 책을 집필하면서 생각해 보니, 필자가 22개월 만에 2,000만 원의 현금흐름을 만든 사례가 독자에게 어쩌면 보통 사람 이상의 능력을 가진 이의 무용담으로 여겨지는 것은 아닐까 하는 염려가 되었다. 그러나 부동산은 특정인만 잘할 수 있는 것이 아니고, 누구든 노력한 만큼 보상과 결실을 얻을 수 있는 게임이라고 자신 있게 말할 수 있다.

지금 내 주변 직장 동료뿐 아니라 평범한 직장인, 주부, 학생 등 보통 사람들도 부동산 투자를 통해 꿈을 현실로 만들어가고 있다. 그것도 공부를 시작하고, 불과 1~2년 차 투자자임에도 괜찮은 성적을 거두고 있는 것이다. 그래서 필자가 준비한 아래 초보 투자자들의 글은 이제 막 부동산에 입문하려는 사람에게 더욱 와 닿는 사례가 될 것이라 생각한다. 진지하게 읽어 보고, 이제 시작한다고 하더라도 자신감을 갖길 바란다.

01
전업주부의 1년 차 경매 일기
- 반달(김은비, 38세) -

전업주부, 경매에 눈을 뜨다

얽매이지 않는 자유가 좋아 딩크족으로 살겠다고 다짐했던 때가 있었는데, 어느덧 전업주부로 아이들만 키운 지 6년 차가 되었다. 치열하게 사회생활을 하다 주부가 된 여성들은 모두 공감할 것이다. 엄마의 따뜻한 품 안에서 평화롭게 자라나는 아이들을 보면서 느끼는 뿌듯함과 동시에 어느 순간 마음에 자라나는 불안감을…. 집에만 있는 그 몇 년이 인생의 긴 낮잠인 것 같고, 이제는 깨어나야 할 것 같았다. 큰아이가 유치원에 가기 시작할 즈음 이런 생각이 들었고, 이때부터 적극적으로 움직이기 시작했다.

회사를 그만두고 경력이 단절된 내가 아이들을 키우며 할 수 있는 일이 무엇일까 주위를 두리번거리던 중 경매 책 한 권을 보게 되었다. 처음에는 나도 '경매'라는 용어 자체가 주는 낯선 느낌과 왠지 모를 거부감에 별 기대를 하지 않았다. 그러나 인연이 되려 했는지, 알면 알수록 나와 같은 평범한 사람에게 잘 맞는다는 생각이 들었다. 그리고 무엇보다도 두 아이를 키우면서 병행할 수 있는 일인 것 같아 관심이 깊어졌다.

시중에 나온 경매 책 몇 권을 사서 읽고, 경매 관련 재테크 카페의 초급 강의를 들으며 무작정 부동산 중개업소를 기웃거렸다. 오랜만에 하는 육아 이외의 일이라 생소하고 막막했지만, 한편으로는 여태 해 보지 않은 새로운 경험에 그렇게 재미있을 수가 없었다. 배낭여행이 아닌 부동산 임장 투어로 내 사주에 있다는 역마살을 해갈하는 느낌이었고, 경매 시장이 과열될 때 등장한다는 '애 업고 입찰하는 아줌마'가 되어 경매 법정의 눈총을 받아도 뻔뻔한 아줌마 정신으로 이겨낼 수 있었다. 육아와 경매를 병행하는 것은 시간과의 전쟁이다. 잠을 줄이며 시간을 쪼개 공부하고, 아이를 안고 임장하고, 법원에 가고…. 정신없이 바쁘지만 그 과정이 힘들기보다는 오히려 나에게 삶의 활력소가 되어 주었다.

경매 투자 1년 만에 성과가 나오기 시작하다

그 결과, 작년 한 해 인천의 작은 빌라 낙찰을 시작으로 경매,

급매를 포함해 4건의 소소한 경험을 쌓을 수 있었다. 처음으로 낙찰 받은 인천 빌라는 학교와 공원이 인접해 있어 살기 좋아 보이는 집이라 입찰했는데, 다행스럽게도 무난히 잘 처리되어 매달 쏠쏠한 임대 수익을 맛보게 해주는 애착이 가는 물건이다. 입찰의 두근거림과 낙찰의 기쁨, 어려울 거라 생각했던 명도, 그리고 인테리어를 경험한 후 예상보다 좋은 가격에 임대하는 일련의 과정을 한 번 겪어보니 경매라는 것이 생각보다 어렵지 않고 재미와 수익을 함께 얻을 수 있어 본격적으로 경매 공부에 빠져들게 되었다.

지속적인 부동산에 대한 관심과 초심자의 행운이 더해져 생애 처음으로 내 집 마련에 성공하였다. 입찰을 위해 현장 조사를 많이 다니다 보니 시장의 움직임에 대해 자연스레 관심을 갖게 되었고, 마침 시세 상승 초입이었던 좋은 타이밍을 잡아 안정적인 주거 환경을 마련하게 된 것이다.

전세로 살고 있던 아파트가 지하철역에서 조금 떨어진 위치라 가격이 오랫동안 정체되던 곳이었는데, 전세 들어 온 이후 1년 만에 시세가 무려 5천만 원 정도 급등을 한 게 아닌가! 깜짝 놀라 자세히 살펴보니, 살고 있던 20평대는 급등했지만 이에 비해 30평대 중형은 아직 시세 변동이 없는 상태였다. 이로 인해 20평대와 30평대의 매매가 차이가 작게 좁혀져 있어 향후 30평대를 사려는 수요가 생겨날 것 같다는 생각이 들었다.

처음으로 내 집을 장만하는 것이라 갑작스러운 결정이 조금 두렵기도 했지만, 심사숙고 끝에 확신을 갖고 단지 내에서 가장 좋은 위치의 30평대 아파트를 매수했는데, 이사 온 지 1년 정도 지난 지금 시세가 약 5천만 원 오른 상태이다. 시세 상승분으로 담보 대출에 대한 이자는 상쇄하고도 남고, 무엇보다도 이전에 내던 전세 자금 대출 이자보다 더 적은 비용으로 훨씬 더 쾌적한 환경에서 살게 되었을 뿐 아니라 시세차익으로 인한 수익도 덤으로 얻었다는 점에서 매우 만족한다.

경매를 몰랐더라면 지금쯤 전세보증금으로 올려줄 5천만 원을 마련하기 위해 동분서주하고 있을 내 모습을 상상하니 안도의 웃음이 나기도 한다. 그러니 경매와 부동산 공부는 어쩌면 학교 때 했던 공부보다 더 직접적인 효용이 있고, 삶에 필수적인 부분인 듯하다.

**경매를 통해 당당한 주부가 되고,
미래를 자유롭게 그리는 것이 정말 행복하다**

소중한 가족이 생기고 커가는 아이들을 보면서 경제적인 자유를 더 간절히 원하게 되었다. 노후 대책도 중요하지만, 나이

들어 누리는 호사보다는 아이들이 어릴 때 하루라도 더 신나게 놀아 주고 여행할 수 있는 시간적인 자유도 갖고 싶었다. 그러나 남편이 벌어 오는 고정된 월급에 의지하는 서민이 그런 자유를 가지는 것은 현실적으로 힘들었다. 그저 아끼는 것을 미덕으로 살았었지만, 아낀다고 인생이 크게 달라지는 것도 아니었기에 적당히 쓰고, 적당히 아끼며 살아왔다. 현상 유지가 목표인 적당한 삶에 꿈이나 열정을 얼마나 기대할 수 있겠는가. 하지만 나는 경매라는 새로운 세상을 접하고 나서 다시 꿈을 갖게 되었고, 현실에서 이룰 수 있는 목표를 향해 열정적으로 움직이게 되었다.

대부분의 소중한 가치가 그렇듯이 '경제적 자유'라는, 생각만 해도 짜릿한 목표는 쉽사리 이뤄지지는 않을 것이다. 달성하기 쉽지 않은 만큼 그 과정에서 들여야 할 정성이 엄청날 것이고 때로는 포기하고 싶을 정도의 막막함도 있으리라 예상된다. 하지만 어려움이 닥쳤을 때 그것을 버티게 해 줄 '좋은 인연'이 있다면 큰 힘이 될 것이다.

내가 행운이라고 느끼는 부분은, 단언컨대 '행복재테크'에는 그런 인연이 선물 보따리처럼 가득 있다는 점이다. 게시판에 회원들이 올려 주는 생생한 경험담은 그 하나하나가 신선한 수익 모델이고, 경제적 자유를 이룬 전문가들이 칼럼을 통해 아낌없이 풀어 주는 조언들은 그 가치를 알면 알수록 뭐라 형언할 수 없는 감동을 준다. 그리고 그 안에서 함께 공부하는 선배와 동기들이 큰 수익을 실현해 나가는 모습을 보면서 나도 할 수 있다는 용기를 얻는다.

멀리 가려면 함께 가라고 했던가. 이미 멀리 가 있는 분들이 함께 가자 내미는 손이 얼마나 따뜻한지, 같은 목표를 가지고 정진하는 동료들이 있어 얼마나 든든한지를 매 순간 느끼며 살아가는 일상은 목표의 달성 여부를 떠나 그 과정 자체로도 인생을 풍족하게 만들어 준다.

경매를 통해 내 인생의 목표를 새로 쓰게 되고 그 과정에서 만나게 된 소중한 인연들과 함께하고 있다는 사실이 새삼 감사하다. 공부할 것은 갈수록 늘어가지만, 자기만 충분히 노력하면 원하는 만큼의 수익을 얻을 수 있는 일이 경매라는 확신이 있기에 그 어느 때보다도 열심히 하루하루를 살고 있다. 멋진 인생님처럼 앞서서 이 길을 가신 분들을 닮으려 더더욱 노력해서, 머지않은 미래에 나 역시 그런 모습으로 다른 사람들에게 도움을 줄 수 있는 사람이 되고 싶다.

내년에는 더 좋은 집을 낙찰 받아 그 집에서 행복하게 사는 우리 가족의 모습을 상상하며 1년 차 경매 일기를 마무리해 본다.

02
부동산 투자로 N포 세대에서 벗어나 부자의 길로 들어서다

― CANDEO(손명석, 31세) ―

이제 취업 걱정은 No

처음에는 연애, 결혼, 출산을 포기한 20~30대 사람들을 '삼포 세대'라 일컫더니, 얼마 지나지 않아 내 집 마련과 인간관계에 대한 기대까지 놓아 버린 '오포 세대'라는 단어가 등장하고, 곧이어 꿈, 희망, 그리고 모든 삶의 가치를 포기한 'N포 세대'가 등장했습니다. 최근에는 부모의 능력이나 형편에 따라 사람을 구분하는 '금수저', '흙수저'와 같은 새로운 단어들도 자주 언급되고 있는데, 이러한 말들은 결국 오늘날 청년층의 미래에 대한 비관과 절망감을 여실히 드러내고 있는 것이 아닌가 하는 생각을 하게 됩니다.

몇 년 전만 하더라도 저 또한 다른 사람들처럼 취업을 걱정하며 토익 점수를 올리고 자격증을 준비하는 등 '스펙 쌓기'에 여념이 없던 평범한 청년이었습니다. 제 앞날도 먼저 걸어가고 있는 선배들과 별반 다르지 않으리라는 것을, 결혼해서 부지런히 맞벌이하면서도 아이 한 명 낳아 키우는 것도 벅차리라는 사실을 애써 외면한 채 말이지요.

N포 세대 중 한 명이었던 저는 28살이 될 때까지 대학교 졸업도 못하고 학자금 대출로 생활했습니다. 20대 후반이 되어서야 군대를 갔고, '월급'을 받을 수 있다는 이유만으로 3년 4개월 동안 장교로 복무하면서 악착같이 종잣돈을 모았습니다. 그 돈을 가지고 갇혀 있던 환경을 바꿔 보겠다는 굳은 마음으로 '부동산 투자'라는 남들과는 다른 진로를 선택했습니다. 미래에 대한 비관과 절망이 아닌 '기대'와 '희망'을 갖기로 한 것이지요.

부동산 투자로 원하는 삶을 실현하다

제대 후 1년 만인 2014년 겨울, 3천만 원의 종잣돈으로 투자를 시작했습니다. 이 시기에 5천만 원이던 소형 아파트를 처음 낙찰 받으면서, 대출을 받고 임차보증금을 활용하면 투자금을 투입하지 않고도 부동산을 매수하여 월세를 받는 시스템을 만들 수 있다는 것을 알았습니다. 그래서 해가 바뀌기 전에 1채를 더 낙찰 받아 대출이자를 제하고도 매월 70만 원의 임대수익을 만들었습니다. 이 두 물건은 월세를 받다가 각각 1천만 원의 시세차익을 얻고 매도했는데, 이때부터 부동산 투자를 잘할 수 있다는 강한 확신을 가질 수 있었습니다.

제대 후 2년이 지난 지금은 총 10채의 부동산을 소유하고 있습니다. 매수한 금액보다 현재 전세 시세가 더 높이 올라 실투자금이 모두 회수되었고, 이제는 시세차익보다 매달 월세가 발생하는 현금흐름을 위한 투자에 집중하고 있습니다.

부동산 경매를 통해 또래 친구들이 직장 생활을 하면서 버는 것보다 더 많은 부를 쌓아가고 있고, 흔히 머나먼 꿈으로만 여기는 '경제적 자유'라는 가치를 곧 실현할 수 있다는 믿음을 갖게 되었습니다. 물론 남과 다른 길을 걷기로 결심하면서 처음에는 많은 고민을 했었고, 외로움과 두려움에 휩싸이기도 했습니다. '내가 과연 잘할 수 있을까?', '어렵게 모은 종잣돈을 잃으면 어떡하지?'…. 그렇지만 앞으로 나아갈 수 없게 가로막는 이러한 의문과 불안감에 지지 않고 자신을 변화시키려고 많이 노력했습니다.

어릴 적부터 저축만이 최고라고 여기고 지극히 보수적이었던 제가 경매를 시작하면서 적극적으로 변화하고 밝은 미래를 계획하게 되었습니다. 일반적인 근로 소득보다 더 많은 부동산 임대수익을 얻고, 월급이라는 금액의 상한선에 내 생활을 통제하지 않아도 된다는 점은 경매 투자의 가장 큰 매력입니다. 그리고 무엇보다 새로운 투자 대상을 찾고, 현장 조사하고, 기록하는 모든 과정에서 정말 행복하다는 것을 느끼며 즐겁게 투자하고 있습니다.

아직은 경제적 자유인이 아닙니다. 그렇지만 경매라는 투자 방법을 알고 나서, 낙찰부터 매도까지 첫 물건의 모든 과정이 마무리된 바로 그 순간에 지극히 평범했던 나의 인생을 뒤집을 수 있겠다는 희망을 느꼈습니다. 인생을 살아가면서 저마다 포기하는 'N'이 있겠지만, 이러한 변화를 느끼는 그 순간을 '행복의 출발점'으로 받아들일 수 있다고 생각합니다.

저도 성공과 부를 얻고 싶고, 사랑과 인정을 받기 원하는 그런 평범한 사람입니다. 그리고 조금 더 가치 있고 아름다운 사람이 되고 싶습니다. 때로는 인생이 자신의 생각이나 계획과 다른 방향으로 흘러가기도 하겠지만, 내가 하는 일과 삶의 가치는 누군가가 그것을 어떻게 '평가'하느냐가 아니라 스스로의 '의지'가 어떠한 '결과물'로 표출되느냐에 달려 있다고 믿습니다. 저 자신의 의지로 경매를 선택하고 시작한 것만으로도 변화를 위한, 충분히 의미 있는 한 발자국을 떼었다고 생각하고, 이로 인해 좋은 성과를 내고 있기에 제가 원하는 모습에 점점 가까워지고 있는 것 같습니다.

20~30대 청년들이 스스로의 인생을 선택하고 밝은 미래를 꿈꾸기가 쉽지 않은 시대지만, 그럼에도 불구하고 주저앉기보다는 이겨낼 수 있다는 희망을 품으면 좋겠습니다. 저에게는 그 계기와 원동력이 부동산과 경매였기 때문에 이를 통해 저만의 스타일, 해석과 감각, 그리고 색깔을 표현해 내는 멋진 투자자가 되기 위해 최선을 다하고 있습니다. 그러고 보니 '경매 투자'는 저를 단순히 물질적으로만이 아니라 정신적으로도 훨씬 더 강하고 자유롭게 만들어 준 것 같습니다.

　　보이지 않는 미래는 나만 불안하고 두려운 것이 아니겠지요. 반대로 생각해 보면, 보이지 않고 정해져 있지 않기 때문에 그 미래를 자신이 원하는 대로 그려나갈 수 있다는 희망과 기대를 가질 수도 있지 않을까요? 스스로에 대한 믿음과 의지를 가지고, 낯선 것을 마주하거나 변화하는 일에 대한 두려움을 이겨낸다면 자신이 꿈꾸는 미래를 반드시 실현할 수 있다고 믿습니다.

03
전업주부, 경매로 '꿈'을 실현하다
- 예쁜 아침(조숙현, 45세) -

지금 이 순간! 꿈꾸는 미래가 있기에 나는 행복하다

하루하루가 이렇게 재미있고 흥미롭게 느껴진 것은 얼마 되지 않는다. 그전까지만 해도 많은 걱정과 고민으로 잠 못 이루던 나였다.

내가 좋아하는 것은 무엇일까?
100세 시대에 쭉 할 수 있는 일은 무엇일까?
아이들을 키우며 할 수 있는 일은 무엇일까?
도대체 즐기면서 할 수 있는 일은 무엇일까?

다른 사람들은 재계약도 잘하던데…. 나는 계약 때마다 올라가는 전세보증금 때문에 결혼해서 지금까지 2년에 한 번씩 이사를 다녀야만 했다. 그리고 항상 직접 도배를 하거나 페인트칠을 했고, 심지어는 셋째 임신 9개월째에 접어들어 잔뜩 나온

배를 앞으로 하고도 시트지를 자르고 붙였다. 그러면서 자연스럽게 인테리어에 대해서 조금씩 관심을 가지게 되었고, 인테리어 후기를 찾아 읽다가 온라인 부동산 투자 카페인 행복재테크에 방문하게 되었다. 이 우연한 만남이 나를 이렇게 변화시킬 줄은 꿈에도 몰랐다.

경매에 대해 어렵고 무섭다는 선입견을 가지고 있던 내가 직접 투자를 하게 된 지 2년째이다. 솔직히 배울수록 재미있고 흥미진진하다. 다양한 사람들이 카페에 올려놓은 살아있는 경험담과 관련 책들을 읽다 보면 무협지를 보는 듯 눈을 뗄 수가 없다. 누군가가 경매가 어렵지 않느냐고 물을 때면, 사람들이 경매를 계속 무섭고 어렵게 느끼고 나만 그 재미와 가치를 알았으면 좋겠다고 살짝 속삭이곤 한다.

경매를 통한 삶의 긍정적인 변화들로 '성공'에 한 발자국 다가서다

첫 낙찰 물건은 내가 현재 살고 있는 집이다. 평당 300만 원 정도에 낙찰 받은 주택이 2년도 안 된 지금은 지역의 호재로 평당 600만 원이 되었다. 두 번째로는 아파트를 낙찰 받았는데, 200만 원 정도의 적은 수익이었지만 다양한 경험을 할 수 있어서 나의 경매 인생 시작에 많은 도움이 되어 주었다.

그리고 현재는 2채의 물건을 낙찰 받아 처리하고 있다. 하나는 소액으로 투자한 1층 같은 반지하 빌라인데 수리까지 마무리하고 나면 매월 30만 원이라는 월세 수익이 생긴다. 다른 하나는 30평대 아파트로 낙찰 받은 시점보다 현재 전세 시세가 더 오른 상태라 리모델링 후 임대할 예정인데, 수리비 정도만 투자하면 향후 시세차익이 클 것으로 예상된다. 그리고 다음 투자 목표인 상가와 토지 낙찰을 위해 준비 중인데, 아직 공부도 경험도 부족하지만, 경매를 알아가고 조금씩 수익을 실현해 나가는 지금의 삶이 2년 전과는 비교할 수 없이 행복하고 희망차다.

사실 '인생을 설계하고 계획하면서 살아야지!'라는 생각과는 달리, 언제부터인가 '그냥' 살고 있는 자신을 보았다. 계획하고 설계해도 현실은 전혀 변하지 않는 것 같고, 갈수록 살기는 팍팍해졌다. 성실하게 살아라, 열심히 살아라, 그러면 하늘이 알아줄 것이다! 이러한 말들이 어렸을 때부터 세뇌되어 그렇게 살아왔지만, 아무리 발버둥을 쳐도 여전히 힘든 현실과 불안한 미래라는 한계에서 벗어나기 쉽지 않았다.

결혼할 당시만 해도 1년에 한 번은 해외여행을 하며 살자고 목표를 세웠었는데, 현실적으로 쉽지 않았다. 무언가를 혹은 미래를 포기해야만 여행도 하고, 좋은 차도 타고, 가족들과 먹고 싶은 것도 맘껏 먹을 수 있다는 생각이 들었다. 그렇다고 미래를 포기할 수 없다 보니 현재 또한 즐기며 살 수가 없었다. 이런 상황에서도 전혀 부족함이 없다고 느끼는 남편을 낙천적이라고 해야 할까? 나 혼자 동동거리며 사는 것도 힘에 부치는 나날이었다.

그랬던 내가 '행복재테크'에서 송사무장님을 비롯해 열정적이고 긍정적인 많은 고수와 동기들을 만나서 '긍정 모드'로 완벽하게 변신하였다. 세상을 보는 시야가 넓어졌고, 열심히 사는 방법도 배우고 있다. 예전에는 그냥 열심히 살았다면, 이제는 부자가 되기 위해 어떤 노력을 해야 하는지 알고 있기에 '성공'이라는 단어가 낯설지 않다. 그래서 다가올 미래를 생각하면 더욱 힘이 나고 즐겁다.

가까운 미래에는 과거에 꿈꾸었던 대로 1년에 한 번씩 가족여행을 갈 것이고, 아이들을 잘 키우며 재산을 늘려갈 것이다. 나는 머물지 않고 살아서 흐를 것이다. 혼자라면 힘들겠지만, 머리를 맞대며 열심히 공부하고, 경험을 공유하고, 그리고 서로에게 힘을 주면서 밝은 미래를 향해 함께 나아가는 또 하나의 가족과도 같은 사람들이 있기에 든든하고 행복하다.

04
주인 눈치 보던 세입자에서
2년 만에 8채 집주인 되다

- 경매 2년 차 워킹맘 햄든호빵(함미경, 38세) -

월급을 대체할 현금흐름을 가능하게 한 경매

대학 졸업과 동시에 시작했던 회사라는 조직 안에서 15년 차 '과장'으로, 결혼 후 내 집 마련을 꿈꾸며 생계형 맞벌이로 쉼 없이 달려온 8년 차 '아내'로, 그리고 독한 5년 차 '워킹맘'으로… 그동안 열심히 살아왔노라고 당당하게 말할 수 있습니다. 그러나 이 정도로 열심히 살아왔다면 무언가 삶의 변화가 있어야 하겠지만, 현실에서는 여전히 월급보다 가파르게 오르는 집값을 걱정하고 있었고, 모아놓은 돈으로 2년마다 오른 전세 보증금을 감당하느라 헉헉거리고 있었습니다.

부지런히 땀 흘리며 달려왔지만 항상 제자리를 맴돌고 있는 현실을 과감하게 탈출해야 할 시점이 아닌가 하는 고민이 깊어지고 있을 때쯤 둘째 아이가 찾아왔습니다. 이 축복과도 같은 선물에 마냥 기뻐해야 하는데…. 백일이 된 첫째를 맡겨놓고 뒤돌아서야 했던 과거의 제 모습이, 겉으로는 냉정하게 떼어놓고 온 아이가 안쓰러워 돌아오는 차 안에서 펑펑 울었던 예전의 기억이 떠오르더군요. 인생에 한 번은 어려운 시절을 겪어도 되겠지만, 앞으로는 그런 경험을 반복하고 싶지 않았습니다.

　당장이라도 직장을 그만두고 아이들과 함께하고 싶었습니다. 하지만 제가 가계 경제의 일부분을 담당하고 있었기에 그럴 수 없었지요. 맞벌이를 포기할 수 없다면 제가 아이들과 함께 있는 동안 저를 대신해서 돈을 벌어다 줄 다른 수단이 필요하다고 생각했습니다. '내 월급을 대체할 만한 수익 구조를 만들 수 있는 방법이 무엇일까?'라는 화두에 대한 답을 찾아가는 과정에서 눈에 보이는 물질적인 자산 가치가 있는 '부동산'에 관심을 갖게 되었고, 매월 월세를 받을 수 있는 부동산을 시세보다 저렴하게 매수할 수 있다는 '경매'에 대해 알게 되었습니다.

　마침 전세로 살고 있던 집을 반 전세로 재계약하기를 원하는 집주인의 고마운(?) 요청으로 월세를 내는 대신 보증금 5천만 원을 돌려받게 되어 경매를 시작할 수 있는 투자금이 생겼습니다. 월세를 내기 위해서라도 저에게 주어진 1년의 육아 휴직 기간 동안 경매에 도전하기로 했고, 중도에 절대 포기하지 않고 열심히 달려보기로 했습니다.

인터넷 검색을 통해 부동산, 경매와 관련해서 가장 영향력 있고 인지도가 높은 온라인 커뮤니티 행복재테크를 발견하게 되었는데, 그때부터 본격적인 경매 인생이 시작되었습니다. 그곳에서 경매라는 새로운 세계로 잘 인도해 주신 존경하는 선생님들과 지혜로운 행보를 닮아가고 싶은 선배님들, 그리고 서로에게 힘이 되어주는 의리 있는 동기들을 만났습니다. 절실함으로 시작한 경매였지만, 지금은 배움의 기쁨과 같은 꿈을 공유할 수 있는 인연을 만들어 가는 즐거움을 알게 되었고, 숨어 있던 열정을 되살리게 만든 다양한 경험과 평생 시도해 본 적 없는 과감한 도전을 할 수 있었습니다.

임차인에서
8채의 집을 소유한 임대인으로

꾸준하게 실전에서 수익을 내고 있는 강사님의 강의 덕분인지 평소 소심했던 저였는데 경매 초급반 강의를 시작하고 6주 만에 첫 낙찰을 받게 되었고, 그 이후 2년 동안 운이 좋게도 7채를 더 매입했습니다. 경매 투자를 시작하고 많은 변화가 찾아왔네요. 첫 번째로 귀여운 식구가 한 명 늘었고, 두 번째로는 '아이 낳을 집도 없다'며 서글픈 신세 한탄을 하던 세입자에서 지금은 제 명의로 된 8채의 집을 소유한 임대인이 되었습니다.

1년 전에 낙찰 받은 반지하 빌라로 매달 50만 원의 월세 수익을 얻고 있고, 처음 낙찰 받았던 빌라와 아파트는 단기 매도하여 2,500만 원 정도의 매매 차익을 만들 수 있었습니다. 또 올해 1월에 공매로 낙찰 받아 얼마 전에 수리를 끝낸 다가구 주택은 월 100만 원의 임대 수익이 예상됩니다. 그리고 나머지 주택들은 입지가 좋아서 전세로 임대하며 가지고 있다가 2년 후에 매수한 가격보다 더 높은 가격에 매도할 계획입니다.

6천만 원의 종잣돈을 가지고 투자를 시작해서 이제는 경매뿐만 아니라 공매, 일반 매매, 신탁 등 다양한 투자 방법을 활용할 수 있도록 공부하면서 2년 동안 차곡차곡 경험을 쌓아나가다 보니 부동산을 보는 시야도 조금씩 넓어지고 있습니다. 아직까지 기존에 받았던 월급 수준의 현금흐름을 만들지는 못했지만, 경매를 시작하기 전보다 훨씬 더 자산 증가 속도가 빨라졌습니다. 그리고 2년간의 성적표를 보면서 앞으로도 좀 더 노력한다면 반드시 경제적 자유인이 될 수 있을 거라는 가능성을 확인했습니다.

훗날 직장을 그만둘 것인지 말지를 선택해야 하는 시기가 오더라도, 이전처럼 불확실한 미래에 대한 걱정과 불안감이 아닌 경매를 통해 펼쳐질 새로운 인생의 2막을 기대하는 기분 좋은 설렘과 홀가분한 마음으로 그 순간을 마주할 수 있을 것입니다. 앞으로 현명한 투자자로 성장해 가는 모습을 상상하면서 시간을 이기는 투자가의 삶을 준비하려고 합니다. 달팽이처럼 천천히 간다고 해도 자신의 상황에 맞게 꾸준히 조금씩 앞으로 나아간다면 어제보다 더 나은 오늘이, 오늘보다 더 멋진 내일이 기다리고 있을 거라고 저는 믿으니까요. 경제적 자유의 목표를 달성하여 가족, 주변 사람들과 함께 여유 있는 삶을 누리는 행복한 미래를 맞이할 것이라 믿고, 오늘도 즐겁게 공부합니다.

에필로그

멋진 인생의
도전은 계속된다

    인생에는 하나의 정답이 없다. 평범한 삶 속에서 '안정'을 찾기를 원할 수도 있고 남들과는 조금 차별화된 시각과 생각으로 숨은 가치들을 찾아내며 '성취감'을 추구할 수도 있다. 옳고 그름의 문제가 아니다. 중요한 것은 자신이 추구하는 삶을 선택하기 위해 그리고 자신이 선택한 삶을 살아가기 위해서 스스로에게 끊임없이 질문을 던져야 하고, 그에 대한 답을 찾아내기를 수없이 반복하며 노력해 가는 과정이 필요하다는 것이다. 그 과정에서 본인만의 인생의 정답을 찾을 수 있을 것이다.

    필자는 행복하고 멋진 인생을 위해 부자의 삶을 선택했다. '얼마를 벌어야 부자다.'라는 공식은 없지만 지금 나는 부자라고 생각한다. 정해진 시간에 힘들게 일어나 지친 몸과 무거운 발걸음으로 회사를 오가는 현실을 탓하거나 미래를 걱정하지 않고, 머릿속으로 그린 그림들을 하루하루 실현해나가는 것에 대한 기대와 만족감으로 가득 차 있다.

    직장 생활과 사업 그리고 경매, 이 세 가지 일을 모두 함께 해 나간다는 것이 일반 사람들이 꿈꾸는 경제적 자유를 이룬 후의 삶과는 다를 수 있다. 그러나 지금 나는 부자가 되기 전보다 몸은 더 바쁘지만 마음은 훨씬 더 여유롭고 내가 살아 있다는 사실에 행복함을 느끼고 있다. 내가 원해서, 꿈꾸는 것들을 이루기 위해서 하는 일은 나를 소모시키지 않고 더욱더 에너지가 충만한 상태로 만들어 준다.

  나의 '멋진 인생' 프로젝트는 현재 진행형이다. 지금까지도 만족할 만한 현금흐름을 만들었다고 할 수 있겠지만, 그 흐름에 대한 감을 잡았기 때문에 앞으로는 더 많은 현금흐름을 만들 자신이 있다. 그리고 더 많은 공부를 하고 싶고 계속해서 새로운 분야에 도전하고 싶다. 궁극적으로는 '경제적인 자유'뿐 아니라 온전하게 '시간적인 자유'까지 누릴 수 있는 그날을 위해 현재 '목표'로 하고 있는 몇 가지 과제를 공표해 본다.

  내가 앞으로 나아가고자 하는 이유는 바로 '사랑하는 가족'이 있기 때문이다. 가족을 위해서, 가족이 주는 힘을 바탕으로 지금까지 열심히 달려온 것이다. 그러므로 앞으로 해야 할 일들이 아무리 많고 바쁘다고 해도 가족들과 대화하고 함께 시간을 보내는 일에 소홀하지 않도록 할 것이다. 아내와 아이들이 좀 더 넓은 세상을 경험하고 좋은 추억들을 만들 수 있도록 캠핑카로 떠나는 국내여행뿐 아니라 해외여행도 자주 다닐 예정이다. 이러한 경험들은 우리 가족들이 각자의 꿈을 펼쳐나가는 데 많은 도움이 될 거라 생각한다.

  나는 아이들에게 여유로운 삶을 물려주고 싶다. 내가 겪었던 힘든 순간들을 자식이 똑같이 겪게 하고 싶지 않은 것은 모든 부모가 같은 마음일 것이다. 단순히 부(富)만을 물려주는 것이 아니라, 자신의 목표를 정하고 최선을 다해 살아가는 지혜와 열정을 가르쳐 주고 스스로 부를 쌓아나갈 수 있도록 도와줄 것이다.

  향후 좋은 토지에 투자하고 그 토지를 아이들에게도 증여할 계획인데, 지금까지 투자해 온 고시텔이나 상가주택, 토지 등의 부동산에 아이들을 데리고 다니면서 여러 가지를 보여주고 이야기하는 시간을 많이 가질 것이다. 자수성가한 아빠를 통해서, 그 과정과 결과들을 직접 눈으로 보고 귀로 들으면서 아이들이 성장할 수 있도록 해 주는 것은 사랑을 듬뿍 주는 것만큼이나 중요하다고 생각한다. 자신들이 자연스럽게 누리고 있는 부가 저절로 이루어지는 것이 아니라는 점을 깨닫고, 바르고 현명한 어른으로 자라나기를 바란다.

'사업'적으로는 우선, 지금 운영하고 있는 고시텔의 고객들이 더욱더 만족할 수 있도록 힘쓰고 싶다. 사업의 기본은 '고객 만족'을 통해 더 많은 '수익'을 창출하는 것이다. 고시텔은 지금도 만실로 운영되고 있지만, 처음으로 시작한 사업이기 때문에 부족한 부분들이 있을 것이다. 고객과 더 소통하고, 그들을 더 만족시킬 수 있는 구체적인 방법들에 대해서 고안하고 있으며 하나씩 실천할 것이다. 이를 통해 사업가로서 무엇을 보완하고, 무엇을 더 발전시켜야 할 것인지 계속 고민해 나가려고 한다.

다음 사업으로 계획하고 있는 일은 경매로 낙찰 받은 상가에서 '패밀리 레스토랑'을 운영하는 것이다. 지금 동서가 패밀리 레스토랑을 오픈하려고 준비하고 있는데, 시간을 내어 직접 도와주면서 요식업 운영에 필요한 많은 부분을 배우려고 한다. 그리고 어느 정도 준비가 되면 다른 지역의 상가를 낙찰 받아서 직접 운영할 예정이다. 동서와 내가 가진 노하우들을 공유하고 도움을 주고받으면서, 경매와 사업의 시너지 효과를 최대한 활용하여 또 한 단계 발전해 나아갈 것이다.

'경매 투자'에서는 다시 새로운 분야에 도전할 것이다. 월 2천만 원이라는 현금흐름을 만들어 준 고시텔과 상가주택을 다루면서 느낀 점은 모든 부동산의 기본 중의 기본이 '토지'라는 것이다. 현재 '행복재테크'의 공식 스터디 그룹인 '행복네트워크 2기'에서 토지 조를 운영하고 있는데, 토지에 대한 본인만의 경험과 지식을 스터디를 통해 공유하면서 좀 더 세밀하게 알아가고 정형화하여 실질적인 토지 투자로 수익을 내는 것을 목표로 하고 있다.

그리고 나와 비슷한 처지에 있는 많은 직장인에게 내가 가지고 있는 경매 투자의 노하우를 더 많이 전달하고 싶다. 나를 통해서 경매에 입문한 동료 직원들의 수가 벌써 7명을 넘었는데, 그들 모두 연봉 이상의 시세차익과 매달 100만 원 이상의 월세 수익을 내고 있으며 무엇보다 경제적인 자유를 이룰 수 있다는 믿음을 가지고 계속 노력하고 있다. 누군가는 다른 사람들에게 자신의 경험이나 노하우를 알려주면 손해가 아니냐고 말하기도 한다. 그렇지만 신기하게도 나의 것을 나누어 주고 공유하면 할수록 내 스스로가 더 단단해지고 발전한다는 것을 알게 되었다.

많은 직장인이 '경매'라는 분야를 생각보다 어려워한다. 무엇이든 시작이 어려운 것은 당연하다. 내가 처음 경매 투자를 시작했을 때, (지금의 내가 지인들에게 하는 것처럼) 투자 선배로서의 역할을 해 주는 사람이 가까이에 있었으면 좀 더 쉽고 안전하게 경매 투자의 세계에 진입할 수 있었을 거라는 생각이 들었다. 그래서 나는 더 많은 사람이 경매를 통해 경제적인 자유뿐 아니라 가치 있는 삶을 누릴 수 있다는 확신을 가질 수 있도록, 그 확신을 실현할 수 있도록 돕고 싶다. 이 책도 그러한 의미에서 준비한 것 중 하나이다.

"열정은 세상을 움직인다!"라는 말은 나의 스승님의 좌우명이다. 이 말에 누군가는 고개를 끄덕일 것이고, 다른 누군가는 코웃음 칠 수도 있겠지만, 나는 나의 좌우명으로 삼았고 믿었다. 그러자 열정은 나를 조금씩 움직이기 시작했고, 더 나아가 나를 둘러싼 세상을, 결국에는 내 주위 사람들의 세상까지도 움직였다. 자신이 달라지면 세상은 그 전과는 전혀 다른 의미로 다가오게 되는 것이다. 무언가를 절실히 원한다면 그것을 이룰 수 있다고 굳게 믿고 열정을 가지고 전진해야 한다.

2008년부터 Daum 카페 '행복재테크'를 운영하시며 투자자로서 많은 사람에게 롤모델이자 멘토의 역할을 하고 계신 송희창 대표님께 책 출간을 비롯하여 소중한 기회들을 주신 것에 대해 깊이 감사드린다. 그리고 월급쟁이의 삶에서 경매라는 새로운 분야에 도전한 내 곁을 지키며 많은 용기를 주고 격려를 아끼지 않았던 아내에게 정말 고맙고 사랑한다는 말을 전하고 싶다.

도서출판 **지혜로**

'도서출판 지혜로'는 경제·경영 서적 전문 출판사이며, 지혜로는 독자들을 '지혜의 길로 안내한다'는 의미입니다. 지혜로는 특히 부동산 분야에서 독보적인 위상을 자랑하고 있으며, 지금까지 출간한 모든 책이 베스트셀러 그리고 스테디셀러가 되었습니다.

지혜로는 '소장가치 있는 책만 만든다'는 출판에 관한 신념으로 사업적인 이윤이 아닌 오로지 '독자들을 위한 책'에 초점이 맞춰져 있고, 계속해서 아래의 원칙을 지켜나갈 것입니다.

첫째, 객관적으로 '실전에서 실력이 충분히 검증된 저자'의 책만 선별하여 제작합니다.
실력 없이 책을 내는 사람들도 많은 실정인데, 그런 책은 읽더라도 절대 유용한 정보를 얻을 수 없습니다. 독서란 시간을 투자하여 지식을 채우는 과정이기에, 책은 독자들의 소중한 시간과 맞바꿀 수 있는 정보를 제공해야 한다고 생각합니다. 그러므로 지혜로는 원고뿐 아니라 저자의 실력 또한 엄격하게 검증을 하고 출간합니다.

둘째, 불필요한 지식이나 어려운 내용은 편집하여 최대한 '독자들의 눈높이'에 맞춥니다.
그렇기 때문에 수많은 독자분들께서 지혜로의 책은 전문적인 내용을 다루고 있지만 가독성이 굉장히 좋다는 평가를 해주고 계십니다.
책의 최우선적인 목표는 저자가 알고 있는 지식을 자랑하는 것이 아닌 독자에게 필요한 지식을 채우는 것입니다. 앞으로 독자층의 눈높이에 맞지 않는 정보는 지식이 될 수 없다는 생각으로 독자들에게 최대한의 정보를 제공할 수 있도록 편집할 것입니다.

마지막으로 앞으로도 계속 독자들이 **'지혜로의 책은 믿고 본다'**는 생각을 가지고 구매할 수 있도록 초심을 잃지 않고, 철저한 검증과 편집과정을 거쳐 좋은 책만 만드는 도서출판 지혜로가 되겠습니다.

뉴스 〉 부동산

도서출판 지혜로, '돌풍의 비결은 저자의 실력 검증'

송희창 대표, "항상 독자들의 입장에서 생각하고, 독자들에게 꼭 필요한 책만 제작"

도서출판 지혜로의 주요 인기 서적들

경제·경영 분야의 독자들 사이에서 '믿고 보는 출판사'라고 통하는 출판사가 있다. 4권의 베스트셀러 작가이자 부동산 분야의 실력파 실전 투자자로 알려진 송희창씨가 설립한 '도서출판 지혜로'가 그 곳.

출판시장이 불황임에도 불구하고 이곳 도서출판 지혜로는 지금껏 출간된 모든 책이 경제·경영 분야의 베스트셀러로 자리매김하는 쾌거를 이룩했다.

지혜로가 강력 추천하는 베스트 & 스테디 셀러

이선미 지음 | 308쪽 | 16,000원

싱글맘 부동산 경매로 홀로서기
(개정판)

채널A 〈서민갑부〉 출연!
경매 고수 이선미가 들려주는 실전 경매 노하우

- 경매 용어 풀이부터 현장조사, 명도 빨리하는 법까지, 경매 초보들을 위한 가이드북!
- 〈서민갑부〉에서 많은 시청자들을 감탄하게 한 그녀의 토자 노하우를 모두 공개한다!
- 경매는 돈 많은 사람만 할 수 있다는 편견을 버려라! 마이너스 통장으로 경매를 시작한 그녀는, 지금 80채 부동산의 주인이 되었다.

차원희 지음 | 324쪽 | 15,000원

서른 살 청년백수
부동산 경매로 50억 벌다

청년백수가 3년 뒤 경매 고수로 거듭났다!

- 검증된 실전 고수의 사례를 스토리식으로 구성하여 초보 독자들의 실전 적용 가능!
- 대형 아파트, 단독주택, 상가, 아파트형 공장 그리고 NPL(부실채권)까지 다양한 낙찰 사례를 통해 고수의 비법을 명쾌하게 배운다!
- 3년 연속 예스24, 교보문고 등 모든 서점에서 베스트셀러로 선정, 이미 많은 대중들에게 검증된 책!

박희철 지음 | 328쪽 | 18,000원

경매 권리분석 이렇게 쉬웠어?

대한민국에서 가장 쉽고, 체계적인 권리분석 책!
권리분석만 제대로 해도 충분한 수익을 얻을 수 있다.

- 초보도 쉽게 정복할 수 있는 권리분석 책이 탄생했다!
- 경매 권리분석은 절대 어려운 것이 아니다. 이제 쉽게 분석하고, 쉽게 수익내자!
- 이 책을 읽고 따라하기만 하면 경매로 수익내기가 가능하다.

송희창 지음 | 308쪽 | 16,000원

송사무장의 부동산 경매의 기술

수많은 경매 투자자들이 선정한 최고의 책!

- 출간 직후부터 10년 동안 연속 베스트셀러를 기록한 경매의 바이블이 개정판으로 돌아왔다!
  경매 초보도 따라할 수 있는 송사무장만의 명쾌한 처리 해법 공개!
- 지금의 수많은 부자들을 탄생시킨 실전 투자자의 노하우를 한 권의 책에 모두 풀어냈다.
- 큰 수익을 내고 싶다면 고수의 생각과 행동을 따라하라!

송희창 지음 | 456쪽 | 18,000원

송사무장의 부동산 공매의 기술

드디어 부동산 공매의 바이블이 나왔다!

- 이론가가 아닌 실전 투자자의 값진 경험과 노하우를 담은 유일무이한 공매 책!
- 공매 투자에 필요한 모든 서식과 실전 사례가 담긴 이 책 한 권이면 당신도 공매의 모든 것을 이해할 수 있다!
- 저자가 공매에 입문하던 시절 간절하게 원했던 전문가의 조언을 되짚어 그대로 풀어냈다!
- 경쟁이 덜한 곳에 기회가 있다! 그 기회를 놓치지 마라!

송희창 지음 | 376쪽 | 18,000원

송사무장의 실전경매
(송사무장의 부동산 경매의 기술2)

부자가 되려면 유치권을 알아야 한다!
경·공매 유치권 완전 정복하기

- 수많은 투자 고수들이 최고의 스승이자 멘토로 인정하는 송사무장의 '완벽한 경매 교과서'
- 대한민국 NO.1 투자 커뮤니티인 다음 카페 '행복재테크'의 칼럼니스트이자 경매계 베스트셀러 송사무장의 다양한 실전 사례와 유치권의 기막힌 해법 공개!
- 저자가 직접 해결하여 독자들이 생생하게 간접 체험할 수 있는 경험담을 제공하고, 실전에서 바로 응용할 수 있는 서식과 판례까지 모두 첨부!

홍성일 · 서선정 지음
388쪽 | 18,000원

상가투자 비밀노트

상가 고수들의 진짜 돈 버는 노하우

- 출간 3일 만에 경제·경영 분야 베스트셀러로 등극!
- 이론과 다양한 실무 경험을 모두 갖춘 상가 분야 최고의 전문가가 비밀노트를 공개한다!
- 상가는 매일 현금이 들어오는 구조를 만들고 경제적 자유를 실현할 수 있도록 하는 훌륭한 재테크 수단이다.
- 한 달에 직장인 연봉만큼 수익을 거두는 상가투자의 핵심 사례와 이론을 담아 초보에서 고수에 이르기까지 바이블로 삼아야 할 책!

김동우 지음 | 460쪽 | 19,000원

투에이스의 부동산 절세의 기술
(전면개정판)

양도세, 종합소득세, 법인투자, 임대사업자까지 한 권으로 끝내는 세금 필독서

- 4년 연속 세금분야 독보적 베스트셀러가 완벽하게 업그레이드되어 돌아왔다!
- 각종 정부 규제에 관한 해법과 법인을 활용한 '절세의 기술'까지 모두 수록!
- 실전 투자자인 저자의 오랜 투자 경험을 바탕으로 구성된 소중한 노하우를 그대로 전수받을 수 있는 최고의 부동산 세법 책!

김학렬 지음 | 420쪽 | 18,000원

수도권 알짜 부동산 답사기

알짜 부동산을 찾아내는 특급 노하우는 따로 있다!

- 초보 투자자가 부동산 경기에 흔들리지 않고 각 지역 부동산의 옥석을 가려내는 비법 공개!
- 객관적인 사실에 근거한 학군, 상권, 기업, 인구 변화를 통해 각 지역을 합리적으로 분석하여 미래까지 가늠할 수 있도록 해준다!
- 풍수지리와 부동산 역사에 관한 전문지식을 쉽고 흥미진진하게 풀어낸 책!

김용남 지음 | 272쪽 | 16,000원

1년 안에 되파는 토지투자의 기술

초보자도 쉽게 적용할 수 있는
토지투자에 관한 기막힌 해법 공개!

- 토지투자는 돈과 시간이 여유로운 부자들만 할 수 있다는 편견을 시원하게 날려주는 책!
- 적은 비용과 1년이라는 짧은 기간으로도 충분히 토지투자를 통해 수익을 올릴 수 있다!
- 토지의 가치를 올려 높은 수익을 얻을 수 있게 하는 '토지 개발' 비법을 배운다!

서상하 지음 | 356쪽 | 18,000원

대한민국 땅따먹기

진짜 부자는 토지로 만들어 진다!
최고의 토지 전문가가 공개하는 토지 투자의 모든 것!

- 토지 투자는 어렵다는 편견을 버려라! 실전에 꼭 필요한 몇 가지 지식만 알면 누구나 쉽게 도전할 수 있다.
- 경매 초보들뿐만 아니라 경매 시장에서 더 큰 수익을 원하는 투자자들의 수요까지 모두 충족시키는 토지 투자의 바이블 탄생!
- 실전에서 꾸준히 수익을 내고 있는 저자의 특급 노하우를 한 권에 모두 수록!

신현강 지음 | 280쪽 | 16,000원

부동산 투자 이렇게 쉬웠어?

부동산 투자의 성공적인 시작을 위한
최고의 입문서

- 기초 다지기부터 실전 투자까지의 모든 과정을 4단계로 알기 쉽게 구성! 시장의 흐름을 이해하고 활용하면 부동산 투자는 쉬워질 수밖에 없다.
- 상승장뿐만 아니라 하락장에서도 수익 내는 방법, 일반 매물을 급매물 가격으로 사는 방법과 같은 투자법 찾기의 정석을 보여준다.
- 20년 투자 경력을 가진 저자가 꾸준하게 수익을 내온 투자 비법을 체계적으로 정리!